丹麦创新与绿色发展蓝皮书

Blue Book of Danish Innovation and Green Development

孟建　张小岩／主编
徐生权　刘春荣／副主编

复旦大学出版社

编委会成员（以姓氏笔画排序）

　　刘春荣　何　柳　张小岩

　　张殿元　孟　建　崔灵格(Peter Trillingsgaard)

编写组成员（以姓氏笔画排序）

　　王瑞娟　王粲璨　弗莱明·尼尔森(Flemming G. Nielsen)

　　刘春荣　约恩·德尔曼(Jørgen Delman)

　　张殿元　孟　建　胡学峰

　　徐生权　裴增雨

哥本哈根小美人鱼铜像

腓特烈五世国王骑马铜像

与自然融为一体的丹麦民居

采用环保理念规划、设计和建造的丹麦建筑

哥本哈根新港

自行车是丹麦人出行的重要交通工具

丹麦的风力发电

丹麦技术大学天空实验室工作的大学生

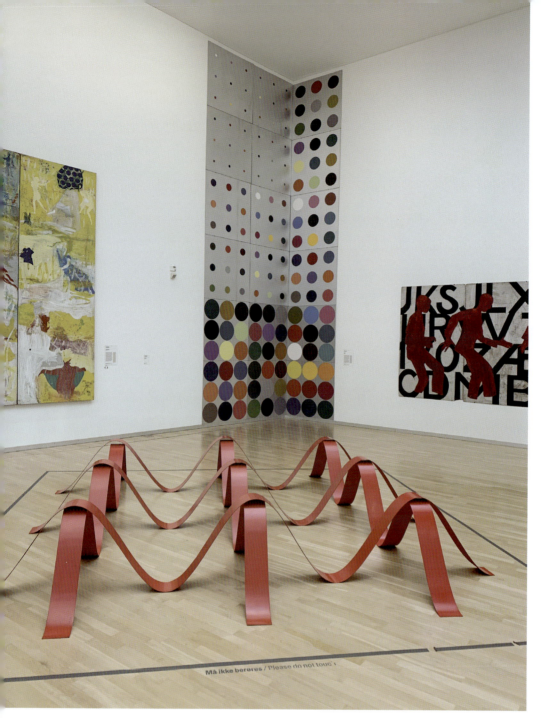

丹麦国家博物馆的现代艺术

研究团队在中国驻丹麦大使馆参访调研

研究团队对丹麦环境和食品部访谈

研究团队在哥本哈根大学参加学术研讨会

研究团队参访格兰富集团

＊彩插图片均由研究团队成员胡学峰摄

目 录

第一章 总报告：丹麦的创新与绿色发展 ················ 本书编写组 1
 第一节 国家治理：创新体系与绿色立国 ································ 2
 第二节 国际合作：小国外交的榜样 ···································· 5
 第三节 科技创新：缔造北欧新神话 ···································· 9
 第四节 历史文化：彼此信任的价值观 ·································· 13
 第五节 教育强国：为创新发展奠定基石 ································ 15
 第六节 生态文明：迈向绿色国度 ······································ 17
 第七节 卓越企业：世界级的样本 ······································ 22

第二章 创新国度：丹麦的国家治理体系 ··············· 张殿元 王粲璨 27
 第一节 丹麦国家创新与绿色发展的实践 ································ 28
 第二节 丹麦国家创新与绿色发展的治理体系 ···························· 32
 第三节 丹麦国家创新政策的评估与趋势 ································ 42
 第四节 丹麦国家创新与绿色发展的数字化政策 ·························· 48

第三章 小国大志：丹麦的绿色转型与国际合作 ················ 刘春荣 54
 第一节 多边经略与规范倡导 ·· 54
 第二节 小多边合作与区域契约 ·· 59
 第三节 双边进取与政策转移 ·· 63
 第四节 结论与讨论 ·· 70

第四章　创新领导者：丹麦的科技创新体系 ………… 徐生权　王粲璨　73
- 第一节　丹麦的科技创新表现 ………………………………… 74
- 第二节　丹麦的科技创新体系 ………………………………… 79
- 第三节　丹麦科技创新的未来 ………………………………… 93
- 第四节　数字科技应用案例：丹麦通用电子身份认证系统 NemID …… 97

第五章　文化积淀：丹麦创新与绿色发展的人文基因 ……… 胡学峰　104
- 第一节　丹麦人文精神的形成和发展 ………………………… 106
- 第二节　丹麦教育理念的传承和优化 ………………………… 118
- 第三节　丹麦企业文化的特色和优势 ………………………… 126

第六章　绿色王国：生态创新的丹麦样本 …… 王瑞娟　王粲璨　刘春荣　131
- 第一节　生态发展的基本状况 ………………………………… 132
- 第二节　绿色发展的实现途径 ………………………………… 136
- 第三节　绿色发展中的多元协作 ……………………………… 149
- 第四节　绿色发展的丹麦经验 ………………………………… 159
- 第五节　案例：绿色出行的青少年——如何发起一场创意可持续之旅 ………………………………………………………… 164

第七章　显性基因：丹麦诞生的世界级创新型企业 ………… 裴增雨　174
- 第一节　格兰富集团：从铁匠铺到世界泵业杰出领袖 ……… 175
- 第二节　乐高集团——木匠作坊创新搭建的童话王国 ……… 185
- 第三节　奥迪康公司：牙科医生的爱心跨界传奇 …………… 199
- 第四节　对中国企业创新发展的启示 ………………………… 207

第八章　他山之石：值得中国借鉴的丹麦经验 …………… 本书编写组　211
- 第一节　国家治理层面 ………………………………………… 211
- 第二节　国际合作层面 ………………………………………… 212

第三节　科技创新层面 ………………………………………… 213

第四节　人文教育层面 ………………………………………… 215

第五节　绿色发展层面 ………………………………………… 216

第九章　特邀专家分析（上）：丹麦能源行业的绿色转型

………………………………… 弗莱明·尼尔森/著　杨宇/译　218

第一节　世界上最可持续的公司在丹麦 ………………………… 218

第二节　丹麦绿色转型的短期和长期目标 ……………………… 219

第三节　丹麦与中国共同实现绿色发展 ………………………… 220

第四节　20世纪70年代后丹麦能源行业的转型 ………………… 221

第五节　丹麦电力行业的监管与发展 …………………………… 224

第六节　对可再生能源的补贴 …………………………………… 228

第七节　能源、排放的税费和配额 ……………………………… 229

第八节　丹麦是北欧电力市场和欧洲能源市场的重要组成部分 …… 234

第十章　特邀专家分析（下）：中国的政策转化与能源转型

……………………………………… 约恩·德尔曼/著　杨宇/译　238

第一节　政策的学习、转移和转化 ……………………………… 240

第二节　学习政策转化的实践做法 ……………………………… 244

第三节　能源转型与中丹合作的关键时刻 ……………………… 248

第四节　政策转化的功能方法 …………………………………… 249

第五节　政策影响和阻力 ………………………………………… 253

第六节　公共价值 ………………………………………………… 256

第七节　结论：对政策转化实践工作的思考 …………………… 258

第一章　总报告：丹麦的创新与绿色发展

本书编写组

习近平指出："创新是一个民族进步的灵魂，是一个国家兴旺发达的不竭源泉，也是中华民族最鲜明的民族禀赋。"①纵观世界现代化的历史进程，无不体现出这一无可辩驳的事实。坚持国家的创新发展，就必须把创新摆在国家发展全局的核心位置，不断推进理论创新、制度创新、科技创新、文化创新等各方面创新。汲取中国改革开放以来创新发展的成功经验，研究借鉴国外优秀创新发展的丰硕成果，是中国发展的不竭动力。国家的竞争，归根到底，是创新发展的竞争。

我们提出创新发展的目的，是要真正实现国家的现代化。我们要实现的现代化，是人与自然和谐共生的现代化。这个现代化，既要创造更多物质财富和精神财富以满足人民日益增长的美好生活需要，也要提供更多优质生态产品以满足人民日益增长的优美生态环境需要。换言之，我们的现代化包含着一个重大的命题：要实现在生态文明建设理念指导下的绿色发展。这既是时代使然，也是转型之需。推动绿色发展，不仅要发挥市场在资源配置中的决定性作用，还要更好地发挥政府在整个社会体制中的突出作用。

创新发展也好，绿色发展也罢，一切都是为了实现中国的可持续发展、全球的可持续发展。这样的目标，必须是在积极发展全球伙伴关系，坚定支持多边主义，积极参与推动全球治理体系变革，构建新型国际关系背景下进行的。2020年，一场新冠肺炎疫情席卷全球。从各个国家的抗疫实践来看，单边主义只会更加助长疫情的扩散，只有携手合作才能扭转抗疫形势。当中国发现疫情时，以格兰富为首的丹麦企业率先伸出国际援手。湖北省黄冈市丁司垱镇卫生院是新型

---

① 《习近平谈治国理政（第一卷）》，外文出版社2018年版，第51页。

冠状病毒肺炎感染的定点收治医院之一,面对来势凶猛的疫情,医院的医疗系统不堪重负,急需对废水处理系统进行扩建。在得知这一情况后,2020年1月27日下午,格兰富公司主动联系黄冈市人民政府,无偿向黄冈市丁垱镇卫生院捐助次氯酸钠消毒系统。仅用五天时间,便完成了驰援医院废水处理系统扩建的任务,并且刷新了公司最快提供设备及安装的新纪录。而当丹麦疫情严重之时,中国企业家马云向丹麦捐助口罩,投桃报李,践行习近平总书记提出的"构建人类命运共同体"的主张。创新、绿色发展既是中国的创新、绿色发展,也是世界的创新、绿色发展;反过来,世界的创新、绿色发展,必然会助推中国的创新、绿色发展进程。在国际保守主义思想抬头的当下,我们更应该坚持开放,实现全球性的共同发展。

联合国在2030年可持续发展议程中提出三大任务,即经济增长、社会发展、环境保护。我们完全有理由这样认为:可持续发展是各方的最大利益契合点和最佳合作切入点。在这方面,统筹协调经济、社会、文化、环境之间的关系,倡导走科技、教育、绿色、低碳之路,就可以让中国走出一条具有中国特色的可持续发展之路。这符合时代潮流的历史选择。

丹麦是欧洲最发达的国家之一,拥有较完善的治理体系和社会福利制度。丹麦经济发达,社会贫富差距极小,国民生活幸福指数位列全球第三。作为一个地寡人稀的"小国",丹麦开辟了一条通过国家治理、技术创新、能源改革的方式实现科技强国、经济强国的创新之路。丹麦人重视环保,注重发展绿色经济,尤其是绿色清洁能源的开发。丹麦被称为地球上有名的"绿色模范生"。

丹麦在独特的国家治理的背景下,走出了一条属于自己的突围之路。虽然在体量上,丹麦无法与中国相比,但是丹麦在创新与绿色发展领域的卓越表现,却值得中国学习。有鉴于此,我们深入丹麦社会,从这个"童话王国"的国家治理体系、外交策略、科技创新、历史文化、教育传承、生态文明建设和卓越企业等领域或对象入手,试图解密丹麦创新与绿色发展的密码。

第一节 国家治理:创新体系与绿色立国

丹麦虽然是一个资源小国,但是在全球范围内开辟了一条低碳技术创新立国的特色之路,创造了经济发展与能源消费的丹麦绿色可持续发展模式,实现了高增长、低耗费的独特增长方式。丹麦模式的总体思路是优化能源结构,发展可再生能源,提高能源利用效率,减少温室气体排放,既履行了《京都议定书》的减排责任,又为丹麦企业提供了更多的商业机会,催生出一批批高新技术和新兴产业。

在古高地德语中,"丹"意为"森林、沙滩","麦"意为"土地、国家"。丹麦人热爱自然,很早就启动了国家清洁能源计划。丹麦是世界上公认的绿色国家,是世界上依赖化石能源最低的国家,其可再生能源利用率在全世界最高。

丹麦政府把发展低碳经济置于国家战略的高度,相继制订了一系列能源发展计划。丹麦的国家创新战略把资源集中在电子通信、生命科学、清洁能源等领域。在丹麦,可再生能源在国家能源消耗中的比重已达22%,其风力发电设备和产品占世界份额的40%,运营世界60%的近海风能。

根据丹麦公布的《能源战略2050》,丹麦政府提出:"到2050年将完全摆脱对化石能源依赖的战略目标。"早在2009年,哥本哈根市就宣布将在2025年成为世界上第一个二氧化碳零排放(简称零碳)的城市,为全球可持续发展提供实验室般的可参考借鉴经验。

丹麦的绿色实践大致有六个方面。

第一,政府牵头,战略调整。丹麦是世界上第一个组建国家环境部的国家,颁布了《环境保护法》,以此为基础授权当时的能源部和环保署制定各种能源与环保政策。例如,2008年丹麦政府设置了丹麦气候变化政策委员会,专为零碳和去化石能源体系的目标设计总体战略方案与路线图。

第二,立法调控,政府监管。在丹麦的绿色可持续发展转型过程中,立法调控与政府监管起着重要的协调和推动作用,丹麦逐渐成为低碳绿色国家。自20世纪80年代起,丹麦就开始实行一系列以环保为目的的企业税收政策,主要针对煤、石油、天然气等石化能源进行征税,成功地激励了企业进行绿色技术的革新,降低生产环节中的能源浪费和环境污染。

第三,扬长避短,系统开放。丹麦十分重视与其他国家进行双边或多边的能源合作。例如,丹麦的国际风电输送项目被欧盟列入支持海上风电发展的示范项目。丹麦还与俄罗斯、中国、南非、印度尼西亚等国家进行广泛的能源项目合作。

第四,大力创新节能技术。丹麦一直把发展创新节能技术和可再生能源技术作为经济发展的根本动力,通过创新的节能减排技术增强国际竞争力。

第五，公私合作，优势互补。丹麦绿色发展的战略基础是自下而上的公共部门与社会各界之间的有效合作。国家和地区在发展绿色大型项目时，通过公私合作有效促进领先企业、投资人和公共组织在绿色经济增长中取长补短。

第六，全民参与绿色环保。在丹麦，绿色环保意识深入人心，体现在丹麦人日常生活的一点一滴之中。丹麦人的节能环保生活方式时时刻刻把低碳理念贯穿到每一个细节之中，这是因为丹麦从幼儿园就开始环保理念的教育。

在国家创新系统中，知识创新系统、技术创新系统、知识传播系统、知识应用系统构成国家创新体系的基本框架。在丹麦的国家创新体系中，政府对以各行为主体间的协调作用明显。丹麦政府建立了一套相对完整的机制，为企业技术创新保驾护航。例如，丹麦技术和创新理事会为企业提供人才、资金与专业知识的保障。

丹麦政府出台的各种创新战略有一个共同的特点，即强调公共部门与私人部门间的合作和知识成果的转化。丹麦政府还推出众多支持创新的公共项目，比如创新券、创新合作社、开放式基金、创新网络项目、知识试点项目、产业博士项目、创新代理人项目等。这些项目定位于技术成果的高效转化、企业资金的支持、企业与科研机构的知识共享、企业与高校的联合人才培养、科技服务机构的支撑等创新活动。

丹麦政府会不定期颁布一套完整的创新总体战略规划，用以规范和指导创新主体增强持续的技术创新能力，同时成立相对应的技术服务机构来指导中小企业的技术创新。丹麦政府全方位、多渠道的创新政策保证了丹麦企业的创新能力，造就了一大批优秀的国际创新品牌。目前，丹麦政府正致力于应对全球气候变暖和节能生态有关的重大全球性挑战，并且积极探索工业4.0与商业新模式、机器人技术、大数据和人工智能等领域。这些创新领域正不断地调整丹麦整体创新产业研究与探索的焦点。

丹麦国家创新体系政策的特点可以概括为三个方面。

第一，作为丹麦国家创新体系中的重要主体，政府对创新起着重要作用。政府并不是发起和驱动创新过程的参与者，但是通过政府的支持和有利于创新的治理体系，政府可以为主要的参与者创造一个有利的环境，促进他们之间的互动，赋予国家创新体系活力。

第二，在丹麦国家创新体系中，企业以中小型为主，这使得丹麦的国家创新体系具有高效率的特点。

第三,教育改革是丹麦国家创新体系的重要组成部分。丹麦早在2002年就已经注意到教育作为国家创新体系的一个重要部分是不容忽视的。

在丹麦政府的战略设计中,为了把丹麦建设成为拥有世界一流创新环境的国家,制定了三条举措:一是对创新人才进行培养,二是为创新企业提供扶持和帮助,三是促进各种创新体系制度的完善。最终目的是通过创造创新激励环境,充分引导公共部门与私人部门间的合作,加强公私部门的高效对话和成果转化。

丹麦的国家创新体系以知识密集型和技术密集型为重要依托,试图将丹麦建设成未来欧洲的数据中心和北欧的制造业中心。目前,丹麦政府已经引入苹果(Apple)和脸书(Facebook)两个巨头公司进入丹麦市场,建设了三个巨型绿色能源的数据中心,下一步计划投资吸引更多的丹麦中小企业参与技术创新。同时,丹麦政府将重点对大数据、物联网、人工智能、生命科学等领域投入更多的资源与力量,从而扩大国家创新的规模,提高创新的能力。

值得一提的是,丹麦作为欧洲与全球领先的数字化国家,它的数字化政策与实践均对其他国家有借鉴意义。2016—2020年的丹麦国家数字政策《更强与更安全的数字丹麦》明确提出,可持续发展是实现丹麦发展的一个重要部分,而数字化,尤其是数据,为可持续发展提供了坚实的基础。实际上,丹麦的公共部门拥有全国最大的数据集之一。

第二节 国际合作:小国外交的榜样

自1973年第一次石油危机以来,奉行积极的能源与环境政策成为丹麦的一项国内政治议程。通过探索,丹麦积累了丰富的政策工具和技术方案,完成了举世瞩目的绿色转型。同时,作为能源转型和可持续发展的先驱,丹麦向面临相似挑战、拥有相似目标的国家分享经验,帮助实现全球性的绿色转型。绿色发展成为丹麦国内经济社会发展的基石,发展多层次的绿色伙伴关系成为丹麦外交的重要内容。

随着"冷战"后欧洲地缘政治格局的变化,丹麦外交出现了一种积极主义的势头。丹麦国防政策的基石是成为北约的一个"核心同盟力量"。除了"硬性"的安全与军事作业之外,丹麦外交还有一项重要的"柔性"内容。其中,发展援助是基本的外交工具。通过丹麦国际发展署,丹麦积极规划和实施发展援助,年度发展援助支出达到国民总收入 0.7％的水平,在发达国家中居于前列。

总体上来看,面对全球性的挑战和机遇,丹麦的基本策略是努力搭载国际多边机制,发出绿色与可持续发展的强音。2009 年哥本哈根气候峰会是丹麦在国际多边机制中塑造环境规范、建构国际形象的一部分,丹麦为此发动了广泛的"气候外交",扩大其影响力。除此之外,丹麦还重视在欧盟层面积极参与绿色议程的谈判,并且在其中扮演积极的政策倡导者的角色。

根据经济合作与发展组织(简称经合组织)2016 年的研究报告,在迈向 2030 年可持续发展目标的征途中,丹麦站在一个非常平衡和先进的起跑点上,并且在如下领域对欧盟的绿色转型倡议具有特别显著的影响力:(1) 改革欧盟排放交易体系(EU-ETS),该体系是欧盟气候变化政策的一个基石,是应对气候变化、以符合成本效益原则降低温室气体排放的关键工具,也是全球首个主要的、最大的碳排放交易市场;(2) 分担欧盟 2030 年气候目标;(3) 以北欧为范例推动欧盟电力市场自由化;(4) 设置改进的能源标签体系;(5) 推高欧盟地区可再生能源发展的 2030 年的目标定位;(6) 主持欧盟基础设施论坛;(7) 主持 2018—2019 年的北海能源合作。

2019 年 6 月 25 日,赢得大选的社会民主党与其他三个政党(丹麦自由党、社会主义人民党与红绿联盟)达成协议。在这份名为《丹麦的公正方向》的政策文件中,各政党同意为丹麦的重新起航规划七大目标,其中,居于首位的是"我们必须领导对抗气候变化的斗争"。协议明确指出,"丹麦必须显著提升其气候、环境与自然政策的雄心,并且在绿色转型中发挥国际领导力"。绿色转型愿景被列为新政府的首要任务,优先于社会福利计划,以及减贫、分权、教育改革等议程。新政府承诺,制定具有约束力的减碳目标,加大 2030 年的碳排放减幅水平,从 1990 年的 40％加码至惊人的 70％,这远远领先于欧盟绿色新政设定的目标。

在全球治理中,小多边主义是一种积极的力量,可以对既有的制度化程度高的多边合作机制起到良好的补充作用。在全球气候政治和环境治理问题上,丹麦显现出富有弹性的小多边主义和区域合作的特征。

2010 年 12 月,丹麦联同韩国发起全球绿色增长峰会,推动绿色经济成为重要的全球发展议程。这一倡议在 2011 年 5 月正式发布,并于同年 10 月 11—12 日召开首届峰会,作为推动绿色发展的全球性的公私合作机制。在此基础上,丹麦在2017年主导提出全球绿色目标伙伴2030（Partnering for Green Growth and Global Goals 2030，简称P4G）的国际倡议。P4G旨在加强联合国可持续发展目标落实和《巴黎协定》。丹麦计划为这个倡议提供五年资助（2018—2022），共3 300万美元。与全球绿色增长峰会类似，这个项目集合商业部门、政府、公民，通过公私合作机制来探讨五个基本领域的解决方案，包括食品与农业、水、能源、城市发展和循环经济。

政府倡导、市场导向和社会参与，这种行动模式不仅体现在多边和小多边关系上，而且为北欧区域一体化或"区域契约"进程注入了新的重要动力。

北欧区域合作的亮点之一，是把环境和资源的可持续管理作为北欧社会共享的价值观。这些价值观既强调公共和集体性，又强调社会各阶层的平等性和社会参与。2015年10月，北欧部长理事会提出"北欧方案应对全球挑战"的倡议，并且将"可持续发展的城市"作为六个旗舰项目之一。这些系统的政策规划与倡议是区域合作活力和成果的呈现，展现出北欧在国家和地方层面实践可持续发展的经验，也勾勒出未来北欧所要共同面对的挑战及发展方向。

双边关系是国家互动的基本形式，双边关系的建构和变迁过程是国家之间交往方式与联系模式不断变化的写照。丹麦在绿色外交格局中，针对包括中国在内的一些新兴经济体，侧重通过双边的务实合作和政策转移，有效地对接和把握这些经济体转型发展释放出来的市场机遇。

中丹关系堪称双边务实合作的典范。2017年，双方共同发表《中丹联合工作方案（2017—2020）》。方案融合中国"十三五"规划和丹麦发展战略，涵盖两国现有各个合作领域和机制。其中，"共建绿色和可持续的文明社会"涉及十分广泛的合作内容。

丹麦在双边关系中建构绿色与可持续发展伙伴关系，具有鲜明的政策转移的特征。政策转移是一个政治环境中的（或过去或将来）关于政策、行政安排、制度和思想的知识被用于另一个政治环境中政策、行政安排、制度和思想的发展的过程。1989年，中国的第一个风力发电厂就是在丹麦的协助下建立起来的。从那时起，中丹的风电发展项目致力于提升和加强风电项目的标准与法规，同时促进风能使用的规划。在2009—2014年，中丹可再生能源发展项目加强了中国在发展可再生能源产业上的能力。

丹麦在双边关系中建构绿色与可持续发展伙伴关系，还体现在两条相互关联的路径上：公私合作和地方合作。尤其是地方合作，已经成为丹麦双边绿色伙伴关系的基本特征。在很大程度上，这也是丹麦国内分权治理和中国地方对外交往的延伸。中国社会经济的高质量发展，为中丹在地方层面的绿色发展合作上提供了广阔的空间和机遇。

中丹两国共同倡导的地方政府合作论坛为政策转移和互利合作提供了一个观念平台。首届中丹地方政府合作论坛于2016年12月在北京举行，来自中国和丹麦的15位市长与400名两国政府、学术界、企业界代表，围绕"聚焦可持续发展，共享经济增长"主题展开充分的交流和讨论。两国商业和地方政府合作伙伴签订了六项合作协议。2018年11月，第二届中丹地方政府合作论坛在丹麦奥胡斯举行，围绕可持续城市和地区、可持续农业与食品、城市水资源和污水处理、健康和养老四个主题进行讨论，两国共有250名政府、企业与机构代表出席。实践证明，中丹两国的地方合作为中丹的战略合作伙伴关系提供了坚实的基础，也体现了丹麦在全球范围内与大国携手合作、推动绿色转型的能力。

丹麦堪称气候变化与绿色发展的规范倡导者，努力经营多边、小多边和双边关系，积极掌握国际规范的话语权和制定权，同时为国内绿色科技发展拓展国际市场，促进就业与经济发展。

如何理解丹麦在国际舞台上这一非同寻常的领跑者地位呢？丹麦在绿色转型与可持续发展方面的成就当然得益于多方面因素，包括教育、产学研的跨部门合作等。值得强调的是，丹麦近代历史上形成的一些重要的发展规范，深刻塑造了其当代绿色外交的行为模式。

简而言之，丹麦近代国家建构的结果对其产业选择、经济发展和国际定位提供了关键的遗产：在国际上失利，在国内却收获社会团结，演化出一种灵活的治理能力，既体现合作主义的互助、团结原则，也坚持个人权利与市场机制的自由主义观念。这种合作自由主义模式既是一种混合的社会政治组织形式，又是一种商业运作方式；既有自由主义的特征，强调个体权利和开放性的知识分享，又有团结互助的传统，强调政府与公司、公民的合作。19世纪晚期到20世纪30年代之间的社会经济发展，进一步提升了国家对社会与经济部门的协调和治理能力，并且为合作自由主义传统注入新的内涵。在这个阶段，社会民主主义的思想得到蓬勃发展。在社会民主主义的福利体制下，普遍性的公民权利、社会平等，以及基于妥协、联盟的政治文化，都使得这类国家能够更好地协同环境政策、社会政策和经济政策。

从历史经验中演化出来的权力结构与规范，塑造了丹麦近代农业资本主义和自由主义的贸易政策,也是理解其自20世纪70年代末以来的绿色转型及其在全球和区域范围内的务实伙伴关系的重要切入点。在很大程度上,丹麦的绿色转型与市场导向的国际合作,是历史上形成的国家治理能力滋养的结果。

第三节 科技创新:缔造北欧新神话

提起丹麦,很多人的想象是一个"童话王国"。安徒生的作品为这个国家平添了许多天真烂漫的想象。实际上,丹麦也是一个"科技创新王国",丹麦人的创新精神可能比丹麦童话更为久远。丹麦人的祖先维京人便是卓越的创新者和工程师。在维京时代,维京人发明的战斧、头梳及长船伴随他们的流血征战扬名世界。这种创新精神一直延续至今:在1901—2018年诺尔贝奖获得者中,丹麦共有13位,位列全球第11名;在食品、农业、环境科学、药学、生物医学和生命科学领域,丹麦的人均专利数量一直世界领先。

丹麦医药公司诺和诺德(Novo Nordisk)是斯堪的纳维亚地区市场价值最大的公司,在行业内拥有最为广泛的糖尿病治疗产品,提供世界上一半的胰岛素。丹麦的灵北制药(Lundbeck)和利奥制药(LEO Pharma)也是医药行业的佼佼者。丹麦传统的农业为当下食品科学的蓬勃发展奠定了基础,像科汉森(Chr. Hansen)、爱氏晨曦(Arla)、诺维信(Novozymes)一直在致力于为全球不断增长的人口提供安全、健康的食品。丹麦的格兰富(Grundfos)和丹佛斯(Danfoss)专注于对供水和供热系统进行改进,引领全球未来环境科学的发展。

实际上,Skype和谷歌地图(Google Maps)也是丹麦人发明的。2017年,丹麦设立"科技大使"一职,负责与脸书、谷歌、苹果等世界级科技公司加强沟通和联系。丹麦成为世界上第一个提名科技大使以吸引投资并与世界顶级科技公司合作的国家。

在世界知识产权组织发布的《2019年全球创新指数》报告中,丹麦超过新加坡、德国、以色列等国,位居全球创新指数第七位;在2019年度"欧洲创新记分牌"中,丹麦排名第三位,与荷兰、芬兰、瑞典一起被归为欧盟"创新领导者";在2019年《全球竞争力报告》中,丹麦在"创新生态系统"这一指数上排名第五位;在全球智慧城市排名中,丹麦首都哥本哈根位列第五位。这一系列排名证明丹麦在科技创新领域的卓越表现。

丹麦的一大优势便是强大的人才储备,它的科研人员占全职工作人员的比例(1.56%)远超欧盟的平均水平(0.82%)。同为欧盟"创新领导者",丹麦的人才优势也比较明显(荷兰为0.97%,芬兰为1.41%,瑞典为1.39%)。根据丹麦高等教育和科学部的统计,在丹麦目前的劳动力市场上,受过高等教育的人口约为80万人(丹麦总人口约为580万人),这一数字在2040年预计将达到120万人。另外,丹麦对于国外人才的吸引力也是明显的,外国留学生在丹麦的高等教育中占很大比例,尤其是注册在读的博士生,外籍学生比例可达三分之一。

丹麦拥有世界级的科学基础,尤其在生命科学领域。在工程、水泵和涡轮、食品工业、土木工程、热过程与装置,以及其他特殊机器行业中,丹麦在世界范围内保持领先优势。

专利是研发产出表现的重要指标。虽然丹麦的专利总数在2015年仅占世界专利总数的0.61%,但是如果按GDP进行标准化计算的话,丹麦专利申请数占世界专利总数的比例达6.24%,远高于欧盟的3.53%。在人均专利数上,丹麦位居世界第九。分领域来看,丹麦在生物技术领域人均专利数排名世界第一,在医药领域人均专利数排名世界第三。

丹麦是人均研究投入公共资金最多的经合组织国家之一。其研发投入相对较高,2017年研发投入约占GDP的3.05%,其中,公共研发保持在GDP的1%左右。这一比例与欧盟及世界其他国家相比都是不错的成绩。

除了优秀的人力资源储备、高水平的科研基础和丰厚的研发投入之外,《丹麦研究与创新系统同行评议》报告还指出,丹麦对于科研系统内多方利益主体的有效整合也是其科研创新优异表现的动力之一。目前,在丹麦已形成多个产业集群。

总体观之,丹麦的科研表现非常出色,尤其在制药和生物技术、能源、工业工程等科技领域,其科技人才资源及专利和出版的表现可谓不俗,其研发投入在GDP中的占比在全球的排名也位于前列,无愧为一个科技强国。然而,丹麦中小企业的研发投入规模与其科技强国的地位并不匹配,同时,丹麦科技研发活动的商业转化也有进一步上升的空间。

丹麦早期的科技创新活动主要在农业领域。随着丹麦朝工业国迈进,一个现代的科技创新体系逐渐形成。

丹麦第一次尝试制定科技创新政策是在20世纪80年代初期,当时的政府启动了"技术发展计划",采取了一系列促进创新的措施。对于整个科技创新体系的宏观建设在21世纪初期。当时丹麦的技术创新体系比较松散,没有一个正式机构负责整个国家的科技创新事务,而是由政府各部门分散管理。直到1988年,丹麦将教育部改组为教育与研究部(现丹麦高等教育和科学部前身),凸显研究创新的重要性。虽然从这一年开始,丹麦的科技创新有了明确的主管部门,但各部门依然各行其是,科技创新活动远未能整合推出。尽管如此,一个国家级科技创新体系已初具雏形,决策层、管理层、执行层,以及咨询和资助体系中各主体的职责还是相对明确的。

决策层由三个机构构成。丹麦议会下设教育与研究委员会。该委员会的任务和职责可分为两个主要部分:委员会职权范围内的法案和动议的处理,对高等教育和科学部部长工作的审查。丹麦政府下设高等教育和科学部,对全国的科技创新事务进行管理。丹麦研究与创新政策理事会则是对研究与创新相关事务向丹麦议会和政府建言献策,其委员会成员共有九名,来自学术界和商界。虽然该理事会与丹麦议会和政府属于同一层级,但是实际上并无对等的权力,并不参与政策制定。

在经历一系列的调整之后,丹麦高等教育和科学部成为丹麦科技创新体系中最主要的协调与管理机构。虽然其他部门,如环境和食品部等,也主持一些部门内的创新活动,但是丹麦75%—80%的公共研发支出都由高等教育和科学部分配、下拨。丹麦高等教育和科学部下设丹麦机构和教育资助署、丹麦科学和高等教育署两个直属机构,管理全国性的高等教育、科学技术和创新的相关事务。

研发投入是科技创新的重要保障。丹麦有着成熟的研发活动资助体系。公共科研机构的资金来源,一部分依靠财政拨款,另一部分来自丹麦公立的竞争性基金、私人基金和国际基金。其中,丹麦公立的竞争性基金主要由丹麦国家研究基金、丹麦独立研究基金和丹麦创新基金三个基金构成。

丹麦科技创新资助体系中的一个显著特色便是其庞大的私人基金资助。从丹麦最早的工业基金嘉士伯基金开始,私人基金资助社会研究便成了一种潮流。目前,私人基金会在丹麦的研发活动中扮演着重要角色。仅诺和诺德基金会在2018年就支出17亿丹麦克朗,主要用于与生命科学相关的研发和创新项目。格兰富集团的保罗·杜·耶森基金会也积极参与对研发活动的资助,并且将资助重心放在基础研究领域。2018年,格兰富的基金会共有9 500万丹麦克朗的慈善资助,其中,51%的份额用在科学研究上。

丹麦科研体系中的研发执行层由丹麦的大学、公共研究机构、其他公立研究主体、医院、技术服务组织和企业构成,其中,最核心的研发执行主体是丹麦八所研究型大学。2003年丹麦的大学改革,让大学的权力进一步扩张,政府以合约制的方式对大学进行管理,对其内部事务不做更多干预,同时,这次改革也更加明确大学作为一个服务社会的公共机构的属性。外部力量开始介入大学董事会——校长由董事会任命,而不是之前的由学校内部选举产生。大学校长类似于职业经理人,而非大学内部自治的领导人物。丹麦的大学也由一个相对封闭的实体逐渐变为一个不断适应外部需求的"服务提供商"。由于大多数公共研究机构都并入这八所大学,它们(包括附属医院)共获得丹麦公共研发支出中95%的份额,其他高等教育机构占比只有5%。这八所大学每年大概能从丹麦高等教育和科学部获得约89亿丹麦克朗的基础研究资助。

创新网络与集群同样也是科技创新的行动者。丹麦高等教育和科学部目前资助17个国家创新网络。这些网络主要是为了促进在能源、食品、信息通信技术及其他新兴产业领域中知识机构与企业之间的协作。

简而言之,丹麦科技创新体系在运作中具有三大特点。第一,集中化管理体制与"超级部委"的存在。与其他国家纷繁复杂的科技创新多头管理的局面相比,丹麦在20世纪90年代就开始系统化整合,最终形成以高等教育和科学部为主导的科技创新管理体系。第二,科研管理的充分放权与绩效导向的管理方式。高等教育和科学部在科研管理上充分放权。在考核机制上,高等教育和科学部采取绩效导向的管理方式,即与大学或其他科研机构签订合约,以合约中的目标来引导大学的科研工作,并且根据是否达到这些目标来评估大学的科研业绩。第三,大学的权力扩张与属性转变。随着丹麦12所大学合并成八所大学,以及多家公共研究机构的并入,丹麦的大学实际上已成为丹麦科技创新体系中的"巨无霸"主体。

丹麦人意识到,面对未来社会发展的诸多不确定,研究和创新是解决问题的一个重要出路,也是丹麦在国际竞争中立于不败之地的保障。2018年3月,丹麦政府公布《丹麦:已准备好抓住未来的机会——关于丹麦研究和创新的政府目标》报告。报告明确丹麦的研究必须是诺贝尔奖级别的高水准,研究必须有利于丹麦人民的福祉。2018年6月,丹麦科学和高等教育署公布"研究2025"的详细规划。该规划涵盖"新科技机会"、"绿色增长"、"更好的健康"、"人民与社会"四大领域的19个研究主题,作为丹麦公共资助体系将来的重点资助对象。

丹麦在2025年的研究主题上涵盖的领域不可谓不广泛,但是依然有其独特的价值取向。生物-生命科学是丹麦的优势领域,在2025年的规划中自然不可缺少,这说明丹麦人有意继续保持在该领域的领先优势。数字化是当今世界的一种潮流。实际上,丹麦在全世界范围内较早地开展数字化社会的建设,将数字化作为未来研究的方向,体现了丹麦科技创新规划的前瞻性。绿色增长强调的是科技创新要面向可持续的未来。这是丹麦科技创新未来的一大亮点。几乎所有国家都意识到可持续发展的重要性,但是像丹麦政府和丹麦企业将科技创新的方向放在可持续发展上的并不多。研究"更好的健康"和"人民与社会"进一步体现了丹麦研究的"以人为本"。研究的终极目的,还是要让人民过上幸福的生活。这也是丹麦"童话王国"的一种信仰。

第四节　历史文化:彼此信任的价值观

丹麦的现实源于历史的积淀。在石器时代,丹麦所在地区的远古居民就表现出突出的创新精神,他们制作的大燧石斧砍伐树木几乎与今天的钢斧一样锐利。商业贸易在远古时代也成为丹麦发展的重要支柱。公元前2000年左右,丹麦人就已经同地中海沿岸国家有贸易往来,多次民族大迁移使丹麦人的素质不断提高,生产力逐渐发达。由于地理位置特殊,尽管欧洲的民族迁徙非常频繁,但是丹麦文化保持了其连续性和独立性,几乎没有被异族文化淹没,反而从中吸取了充足的养分。公元8世纪末至11世纪,丹麦进入维京时代,今天的丹麦王国就形成于维京时代。在维京时代,丹麦建立了包括英格兰在内的一个北欧强国。11世纪初,丹麦国王卡努特建立了强大的"北海大帝国"。不过,随着卡努特去世,"北海大帝国"土崩瓦解,维京时代走向衰落,西欧式的君主制在斯堪的纳维亚半岛逐渐建立起来。12世纪中叶以后,在瓦尔德马家族统治下的丹麦再次强盛起来。瓦尔德马二世于1241年制定《日德兰法典》,统一丹麦的法规。1397年,丹麦女王玛格丽特一世在瑞典南部的卡尔马城举行会议,瑞典、挪威、丹麦三国结成卡尔马联盟。16世纪中叶,瑞典的实力日趋强大,开始挑战丹麦对波罗的海的控制权。经过"三十年战争",丹麦在1660年与瑞典签订《哥本哈根和约》,将松德海峡以东的、原来由丹麦占领的全部领土让与瑞典。1767年,丹麦宣布同俄国结盟,借以保障丹麦的"武装中立"。1801年,英国不宣而战,进攻哥本哈根；1807年，英国再次派遣舰队炮轰哥本哈根，丹麦舰队遭到致命的打击，几乎全军覆灭。丹麦转而与法国结盟，同英国和瑞典对抗。战争以丹麦战败结束后，丹麦于1814年签订《基尔条约》，割让挪威给瑞典，从而失去了挪威这个结盟400多年的盟国。1849年6月5日的"立宪会议"通过了新宪法，腓特烈七世宣布废除君主专制政体，代之以君主立宪制，建立以民族自由党为中心的内阁；成立由上、下两院组成的议会，下院实行普选制，30岁以上的成年男性享有选举权，上院的选举权则有一定的财产要求。新宪法的颁布，宣告历时190年的丹麦君主专制政体结束。19世纪中叶以后，丹麦的发展进入和平时期，社会经济逐渐复苏，政治体制向议会政治迈进。第一次世界大战期间，丹麦奉行中立政策。第二次世界大战爆发前，丹麦没有介入欧洲大陆诸强的纷争，但是1940年4月德国陆海空军向丹麦发动突然袭击，丹麦与德国签订城下之盟。不屈的丹麦人民不能容忍长期受异族占领者的蹂躏而奋起反抗。1945年5月初，德国法西斯在全世界人民的抗争下土崩瓦解，驻丹麦的德军于5月4日宣布投降。丹麦人民经过五年的奋战，终于迎来了胜利的一天。

丹麦是联合国创始国之一，也是北大西洋公约组织创始国之一。1953年，丹麦与冰岛、挪威、瑞典组建北欧理事会，积极开展北欧合作。丹麦从1961年开始对最不发达国家提供发展援助，并且成为世界上向发展中国家提供援助最多的国家之一。经过全民公投，丹麦在1973年正式加入欧洲共同体，在1993年通过《欧洲联盟条约》。在1999年1月1日欧元问世之际，丹麦选择不加入欧元区。今日的丹麦已经是一个经济高度发达的国家，昔日粗放耕种的农业国，已变为农业科技水平和生产效率令世界瞩目的现代化国家。这个以高收入、高消费、高税收为特征的高福利国家，是将保障失业者、病人、老人和残疾人的社会福利明文定于法律之中的国家。

丹麦文化总体上受到欧洲文化，尤其是基督教文化的深刻影响，这成为丹麦今天走向福利资本主义国家的文化基础。虽然丹麦人有源自维京时代的古老传统，但是基督教文化在今天的影响显然要比维京人传统大得多。以今天的眼光看，新教带来的平民教育理念的作用不可低估。

信任是丹麦价值观的核心。丹麦人有一种天然的假设，即他人都是值得信任的，直到发现他不值得信任为止。丹麦人不仅信任自己的朋友和家人，还信任遇到的每一个陌生人。正是这种价值观让丹麦人对政府、官员、警察都非常信任。丹麦人不断追求美好生活的性格使得丹麦在文学和艺术上取得了巨大的成就。丹麦充满艺术氛围的生活方式让身居其中的人们感受到温暖与舒适。高度信任的人际关系与高品质的生活成为丹麦创新和绿色发展的重要力量。

第五节 教育强国：为创新发展奠定基石

丹麦重视教育的传统历史悠久。在16世纪，政府和教会就合作建立起较为完善的教育体系。丹麦人很早就有义务教育（强制教育）的观念。1814年，丹麦正式确立6—7岁以上儿童必须接受七年义务教育的原则，成为世界上最早实施义务教育制度的国家之一。第二次世界大战后，丹麦教育进入迅速发展阶段。小学和初中教育在1958年进行根本性的变革。为了满足社会发展的需求，职业教育和高等教育体系开始进一步发展。1972年，丹麦将义务教育的时间从七年延长至九年。针对后义务教育阶段的学生，政府提供教育资助，年满18周岁的丹麦公民只要通过考试就可以获得资助。丹麦能在战后几十年中从一个不甚发达的农业国变为一个拥有高科技水平的工业国，重要原因之一就是大力推动教育普及，建立一个完整、协调、灵活的教育制度，形成一种鼓励创新、奋进与独立的教育文化。丹麦完善的创新和教育体系是它在资源禀赋稀缺条件下能够保持高收入与高福利水平，并且实现高度工业化的关键。近年来，丹麦的教育经费投入在GDP中占比一直超过7%。丹麦的教育体系大体上可以划分为学前教育（6岁以前）、基础教育（6—15岁，1—10年级一贯制，包括小学和初中）、高中教育（15—18岁，10—12年级）和高等教育（13—20年级）四个阶段。从高中起，学校就分为普通高中和职业教育两类。高等教育主要有大专、本科、硕士、博士等阶段。此外，丹麦还设有完善的继续教育体系。从高中开始，丹麦的教育体系就充分展现了灵活多元的特色。

丹麦的学前教育关注儿童的特殊需求，注重儿童发展过程中个体间与阶段间的差异性。学前教育机构与家长共同为儿童提供适宜的教育环境和参与各类活动的机会，培养儿童的自尊，激发儿童的想象力、创造力和语言能力，促进儿童的全面发展，并且鼓励儿童积极参加与自己相关事务的决策过程，培养儿童的独立性与社交能力，同时，让儿童能够理解文化与自然的价值。丹麦的学前教育不强调儿童的读写能力，而是重视儿童听说能力的培养。学前教育没有正式的班级和课程,主要通过游戏及其他活动培养儿童的群体意识,锻炼儿童的观察和实践能力,帮助儿童更好地适应学校环境。

丹麦的基础教育致力于提高每个学生的知识技能水平,致力于通过家校合作为学生提供获取知识和技能的机会,激发学生的学习兴趣和创造力并帮助他们树立自信心,增加学生对丹麦文化的认同及对其他文化的认知,促使学生负责任地参与社会活动并深入了解他们的权利和义务,发展学生的社交能力和辩证思维,为学生接受更高层次的教育和成为具有社会竞争力的公民奠定基础。

丹麦的高中教育属于后义务教育阶段,主要由普通高中和职业教育构成。普通高中学生毕业时将接受四类考试,不同种类的高中提供相应的教育项目。高中学生通过相应的考试后,可选择大学、商学院和技术院校等高等教育。如果初中毕业的学生不想选择普通高中,丹麦提供多元化、多层级的职业教育体系,可为受教育者提供100多种职业教育,确保每个年轻人都能够适应劳动力市场并找到适合自己的职业。职业教育和培训根据学生的实际水平与教育背景制定不同的学习项目,并且充分考虑学生的就业和求学意愿。

丹麦的高等教育系统提供奖学金、助学金和学生贷款。只有通过中学毕业考试、大学入学考试或高等商业考试及高等技术考试,才能接受高等教育,入学的名额有一定限制。高等教育分为短期、中期和长期课程,学制分别是少于3年、3—4年和超过4年。短期的高等教育课程培训实验室技术人员、市场经济管理人员和计算机专家等。中期的高等教育课程提供可以获得文学学士或理学学士的课程,包括培养记者、教师、图书馆员和护士等。长期的高等教育课程提供可以获得相当于文学硕士或理学硕士的课程,涉及艺术、社会研究、自然科学、医学、食品科学、科学技术、神学、企业经济学等领域。获得硕士学位后,需要再经过三年的研究培训才能获得博士学位。丹麦有着倡导终身教育的悠久历史。丹麦25—64岁的成年人中有三分之一都接受过各种形式的继续教育,例如由公共机构或雇佣单位开设的技能培训、个人参加的能力建设课程等。丹麦的成人教育体系也在不断完善,使成人在实践中不断加强自身知识和技能储备的同时,也有接受更高层次教育的机会。

丹麦的学前教育和基础教育在国民的创新素质培养中起到重要的作用。在丹麦人的观念中,接受高等教育和职业教育并没有高低贵贱之分。按照自己的能力和兴趣选择职业是丹麦人的基本理念。职业教育和终身教育对丹麦的创新与发展具有举足轻重的影响,为丹麦国际发展源源不断地提供高质量人才。高等院校在丹麦的创新和可持续发展事业中发挥了重要的支持作用。在政府部门的协调和推动下，大学与公共研究机构、私人企业的研究部门紧密协作，有力推动丹麦的创新和可持续发展。

丹麦的绿色教育也颇有成效。依托民众高等学校（folk high school）的全民终身草根启蒙式的"平民教育"是丹麦的独特优势。能源危机的爆发让每一个丹麦人都反思自己的生活方式，举国上下都在思考如何实现绿色转型。在观念转变方面，平民教育体系发挥了重要作用。丹麦人不断反思，从最初对国家能源安全的焦虑，进而深入可持续发展及人类未来生存环境问题，涉及自然环境、经济增长、财政分配等诸多因素。据此勾勒出丹麦的绿色发展战略，并且贯彻到国民教育中，使其成为丹麦人生活方式和思维方式的一部分。几乎每一个丹麦人从幼儿教育开始就强调绿色发展理念，一直到成人参加工作。同时，严格的行政措施使丹麦人民广泛地接受低碳环保的理念。在丹麦，公众普遍具有非常高的环境保护意识，体现在他们的一举一动、衣食住行的每一个细节中。

第六节　生态文明：迈向绿色国度

在经历20世纪70年代的环境和能源危机重创之后，丹麦开始注重能源安全和能源多样性，努力实现能源消费结构从依赖型向自立型转变。2011年，丹麦发布《能源战略2050》，正式提出新的能源转型战略目标，计划到2050年之前建成一个不含核能、完全摆脱对化石能源依赖的能源系统，成为世界上第一个提出完全不需要化石能源的国家。这被称为丹麦的"第二次能源革命"。丹麦能源进一步从自立型转向绿色型。2018年6月，丹麦新能源协议重申丹麦2030年的气候和能源目标，丹麦议会所有党派达成一致，履行联合国可持续发展目标的义务。要点包括：海上风电场建设，追加陆上风能和太阳能投资；加强能源与气候研究，增加资金投入。

一、以人为本的绿色空间建设

丹麦在以人为本的绿色空间建设方面不遗余力，展现了丹麦人的低碳环保理念。

1. 节约能源

绿色增长的关键驱动力就是节能技术。单单房屋和建筑一项就占据全球总能耗的40%。

丹麦拥有十分严格的建筑建材标准,还通过一系列措施大力推广节能建筑。丹麦政府规定,所有建筑必须具备两本证明建筑符合国家节能减排标准的证书,只有两证齐全的建筑才可以交付使用或投向市场交易。

丹麦通过大力推广建筑节能技术和对建筑设施能耗实行分类管理,大大降低了建筑能耗。

丹麦大力推广集中供热,积极发展以热电联产和集中供热(又称区域供热)为核心的建筑节能技术。如今,丹麦超过60%的建筑采用集中供热技术。通过发展分布式能源技术,大量采用可再生能源技术进行集中供热,包括沼气集中供热、秸秆及混合燃烧集中供热等。目前,可再生能源在丹麦热力供应中的比重已经稳居首位,超过天然气和煤炭。

2. 使用可再生能源

丹麦积极开发可再生能源,独领风电世界潮流。自1980年开始,丹麦根据资源优势,积极发展以风能和生物质能为主的可再生能源。丹麦还着力发展分布式能源,利用生物质能推动热电联产和集中供热。2018年,风电占丹麦总电力消费的41%。随着电力价格的上涨,风力发电已成为丹麦电力供应中最重要的能源来源。

生物能源占丹麦可再生能源总消费量的三分之二以上。生物能源在沼气生产中使用得越来越多,许多发电厂正从化石燃料转向木颗粒、木屑或稻草。

丹麦最常用的生物能源类型有沼气、气化、液体生物燃料。相比其他可再生能源,生物能源可以储存,因此多在能源需求高的时期使用。生物能源在确保可再生能源占很大比例的未来能源系统中的供应安全方面可能发挥关键作用。

丹麦不断进行可再生能源使用方面的创新。2019年3月,丹麦布隆德斯勒夫(Brønderslev)小镇建立了一个绿色能源项目,通过结合不同的能源技术,充分展现热电联产的可行性与创新性。

3. 变废为宝,垃圾发电

垃圾回收有整体流程的设计,从源头做起,在分类阶段非常细化、具体、易操作。政府要做整体设计,考虑运输和多种处理方式,如有毒物处理、焚烧、填埋等。

2018年年底,丹麦地方政府陆续向居民分发新版垃圾分类手册。同时,丹麦地方政府向每个家庭发放一个厨用垃圾盒和两卷绿色、透明、可降解的垃圾袋(用完后可以再领)。可再利用的垃圾放到小区垃圾箱或垃圾桶内,不可再利用的垃圾按规定分类送到相应的收集点。丹麦各地方政府都执行欧盟和丹麦政府制定的再利用指标。目前,丹麦垃圾再利用的比例是32%,预计到2022年达到50%。

垃圾回收之后的处理,采用专业公司进行管理。韦斯特弗布赖丁公司(Vestforbranding)是其中最著名的垃圾管理公司,也是一座垃圾焚烧供热发电厂,它的先进的垃圾回收和处理系统让人叹为观止。

垃圾焚烧产生高温蒸汽,带动涡轮发电机发电,产生的烟尘则经过严格的净化流程,确保100%的重金属、二噁英等污染成分被分离清除。分离出的有害物质被送往挪威荒原的安全地点严密封存,剩下的水蒸气从管道进入烟囱。

丹麦在区域供热节能上孜孜不倦地追求技术创新。正在致力研究的第四代区域供热技术,力争充分利用太阳能、地热能、风能、生物质能等可再生能源,完全摒弃化石燃料,通过加强供热管网的精细化控制,形成分布式智能能源网,采用低温供热系统进一步提升供热效率。

丹麦在污水处理方面有着成熟的经验。在丹麦,废水得到最大限度的利用,不仅水资源本身,而且废水包含的热能、有机物质,都得到有效的利用。这些功能的实现,最直接的是依托废水处理厂,更是依托灵活的解决方案,包括在源头处理工业废水等措施。

4. 以人为本的绿色交通

丹麦政府注重公共交通的无障碍和灵活性,采取一系列措施打造高效和环境友好型公共交通系统。哥本哈根的交通管理是城市规划的重心。倡导绿色交通,以自行车和步行作为优先出行方式。"人民优先"的概念帮助哥本哈根在市中心形成了一个步行系统,并且使哥本哈根从一个汽车主导的城市转型为行人友好、包容性强的宜居城市。哥本哈根有专用自行车道、自行车优先快道、自行车专用桥、自行车专用天桥等,各种各样的自行车立体停车库,以及自行车出租服务和自行车停车手册,设计周到,体贴入微。自行车专行道贯穿全城,最高车速可达到每小时20千米。

二、绿色发展群策群力、多元协作

丹麦的绿色发展是通过全社会群策群力、多元协作的方式实现的。从政府到公民,每个人都把绿色发展作为头等大事,积极贡献智慧和力量。

1. 以政府为主导

在丹麦,绿色发展首先是作为政治目标提出的,以政府为主导推进。丹麦能源署于1976年成立。能源署统筹制定国家能源发展战略并组织监督实施,管理重点涵盖丹麦能源生产、能源供应和分销、节能领域。能源署坚持节流与开源并举原则,节能优先,积极开发各种可再生能源,引导能源消费方式及结构调整。丹麦政府利用财政补贴和价格激励等方式,推动可再生能源进入市场,包括对绿色用电和近海风电的定价优惠,对生物质能发电采取财政补贴激励。另外,丹麦政府在建筑领域引入节能账户机制。

丹麦从立法入手,通过经济调控和税收政策,逐渐成为欧盟第一个真正进行绿色税收改革的国家。自1993年通过环境税收改革决议以来,丹麦逐渐形成以能源税为核心,涵盖水、垃圾、废水、塑料袋等16种税收的环境税体系。丹麦政府自20世纪70年代中后期以来颁布了《供电法案》、《供热法案》、《可再生能源利用法案》和《住房节能法案》。丹麦是世界上第一个颁布《环境保护法》的国家,并且以该法律为基础,授权当时的能源部和环保署制定一系列环保条例。

2. 以企业为先锋

丹麦的企业在可持续发展和生态保护方面都走在最前面,比政府更为先锋。以水泵企业格兰富为例,它的核心战略是为可持续发展提供清洁能源。它的产品很多是在地化的、本土化的,针对性较强。它不仅提供产品,还提供相关解决方案。2018年,格兰富在福州发布了中国首套一体化泵闸系统,与中国的生态保护、智慧城市项目结合在一起,解决了当地"海绵城市"建设中的污染问题、内涝问题。

在丹麦,企业把绿色发展当作商业机会和创新机会。这与政治决策有关,政府先作政治承诺,也许最初不知道怎么办,但是只要知道要实现什么目标,全社会都开始行动起来。

在丹麦政府提出2030年碳排放量减少70%后,作为新颁布的可持续发展项目"迈向零目标"的一部分,嘉士伯集团承诺在2030年前旗下酒厂碳排放及水消耗减半。其中一项措施是在2020年前旗下酒厂采用可再生电力,主要由四个目标组成——零碳足迹、零水耗浪费、非理性饮酒零目标和零事故文化,每个目标均有单独的量化指标。

3. NGO在行动

在平等、团结的扁平化社会里,公众拥有较高的话语权,社会组织也非常活跃。他们在绿色发展、可持续发展的社会议程中发挥了重要作用。"绿色国度"是其中的典型代表。

"绿色国度"是丹麦政府与丹麦四大主要商业协会——丹麦工业联合会、丹麦能源协会、丹麦农业与食品委员会和丹麦风能工业协会——共同成立的公私合营的非营利性机构。该机构旨在促进与国际利益相关者的关系,共同探讨如何应对挑战,如何发挥丹麦的相关能力和技术来推动绿色转型。"绿色国度"把需求者与所有致力于推动全球向可持续、低碳、资源节约型社会转型的丹麦领军企业联系起来。从可再生能源、能源效率、水资源管理、废物管理、气候适应,到综合城市解决方案,都可以通过"绿色国度"寻找潜在的合作伙伴和匹配的解决方案。该机构的目标是支持用户在全球绿色转型中的角色转变,找到具体解决方案、最新的绿色发展资讯。

丹麦的志愿组织无孔不入,渗透到生活的方方面面,开展丰富多样的活动,发动一切可发动的力量。这与社会赋予公民的自由度有关,与高度发达社会的公民对经济的依赖程度较低有关,更与公民的环保自觉意识有关。

4. 公民自觉环保

在丹麦,绿色发展的意识早已深入人心,体现在丹麦人的一举一动和衣食住行每一个细节之中,包括家具的选择、日用品的选择,以及人们在社交网站上的聊天。丹麦政府和各类民间环保机构十分重视对公民节能环保意识的培养,以及对全民参与积极性的调动。在丹麦,国民教育也是社会公共机构的职责。例如,动物园的教育部门既给工作人员上课,也有对外课堂,还有一些可持续发展相关的教育宣传物。

在丹麦,公众有非常高的话语权,尤其在城市开发、城市建设方面。在土地开发过程中,开发商必须给出方案,说明其中多少土地用于商业,多少土地用于居住。方案是公开的,公民会提出各种意见。第三方机构会听取各方面意见,最后给出解决方案。这与丹麦"人民优先"的市政管理理念是契合的。公众可以通过各种方式参与到具体的环保项目中。

三、公私合作和国际合作

丹麦在朝着绿色国度转型的过程中,特别注意公私合作和国际合作。

1. 公私合作

可持续能源的生产、消费和管理,确保水资源安全,迈向循环经济,打造智能绿色的宜居城市,在实现绿色转型中十分关键。然而,仅靠单一的技术或部门是无法实现这种转变的。在丹麦,公私部门之间的合作非常普遍,其中最典型的就是"绿色国度"。

"绿色国度"组织本身即是公私合作的产物。"绿色国度"认为,在制定综合的、可负担的可持续解决方案方面,跨部门和跨国界的整体分析与合作至关重要。

丹麦的农业咨询服务体系也是公私合作的典范。它由政府部门、农业合作社和私人机构三部分组成。其中,由各种农业合作社组成的服务体系在整个农业咨询服务体系中占有最重要的地位。丹麦的农业咨询服务驰名于世,被称为"丹麦模式"。

在风电发展中,公私合作同样功不可没。丹麦的风电发展,其制度设计中独特的一点是基于社区和合作社的组织运营模式。

在低碳社区的建设中,地方政府、社区组织和普通民众通力合作。

2. 国际合作

丹麦政府十分重视通过开展国际环保合作,将自身的环保举措对外推广,将具有丹麦特色的环保理念介绍到世界其他国家。这反过来也有利于国际社会对丹麦的环保工作予以积极的监督,进而形成丹麦与世界其他国家的反馈式环保合作。丹麦政府十分重视区域合作的力量,尤其在发展风电系统方面。1999年,丹麦通过与邻国电网的对接,形成"丹麦-瑞典-挪威-芬兰"四国电力交易市场,实现除冰岛外北欧国家电力的互输流通,既保障各国的能源安全,又提升能源使用效益。

第七节 卓越企业:世界级的样本

丹麦人自古以来就习惯经商,这主要是因为丹麦独特的地理位置。虽然丹麦的贸易历史悠久,但是工业化进程却是在19世纪后半叶开始起步的。此前,丹麦一直是传统的农业国。虽然工业化起步较晚,但是发展迅速。目前,以制造业为主的丹麦工业已经非常发达,工业产值约为农业产值的五倍,工业产品60%以上供出口,占出口总额75%。丹麦企业的主要特点是以中小企业为主,创新研发能力强,不少技术在世界领先。

丹麦企业的另一个特点是家族企业多。在丹麦,延续百年以上的家族企业非常常见。家族财富持续传承有几个必要的因素:一是基于家族背景的企业文化;二是家族成员的相互了解、信任和团结;三是对企业未来有着高度的责任感和热忱。在家族成员的共同努力下,企业会形成明确清晰的家庭价值观。这些价值观的主要内容包括对企业管理、产品质量、员工关怀、企业远景、客户关系等方面的处理原则。丹麦企业的家族传承通过企业基金会制度很好地解决了家族企业的传承难题。

本书选取格兰富集团、乐高集团和奥迪康集团三家企业作为案例。三家企业各自以水泵生产及服务、玩具生产及服务和助听器生产及服务为主业,虽然业务大不相同,但在全球化、智能化和绿色可持续等方面一样具有先进性。

一、独立决策管理

在各自行业领先的格兰富集团、乐高集团和奥迪康集团都是从家族小作坊发展起来的。家族企业对于企业发展而言,具备良好的文化传承性,但无法避免决策过于垄断和集中带来的消极影响。这一点在乐高和奥迪康两家企业的历史中体现得尤为明显。不过,三家家族企业百年风雨走来,越发具有世界市场的竞争力。其中,基金会管理模式的作用不可小觑。

基金会在三家企业的发展中起掌舵作用,决定企业的发展走向和命脉,当然也包括诸如企业社会责任、慈善等其他方面的工作。不过,基金会存在的最大意义在于两点。

第一,确保决策的合理性。基金会及其下设董事会作为公司发展的决策机构,由集团创始人家族成员和家族外部的企业人员构成。例如,在格兰富集团保罗·杜·耶森基金会的12名成员中,创始人家族成员4位、外部人员4位、员工代表4位。这种成员构成能够充分将不同立场、不同认知和不同经验的成员集中起来,共同决议集团发展的重大事项,能够较大限度地提升决策的合理性、客观性及正当性。

第二,确保企业发展资金的独立性。无论是企业的场地、设备等硬件的资金支持,还是管理、研发的成本投入,都需要大量的资金储备。基金会的运转有效确保这些资金的独立性。相较于一般的企业主要将利润分红给股东，基金会则将足量利润留给企业发展，确保有充足的资金用于企业的创新研发和运作。换言之，基金会还是企业运转、发展的资金储备室，其存在的价值是防止企业利润被挪用、滥用，防止过于注重股东分红而危害企业的长远发展计划。事实上，确保企业发展资金的独立性，对于企业长久生存发展，甚至做大做强意义重大。

二、注重创新研发

创新研发是三家丹麦企业始终保持市场竞争力的秘诀所在。格兰富平均每 2—3 年迭代研发一款新产品，乐高每年在售的产品中有 50% 以上是新品，奥迪康更是将助听器创新研发至大脑听觉技术领域。创新研发不是无源之水、无本之木，创新也不仅仅是推翻或迭代自己。三家企业的创新研发既是一套成规模、成体系的研发链，也是与时俱进，甚至开创行业新生态的试验田。

首先，前文提到，基金会为企业独立保留相当比例的利润作为发展基金。资金是创新研发的根本，没有资金支撑而成功的研发极其有限，绝大多数产品研发都是一个相当长的"烧钱"过程，即成本投入和产出无法短期建立回报关系，甚至有可能在投入后没有产出。大多数企业在面对研发的"无底黑洞"时纷纷选择放弃，最终只能走低端加工生产的路线。没有研发并不意味着企业无法生存，但没有研发企业必将缺少核心竞争力。企业要想做大做强，在全球市场具备一定的竞争力，必然要抛去重眼前利益的短视行为，从长远角度去规划企业发展，将创新研发提高到与产品质量同等重要的位置。

其次，企业的产品创新研发不仅仅是简单的迭代自己，更要主动掌握前沿技术。以三家丹麦企业最新的创新研发来看，格兰富研发的数字化水管理系统，既可以做到按需供水，又可以减少水在输送过程中的损耗，还能远程分析、解决水厂供水、送水的问题，乃至预判相关设备的故障等；乐高最新研发了全新植物基聚乙烯生产植物颗粒材料；奥迪康研发了大脑听觉技术。可以看到，格兰富没有满足于不断生产新的水泵，而是研发智能化的水管理系统；乐高不是简单地更新玩具系列，而是创新研发新型材料；奥迪康不仅生产更精致灵敏的助听器，还在生物学领域将助听技术革新。这些创新研发并不是对产品的简单升级，而是将前沿尖端技术与自身产品有机契合，更具时代特征和超前竞争力。三家企业的创新研发最大的启迪意义在于，要不断投入创新研发，但永远不要将创新研发简单局限在内部自我迭代，而是积极与前沿技术做交叉，体现产品的时代性。

三、强化团队建设

企业团队建设也是企业发展的重要领域。在企业发展中,人是有生力量,有人才有发展可能。三家丹麦企业不仅尊重和使用人才,还注重员工文化、差异文化、女性扶持和低就业能力的帮扶等方面的可持续发展。

尊重员工并为员工提供帮扶是三家丹麦企业的共同特点。作为全球性企业,三家企业都在推动相互理解和尊重文化差异方面作出了突出贡献,并且积极为员工提供人性关怀,比如女性扶持、低劳动能力扶持等。性别不平权在大多数国家仍然是严峻的问题,女性社会地位低下。这导致企业在全球化发展过程中,必然面对性别冲突问题。针对这一问题,三家丹麦企业都提供了相应的扶持,包括女性领导比例硬指标、开设关于职场偏见的课程等。同样,低劳动能力就业保障也是企业体现人性关怀的举措,为低就业能力和特殊能力人群提供适合且富有价值感的工作。多元包容的就业环境展现了北欧企业的人文关怀,给予员工安全感和归属感。

三家丹麦企业还注重员工的可持续发展。员工的可持续发展不但能够强化员工的个人素养,为团队提供源源不断的新动力,也是打造企业良性文化的必要手段。三家企业员工的可持续发展主要包括两个方面:一是确保员工的健康,包括对员工身体素质和工作环境的关注;二是员工的技能培训,通过确保员工的素质和能力来维持企业发展的动力与速度,有效实现双赢。企业帮助员工提升素质,也是企业自身能力增量提升的实践路径。员工的能力提升,最终会反映到工作效率和质量上,体现在企业的产品力上。因此,企业发展,不能只注重使用人才,更要注重培养人才。

四、履行社会责任

三家丹麦企业在履行社会责任方面不遗余力。格兰富专注于世界水资源,积极为世界提供清洁用水,帮助贫困、缺水地区解决水资源不足、水污染等问题;乐高为全世界儿童,尤其是难民儿童提供救助和早期教育,帮助儿童学习、玩耍,促进大脑发育;奥迪康立足自身企业特点,为听力障碍人士提供免费检测和问题解决服务。

履行社会责任的方式方法千千万万,对标三家丹麦企业意义不大,但要从三家企业身上看到对美好社会的愿景和行动。履行社会责任不能仅仅理解成一种广告、作秀方式,更不能视作以成本利润计算的商业行为。

履行社会责任对企业发展确有积极作用,除了提升企业品牌的声誉外,企业还能从中发现产品的创意和改进方法,从而更好地服务企业发展,比如格兰富针对贫困地区研发的太阳能水泵、乐高针对难民儿童打造的创意内容等。在履行社会责任的过程中,丹麦企业另一个值得借鉴的做法是积极同非政府组织合作。这被证明是有用且高效的。例如,格兰富与丹麦红十字会、世界宣明会、丹麦难民理事会等合作,每年为大量需要帮助的人提供援助,确保履责高效、真实。

履行社会责任,对于企业发展是有益无害的举措。履行社会责任不但能够促进企业发展,还能为推动世界美好提供重要力量。因此,企业发展应重视主动履行社会责任并积极付诸实践。

五、绿色环保发展

几乎所有丹麦企业在发展过程中都注重绿色环保发展,绿色发展也倒推企业技术改革和创新。例如,格兰富通过改进水泵技术实现节能降耗,有效帮助减少世界总用电量5%,还增加清洁水泵和污水处理泵的研发与供应,可持续地提供用水,改善和管理水质,为解决全球水挑战提供有效方法的同时,提升自身的创新研发水平。乐高为了减少废物生产和资源消耗,研发了从甘蔗中提取纯天然植物基聚乙烯生产植物颗粒材料,也提升了产品的安全性和生产的可持续性。

半个世纪之前,丹麦还是能源依赖型国家,然而经过不断的努力,丹麦成功地从依赖型能源国转变为自立型能源国。目前,丹麦在清洁能源使用方面处在世界前列,在分布式能源建设、风电发电并网等方面积累了相当丰富的经验。积极向丹麦企业的绿色发展学习,创新生产技术,注重生产过程中节能、降耗、减排,同时注重对绿色资源的开发利用,从丹麦绿色发展的路径中借鉴经验,对加速中国企业绿色发展的进程是一条有效的捷径。

第二章　创新国度：丹麦的国家治理体系

张殿元　王粲璨[*]

丹麦地处北欧，毗邻德国与瑞典，领土面积狭小，本土面积约为4.3万平方千米（不包括格陵兰岛和法罗群岛），人口规模约为580万。丹麦是欧洲最发达的国家之一，拥有完善的社会福利制度。丹麦经济发达，社会贫富差距极小，国民生活幸福指数在2018年位列全球第三。作为北欧五国之一，丹麦开辟了一条通过技术创新、能源改革的方式实现科技强国、经济强国的创新之路。丹麦人才济济，在光学、电磁学、天文学、核物理学等学科领域始终走在前列。在1901—2018年所有诺贝尔奖得主中，丹麦得主有13位，居全球第11位。丹麦企业在世界品牌榜中也有不错的成绩，拥有像乐高（Lego）、潘多拉（Pandora）、嘉士伯（Carlsberg）、维斯塔斯（Vestas）、爱步（Ecco）、马士基（Maersk）等众多创新全球品牌。在2018年世界知识产权组织发布的《全球创新指数报告》中，丹麦超越德国、日本、韩国、以色列等国家，位列第八。可以看出，丹麦在知识创新与产业创新领域成绩斐然，创新发展模式以一种弯道超车的方式成为北欧国家相继模仿的对象。丹麦人重视环保，注重发展绿色经济，尤其是节能和绿色清洁能源的开发。丹麦被称为地球上有名的"绿色模范生"。在古高地德语中，"丹"意为"森林、沙滩"，"麦"意为"土地、国家"。丹麦人热爱自然，很早就启动了国家清洁能源计划。

---

[*] 张殿元，复旦大学国家文化创新研究中心秘书长、教授。王粲璨，丹麦哥本哈根大学复旦-欧洲中国研究中心研究员，本章案例部分独立作者。

第一节　丹麦国家创新与绿色发展的实践

丹麦是世界上公认的绿色国家。从1980年到2016年,丹麦的实际GDP总值增长了85%,同时,丹麦的能源消耗总量几乎是零增长。丹麦二氧化碳的排放降低了37%,水耗降低了40%。在丹麦经济快步增长的背后,其能源结构的战略调整起到关键作用。目前,丹麦是世界上依赖化石能源最低、可再生能源利用率最高的国家。

可再生能源主要包括风能和生物能(稻草、木材)、太阳能、地热能、热泵、沼气、废弃物等。丹麦纬度较高,温度较低,一年四季均需供暖。目前,丹麦利用可再生能源及大量采用节能技术保证丹麦能源基本自给自足,特别是风力发电和生物能的广泛应用,让丹麦成为石油和天然气净出口国。丹麦是风力发电最发达的国家,在其陆地和海洋区域共装有5 000多个大中型风车,总安装量达到200兆瓦,风车发电量保证了全国大约20%的能源供应。在丹麦,随处可见白色的现代风车。丹麦有世界上最大的风力发电厂和最先进的风电机组发电技术。

丹麦政府把发展低碳经济置于国家战略的高度,相继制订了一系列能源发展计划。根据丹麦《能源战略2050》,丹麦政府提出:"到2050年将完全摆脱对化石能源依赖的战略目标,其中,2020年化石燃料消耗将比2009年降低33%,一次能源消费量比2006年降低4%,可再生能源在终端能源消费中的比重超过30%,交通领域可再生能源消费比重达到10%。"2009年,哥本哈根宣布将在2025年成为世界上第一个二氧化碳零排放的城市,换言之,丹麦将通过各种方法将二氧化碳的排放降低到零,为全球可持续发展提供实验室般的可参考借鉴经验。

一、缘起与演化

第二次世界大战后,丹麦经济快速增长。与其他工业化国家一样,起初丹麦完全依赖进口石油燃料促进经济增长。20世纪六七十年代,丹麦能源消费迅速增加,短短十年间石油能耗总量增加了一倍,石油全部依赖进口,对外依存度高达99%。高度依赖石油燃料产生了一系列大气污染、废水排放等生态问题。20

世纪60年代末,丹麦首都哥本哈根遭遇大面积酸雨侵蚀,造成历史博物馆等很多著名建筑受到不同程度的损毁。丹麦以南的波罗的海爆发大面积过度繁殖的海藻,造成海边植物和海中动物大量因缺氧而死,丹麦许多内陆湖泊也不同程度地受到各种工业和农业污染。这些环境问题使得丹麦陷入生态危机和能源危机的恐慌之中。

1973年,第四次中东战争爆发,阿拉伯国家纷纷要求支持以色列的西方国家改变对以色列的态度,决定利用石油武器对西方国家实行石油提价和禁运,导致许多发达国家出现国际收支赤字,引发了第二次世界大战后世界最大的一次经济危机。在这场经济危机中,高度依赖进口石油供应的丹麦遭遇重创,生态的污染与油价的高涨让丹麦政府痛定思痛,倒逼丹麦自20世纪70年代起,被迫开始执行长达数年的增加国内能源生产政策和提高能源利用效率政策。到1990年之后,丹麦的能源政策转向低碳化发展,目标是逐渐减少二氧化碳的排放量。总的来说,丹麦的绿色可持续发展模式大致经历了四个阶段。

第一个阶段是在20世纪70年代石油危机之后,集中在能源供应的多样化上。为保证能源供应安全,丹麦开始着力开发本国北海油气资源,探索能源供应多元化战略,提高能源自给率。丹麦政府在1976年通过了第一个国家能源计划,成立丹麦能源署,专门统筹制定国家整体能源战略,并且负责监督和实施,自此揭开了丹麦能源结构调整的序幕。1979年,丹麦又制定了供电、供热、供气等政策,比如投资风力发电。

第二个阶段是从1981年开始,专注于能源对经济的影响。丹麦政府在1985年顺从民意,决定放弃开发核能的计划,随后与电力生产商达成协议,制定符合丹麦国情的以风能和生物能为替代能源的新能源政策。1989年,新修订的电力供应法案规定,优先发展可再生能源,不再建设燃煤电厂。1992年,丹麦政府提出能源消费税、环保税,包括对二氧化硫、二氧化碳物征税。

第三个阶段是从1990年至2000年,丹麦首次将减少二氧化碳排放作为计划目标,先后出台"能源2000"、"能源21"、"气候2012"等政策,其核心都是大力减排和提高能效,将税收反哺清洁能源产业,使其稳健发展。为了保证经济的低碳化,丹麦做了两个方面的努力:一是提高热电联产工厂的生产效率,二是大力开发可再生能源。为此,丹麦采取了碳税、碳排放配额、环保税、上网电价补贴、研发补贴、基础设施建设、风能行业支持等措施。

第四个阶段是从2001年到现在,丹麦的能源行业开始进行市场化改革。

2001年初期,由于新一届政府改变了能源政策,风力发电计划被暂时搁置,但是在2006年,欧洲碳排放交易配额制度出现,丹麦政府重启风力发电计划。在2008年经济危机和2009年气候变化大会之后,丹麦政府展示了全面和积极改革的决心。2011年,丹麦制定了新的能源战略,总体目标是:2020年碳排放量在1990年的基础上减少40%,风能使用率达到50%,所有电力和供热能源全部来自可再生能源;2050年丹麦将完全摆脱对化石能源的依赖,成为不使用化石燃料的国家,同时提高能源利用率来减少能源的总消耗量。对化石燃料的零依赖战略体现了丹麦能源改革的决心,最终目标是要建设绿色和可持续发展的社会。事实上,丹麦现在的能源消费结构已经发生很大的转变。目前,丹麦的能源强度(能源消耗与产出的比重)是欧盟国家中最低的,并且有继续降低的趋势。总结来说,丹麦的能源战略核心方法就是聚焦于热电联产、可再生能源生活和节能这三个领域。

二、实践方法

丹麦能源结构的成功转型,不仅保障了丹麦未来的能源供应安全,而且建成了一座可供世界参考的绿色能源实验室。丹麦的创新与绿色发展实践大致有六个方法。

1. 政府牵头,战略调整

丹麦是世界上第一个组建国家环境部的国家,并且颁布了《环境保护法》,以此为基础授权当时的能源部和环保署制定各种能源与环保政策。1976年,丹麦能源署成立,制定了"丹麦能源政策"(Danish Energy Policy 1976),鼓励发展区域能源供暖系统,大力发展风能,增加国家支持的新能源技术研发投入。

20世纪80年代,丹麦不断细化和完善相关能源政策,利用财政补贴和价格激励推动可再生能源进入市场,并且对绿色用电和海上风电项目定价优惠,对生物质能发电进行财政补贴。针对建筑领域,丹麦政府首创节能账户机制,即每位建筑所有者每年向节能账户交付一笔资金,根据节能标准进行评级,达到优等级者可不必支付节能资金。2008年,丹麦政府专门设置了丹麦气候变化政策委员会,专为零碳和去化石能源体系的目标设计总体战略方案与路线图。

2. 立法调控,政府监管

在丹麦绿色可持续发展的转型过程中,立法调控和政府监管起着重要的协调与推动作用。自20世纪80年代起,丹麦就开始实行一系列以环保为目的的企业税收政策，主要对煤、石油、天然气等石化能源征税，比如征收二氧化碳税和二氧化硫税。

自1993年起，丹麦政府开创性地征收了其他类型的环保税，如垃圾税、车用燃油税、自来水税、一次性使用餐具税、氯化溶剂税、杀虫剂税、生长促进剂税、镍铬电池税等。这种税收改革，成功地激励企业进行绿色技术的革新，降低生产环节中产生的能源浪费和环境污染。

在各种环保税中，丹麦对燃油的税费最高。丹麦人均拥有小汽车量为0.83辆，而全国580万人口拥有420万辆自行车。造成这种比例差异的原因是，在丹麦，汽车的增值税和牌照注册费等税费加起来是汽车销售价格的两倍。因此，丹麦人使用小汽车的成本比其他欧洲国家高出两倍，而自行车成本最低。哥本哈根以自行车城闻名于世，接近50%的市民采用自行车作为主要交通工具，包括政府官员、富豪，都采用自行车作为出行工具，甚至丹麦总理都骑着自行车出席外事活动。在丹麦，交通信号灯一般要比其他国家多两个装置，一个是公共汽车横竖道信号灯，另一个是自行车的小型红绿灯。在丹麦的一些城市，自行车更是享有"特权"。政府对街上的红绿灯系统进行改造，全部按照自行车的行驶速率进行变换，目的是保证骑车人一路绿灯，通行无阻。

3. 扬长避短，系统开放

丹麦十分重视与其他国家进行双边或多边的能源国际合作。丹麦传统资源、自然资源匮乏，但是风能资源丰裕。为了充分利用风电，1999年丹麦加入北欧电力系统。在风力很强的时候，将海上风电输送到北欧其他国家；在风力较弱的时候，则引入北欧其他国家的水电。丹麦的这一国际风电输送项目被欧盟列入支持海上风电发展的示范项目。为此，丹麦承诺在2020年前将欧洲风电装机量扩充到60千兆瓦。丹麦还与俄罗斯、中国、南非、印度尼西亚等国家都开展了广泛的能源项目合作。

4. 大力创新节能技术

丹麦一直把发展创新节能技术和可再生能源技术作为经济发展的根本动力，通过节能减排的创新增强国际竞争力。丹麦大力推广区域能源，发展建筑节能技术，孵化出一批全球领先的节能企业。丹麦处于北欧，温度较低，很多建筑一年四季需要供热。因此，丹麦倒逼自己发展集中供热和热电联产式的区域能源技术。如今，丹麦超过60%的建筑采用区域能源技术，并且大量使用可再生能源进行集中供热，包括沼气集中供热、地缘热、秸秆及垃圾焚烧等混合供热。

丹麦建立了严格的建筑节能标准,例如要求开发商提供节能建筑标识,按照能耗高低对建筑进行分类管理,使用户可以根据需要选择不同的建筑标准。

5. 公私合作,优势互补

丹麦绿色发展的战略基础是自下而上,公私部门与社会各界之间有效合作。国家和地区在发展绿色大型项目时,通过公私合作有效促进领先企业、投资人和公共组织在绿色经济增长中取长补短。丹麦的风电项目最显著的特色是基于当地自治的运营方式,以地方或社区为主来建设风电机组。如今,80%的风电机组归当地合作社或私人农场主所有,十多万个丹麦家庭拥有风电合作社的股份或者是私人风机,政府对风电产业给予生产或出口的信贷支持。

6. 全民参与绿色环保

在丹麦,绿色环保意识深入人心,体现在丹麦人日常生活的一点一滴之中。例如,丹麦人会自觉地对生活垃圾进行分类,在使用家电时惯性地切换节能模式;坚持户外锻炼,少用跑步机;出门习惯性使用自行车等。丹麦人的节能环保生活方式时时刻刻把低碳理念贯穿到每一个细节之中,这是因为丹麦从幼儿园就开始环保理念教育。

丹麦作为一个资源小国,在全球范围内开辟了一条低碳技术创新立国的特色之路,创造了经济发展与能源消费的丹麦绿色可持续发展模式,实现了经济高增长、低能耗的独特发展方式。丹麦模式的总体思路在于优化能源结构,发展可再生能源,提高能源利用效率,减少温室气体排放,既履行《京都议定书》的减排责任,又为丹麦企业提供更多的商业机会,催生出一批批高新技术企业和新兴产业。

第二节　丹麦国家创新与绿色发展的治理体系

1987 年,英国经济学家克里斯托夫·弗里曼在《技术政策与经济绩效:日本国家创新系统的经验》一书中首次提出"国家创新体系"这一概念。弗里曼认为,第二次世界大战后日本之所以创造出经济奇迹,原因在于日本除了广泛开展技术创新之外,还有组织创新和制度创新。1988 年,丹麦学者伦德瓦尔(B. A. Lundvall)进一步发展了"国家创新体系"这一概念,认为创新是大学、企业等公私机构合作建立的一种适当的平衡，即政府、企业、大学、科研院所、中介机构等为了一系列共同的社会和经济目标，通过建设性的相互作用而构成的机构网络，其主要活动是启发、引进、改造和传播新技术。创新是这个体系变化和发展的根本动力。企业、科研院所、中介机构是创新的主体。

一、丹麦国家创新指数排名

2019年7月，在康奈尔大学、欧洲工商管理学院和世界知识产权组织发布的2019年全球创新指数排行榜上，丹麦位列第七位，排名超过德国、新加坡、以色列、日本和中国。全球创新指数从2007年起每年发布，帮助人们更好地理解如何激励创新活动，以此推动经济增长和人类发展，现已成为全球范围内企业高管和政策制定者的重要参考工具。

1. 2019年全球创新指数

目前，这一指数排名前20的国家是世界上公认的创新型国家。这些国家有一个共同的特征，即科技进步贡献率达到70%以上，研发投入占GDP的比例一般在2%以上，对外技术依存度指标一般在30%以下。

在2019年全球创新指数排名前20位的创新经济体榜单中，有12个来自欧洲。排名第一的瑞士连续九年荣膺桂冠，它在多个专利和知识产权相关指标中排在第一位，在研发支出和高校办学质量上名列前茅。排名第二的是瑞典，它在每年提交的专利申请中始终保持第一的名次，尤其在网络创意方面表现不俗。排名第四的是荷兰，它在企业创新领域很有实力，通过知识产权的国际输出形成创新优势。

2. 丹麦各创新指数排名

2019年全球创新指数由经济体创新能力和结果的平均值来计算排名，一个是创新投入指数，另一个是创新产出指数。创新投入指数衡量的是体现出创新活动的国家经济要素，分为五大类：制度、人力资本与研究、基础设施、市场成熟度和商业成熟度。创新产出指数体现的是创新成果，分为两大类：知识与技术产出、创意产出。根据全球创新指数的指标设计，丹麦作为北欧典型的创新国家之一，在各个指标层次上有着非常不俗的表现，展开来说可分为七个方面。

第一，总体创新排名稳步靠前。根据2019年全球创新指数报告，丹麦在全球创新国家中排名第七，与2018年相比上升一位。近年来，丹麦的创新力始终保持稳定强劲增长态势，排名从2015年的第十名上升至2017年的第七名（见图2.1）。

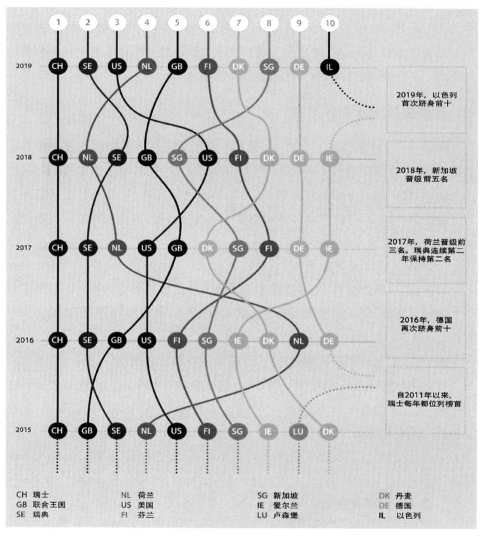

图 2.1　全球创新指数变化

（资料来源：全球创新指数数据库）

第二，人力资本与研究创新投入高位优势明显。2019 年，丹麦创新投入指数排名第五，创新产出指数排名第 12。与其他创新国家相比，丹麦的人均收入处于高位水平，丹麦的人力资本与研究指数排名第四，其子项教育指数在全球排名第二。丹麦在科学研究领域的支出占 GDP 的 3.1%，全球排名第七，丹麦每百万人口中全职研究人员数量却达到全球第二的高水平位置。

第三，基础设施创新投入异军突起。能让丹麦稳居前十榜单的一个重要支撑是丹麦用于基础设施创新的投入始终处于高位水平，在2019年榜单中排名第六。丹麦的信息通信技术利用率、政府网络服务和电子参与均是全球第一。可以看出，丹麦政府对于数字技术的创新投入格外重视，并且在战略上已经成功实现新技术的应用与转化。丹麦的生态可持续性排名第七。虽然单位能耗GDP排名仅为第13位，但是丹麦环境绩效全球排名第三，说明丹麦一直以绿色生态可持续的发展模式对丹麦的全球创新指数排名有着非常明显的帮助，是帮助丹麦实现弯道超车的重要发动机和加速器。丹麦的物流绩效排名第八，尤其归功于丹麦航运业发展迅速，2018年实现出口1 880亿丹麦克朗（284亿美元），成为丹麦最大出口行业之一。目前，丹麦船主的运输量约占全球贸易的10%，丹麦在海事国家行列中排名全球第七，丹麦拥有欧盟旗下第四大商船队，丹麦海上集群运输约占丹麦出口总量的25%。

第四，丹麦企业在世界上有着很好的口碑。在2019年全球创新指数榜单中，丹麦的市场成熟度排名第九，其中，给私人部门的信贷在GDP中的占比分值最高，排名第六，说明丹麦社会有着非常健康的市场环境和商业环境。丹麦的风险投资交易指标位居全球第12位，大量国际资本流入，寻求与丹麦本土企业的合作。

第五，丹麦的科研创新和知识创新独具特色与优势。丹麦的商业成熟度排名第九，超过韩国、日本、中国、英国、加拿大等国家。丹麦的知识型工人位列全球第八，全社会研发经费投入（GERD）在GDP中的占比全球排名第九。对比世界其他国家的企业研发投入强度，以色列排名第一，美国排名第八，芬兰排名第十。

第六，丹麦的知识和技术产出全球排名第14位。其中，2019年丹麦的科技论文生产指数位列全球第一，与其他国家相比占据绝对优势。知识的影响和知识的传播分别排名第16位和第21位。

第七，丹麦的创意产出位列全球第11位。具体来说，排名最靠前的是娱乐和媒体市场，位列全球第四；国家代码顶级域位列全球第四；移动应用开发位列全球第11位。

丹麦的国家创新战略是把资源集中在电子通信、生命科学、清洁能源等领域。在丹麦，可再生能源占能源总消耗的比重已达22%，风力发电设备和产品占世界份额的40%，运营世界60%的近海风能。世界航运业10%的海运服务来自丹麦,斯堪的纳维亚地区60%的制药工业位于丹麦和瑞典的"药谷"。丹麦的食品、农业及渔业领域的公司在全球市场占有重要地位,众多高精尖的技术应用于农渔业和食品领域。丹麦的格陵兰岛有着丰富的油气、铁、铅、锌和稀土等矿产资源,陆上和近海的石油与天然气储量可观。

国家创新体系的核心是创新活动,是由参加创新的企业、大学、研究机构等组成的一个为创造、储蓄和转让知识、技能与新产品相互作用的网络系统。在这个创新网络中,以企业为主体的技术创新是当前所有国家经济体中最显著的特征。与此同时,以科研院所和高等学校为主体的知识创新体系,以政府为主的制度创新体系,以社会化、网络化为中介的服务体系,还有金融与资本创新、基础设施与信息网络创新等共同构成国家创新的基本内容和框架。

二、丹麦国家创新治理体系的主体

创新体系由主体要素、功能要素、环境要素三部分组成。主体要素包括负责创新工作的企业、大学、科研机构、中介服务机构和服务创新机构;功能要素包括制度创新、技术创新、管理创新和服务创新四个方面;环境要素包括体制、机制、政府或法制调控、基础设施建设和保障条件等。这三个部分具有输出技术知识、物质产品和效益的功能。

1. 政府部门

在国家创新体系中,政府的主要作用是政策制定、提供支持、实施保障和资源配置等。主要任务是规范创新主体的行为,保护创新主体的利益,维护国家和公众利益,为创新活动提供良好的环境。在丹麦国家创新体系中,政府部门主要由相关管理部门、协调建议部门与资金支持部门三个部分组成。

政府的管理部门是丹麦高等教育和科学部,由丹麦原高等教育部门与科学、技术和创新部在2014年合并而成。该部门主要负责科学、创新和高等教育这三个领域的政策制定、政策实施、项目管理、创新活动协调和互动,还要制定跨部门的相关战略规划。

政府的协调建议部门主要以委员会的形式来负责丹麦的各种科技决策,成员除了政府官员代表之外,还包括学术界和企业研究部门的代表。例如,丹麦研究协调委员会的成员是由丹麦校长会议、丹麦政府科研机构总监联合会、丹麦技术和创新理事会、私有经济和研发部门、学术界组成,专门负责协调和推动各个创新体系中各主体之间的合作。丹麦研究政策理事会的代表来自学术界、私有经济和研发部门。该理事会是高等教育和科学部部长在科研方面的主要顾问机构，主要职能是提供有关科研经费分配、国内和国际科研项目实施、国家科研战略制定、评估丹麦在国际科研合作中的地位及科研人员的培训和雇佣方面的咨询服务。丹麦独立研究理事会的主要代表来自学术界，主要是由各个研究主题和领域的子委员会组成，是丹麦研究协调委员会的下属机构，主要支持和资助各种学术界申请的科研项目。创新委员会是由来自公共部门、私有经济和研发部门的代表组成，目标是讨论创新相关事务，对丹麦的创新能力做出评估，并且对国家推出的各种用以发展知识社会的战略和措施提供建议。

政府的资金支持部门以各种基金会为主，它们的代表同样来自各个领域。例如，丹麦国家研究基金会的代表主要来自公共部门，私有经济和研发部门的代表有时也会受邀参加活动。基金会的主要职责是支持大规模的科研活动，支持前沿性科研的"卓越中心"项目。丹麦成长基金的代表主要来自公共部门、私有经济和研发部门，其职责主要是资助地方企业的研发项目，向相关研发项目提供贷款，向前期项目提供财政帮助。丹麦国家先进技术基金会的主要代表来自学术界、私有经济和研发部门，其职责主要是支持和实施科研项目，确保公私科研部门之间互动沟通，推动交叉学科的合作研究，同时管理相关科研项目的科技服务、科技孵化、产业研究方案、创新联盟和技术预测。该基金会支持的主要领域为生物、纳米、信息和通信技术等。基金会对项目的商业化潜力、合作伙伴的参与情况、科学技术转化为实践的能力、合作伙伴对项目的共同资助情况等方面进行评估。

2. 公共科研机构

1999年，欧洲国家在意大利博洛尼亚共同提出欧洲高等教育改革计划，意图整合欧盟各成员国间的高校资源，促进高等教育的国际化进程，提高大学，尤其是研究型大学的教育质量，提升欧洲大学的竞争力。为了培养高素质的创新型人才，丹麦政府联合丹麦各个大学机构积极推进博洛尼亚进程。2001年，丹麦启动高校管理制度改革，将大学管理、创新职能分别从教育部、商务部中剥离出来，将9个研究机构和12所大学合并为8所新的大学，要求其中7所大学承担97%的国家科学研究工作。丹麦的大学管理体制相对灵活，教授办企业、毕业生办企业在丹麦屡见不鲜，很多企业孵化器式的科技园就坐落在校园中。

丹麦政府在不同地区设置了不同专业领域的中小型公共研究机构，如丹粮食和兽医研究所、渔业研究所、国家太空中心、交通研究所等。这些公共研究机构的成员除了来自政府公共部门之外,还包括来自私有经济和研发部门的代表。总的来说,丹麦高校和中小型公共研究机构的研发投入分别占全国科研总投入的23%和7%。

3. 企业研发部门

私有经济和研发部门是丹麦的重要创新主体,其研发投入占全国科研总投入的60%。丹麦的企业主要以知识密集型为主,特别重视知识产权的生产与保护。在每年的国家创新指数中,丹麦的企业在申请专利方面一直占据优势。这归功于丹麦企业建立了完善的企业研发体系,具备领先的创新能力。根据欧盟成员国历年的创新能力报告,丹麦始终位列前十位,是欧盟成员国中最重要的创新领先者之一。

丹麦的企业主要以农渔业、医药、电子通信、船运等为主,是欧盟最大的渔业国、全球最大的牧草种子生产出口国、最大的原貂皮生产出口国、最好的"药谷"生产地、欧洲最大的生物技术产业集群所在地。在丹麦,大公司的创新模式一般是建立自己的研发中心,并且将销售收入的1—2成投入技术研发之中。丹麦企业习惯将新研发的技术成果用新办全资或合资公司来进一步延伸新技术应用,从而将研发投入与产出比最大化。

丹麦超过75%的企业的雇员数量低于50人,企业涉及领域广泛,产品销售多数以出口为导向。注重人文环保、节能低耗的丹麦品牌,使得丹麦的企业创新活动异常活跃,为企业繁荣和国家创新提供了足够的支持。

丹麦企业积极参与由政府开展的合作项目,建立了一套相对完整的机制,为企业技术创新保驾护航。丹麦产业协会也是重要的企业部门主体。例如丹麦产业联合会,它的分支机构在各地专门处理与政府各方面的关系,以保障它的成员的利益。

4. 中介服务机构

中介服务机构包括生产力促进中心、技术咨询机构、工程技术研究中心、高科技园区、创新中心、孵化器及风险投资机构等,是创新体系主体间相互作用的纽带,主要职能是提供信息服务、交易场所、资金和保险服务等。中介服务机构是创新活动分工的产物,它的存在促进了技术转移,为中小企业的技术创新提供支持,减少创新成本,降低创新风险。

为了激励创新,2011年10月,丹麦政府制定了总体科学技术发展战略《团结丹麦》。战略提出建立新的公私合作伙伴关系,意在改革高校、研究咨询机构、政府研究机构、企业等,进一步促进产学研合作,增强丹麦的应用研究,从而提升丹麦整体科技创新能力。

为了改善科研条件,创造良好的科研环境,促进技术转化,丹麦还建立了大量的科研公共服务机构。

三、丹麦国家创新体系主体间的互动

知识创新系统、技术创新系统、知识传播系统、知识应用系统构成国家创新体系的基本框架。知识创新系统是由与知识的生产、扩散和转移相关的机构与组织构成的网络系统,核心是国家科研机构和教学科研机构;技术创新系统的核心是企业;知识传播系统主要是指高等教育系统和职业培训系统,它的主要作用是培养具有较高技能、新知识和创新能力的人才资源;知识应用系统的主体是社会和企业,主要功能是知识和技术的实际应用。在这个基本框架中,各行为主体间的协同合作是完善国家创新系统的重要因素。经合组织认为,国家创新系统中各创新主体间的相互作用对国家创新起着至关重要的作用。在丹麦的国家创新体系中,政府对行为主体间的协调作用明显。丹麦政府建立了一套相对完整的机制,为企业技术创新保驾护航。主要存在以下几种方式(见图 2.2)。

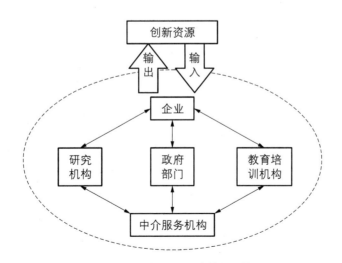

图 2.2 国家创新系统基本结构

(资料来源:王柏轩:《技术经济学》,复旦大学出版社 2007 年版,第 386 页)

1. 企业与政府部门的合作

丹麦企业多为中小型企业。这些企业都十分重视创新，积极与政府合作开展科技创新活动。丹麦政府专门设立了丹麦技术和创新理事会、丹麦战略研究理事会，负责向企业提供技术、专项资金，用于创新孵化器建设。丹麦企业更重视企业间的技术合作，将共同开发新产品、共享利益作为共同目标。丹麦的信息产业发达，大部分以中小企业为主。企业与企业之间的技术合作迅速让丹麦的信息产业技术另辟蹊径，成为欧洲国家中一道独特的风景线。

2. 企业与研究机构的合作

丹麦政府十分重视促进产学研协同创新，始终致力于促使丹麦的研究机构将科技成果商业化，要求大学在做好学术研究的同时，也要向外界传播学术研究信息，使公众获取相关的科研成果。丹麦大部分研究机构已经为企业的技术创新提供基础和平台，二者之间的技术交流和人才流动促进技术扩散与转移。

3. 企业与教育培训机构的合作

教育对于国家创新体系而言，最重要的贡献是培养学生的批判性思维、良好的学习能力。丹麦相对完善的创新人才培育体系和科技创新体系是其克服资源稀缺、实现财富创造的关键因素。正如丹麦工业联合会总裁拉尔斯·高施密特所言："我们是小国，就得把重点放在加强人力资源的教育和提高人力资源的质量上。"在发展教育方面，丹麦政府不遗余力。丹麦公民不仅享受免费高等教育，而且在接受高等教育期间享受每个月约5 700丹麦克朗的教育补助。每个丹麦人无论家庭背景如何，都有平等接受高等教育的机会。丹麦对于职业教育和终身教育也极为重视，对仅受过初级教育的在职员工的再教育投入了巨大的人力和财力，这使得包括产业工人在内的丹麦公民受教育的比例和程度都很高。

4. 企业与中介服务机构的合作

丹麦的中介服务机构为各行为主体之间的相互联系减少了各种障碍，促进知识传播和技术创新活动的开展。20世纪90年代，丹麦政府出台了一系列政策性文件支持企业，特别是中小企业的技术创新，成立了一批技术授权服务机构来为企业提供中介服务和技术指导。

四、丹麦国家创新体系的关键思路

丹麦政府出台的各种创新战略中，一个共同的特点是强调公私部门间的合作与知识成果的转化。丹麦政府推出了众多支持创新的公共项目，比如创新券、创新合作社、开放式基金、创新网络项目、知识试点项目、产业博士项目、创新代理人项目等。这些项目定位于技术成果的高效转化、企业资金的支持、企业与科研机构的知识共享、企业与高校的联合人才培养、科技服务机构的支撑等创新活动。这些项目虽然各自的侧重点不同,但是它们都强调企业与公共科研部门的相互合作,以提高企业的研发和创新竞争实力。丹麦政府推出这些创新项目的背后,总体思路体现在三个方面。

1. 政府引导并协调各类主体间的合作

国家创新体系的作用体现在对政府、企业、科研机构和大学的组织与协调上,使它们相互合作发挥各自优势。创新体系的本质是在创新主体间形成流畅的协调机制。国家创新体制作为科技体制的一种新形式,其性质属于科技政策,即调整各科技创新主体间的相互关系,优化科技发展的外部环境。政府是创新的发起者、组织者和推广者,通过财政投入、立法和政策支持、制定科技发展战略,推动科技创新。从创新体系的主体上看,政府引导并协调各类主体间的合作的贡献在于以下几个方面。

首先,丹麦的国家创新战略将沟通与合作摆在第一位,强调充分发挥公私科研部门的优势,促进科研成果转化。

其次,政府制定相关法律法规的着力点就是为了促进各主体间的合作和成果转化,从制度层面鼓励科研机构去了解企业的实际需求,为企业寻找问题的解决方案,从而实现技术和市场的创新对接。

再次,公共创新项目着重推进中小型企业和公私研发机构的互动合作,提供技术、资金、人才等资源渠道。公私部门的合作有助于推动高校和企业优势互补与人才共享,一方面促进隐性知识的传播,帮助克服信息不对称问题;另一方面,降低了科技成果转化的交易成本。

2. 公私部门间的制度化互动

丹麦技术创新的动力主要来源于企业。目前,丹麦已经从制度上将私人部门纳入国家科研战略、政策和项目的决策体系中。企业通过它们在公共部门、各种行业协会或技术服务机构的代表,以对话、联合行动、政策和项目的审批、评估等直接或间接的方式,合理合法地参与对科研创新战略的制定、科研经费的安排、高校人才的培养、税收和成果的转化等方面。友好的创新环境,使国家的科研政策和公共科研机构的研发活动更贴近市场实际需要,使科研人才更了解市场情况,也减少了成果转化的制度性障碍。

3. 大力发展创新产业

丹麦是世界上科技研发活动的领头羊之一，拥有世界一流的测试市场和软件开发人才库。在生命科学领域，2017年丹麦被评为欧洲生物技术发展最佳国家。丹麦也是世界上人均临床试验最多的国家之一。丹麦在智慧医疗、医药科技、制药和生物科技上不断地突破和创新。

丹麦在未来的创新产业分布上，将进一步深化绿色环保产业的创新，保证绿色清洁能源技术领先于其他国家。创新能源清洁技术有助于丹麦在2050年全面实现由可再生能源提供动力。2012年世界自然基金会发布的《2012全球清洁技术创新指数报告》显示，丹麦是最适合开展清洁能源研究的国家，丹麦政府也正大力投资太阳能、地热能、波浪能等领域的开发，为能源产业的可持续发展开辟新的空间。

丹麦的设计闻名世界。丹麦工业联合会的一份报告显示，标上"丹麦制造"的产品在全球市场上的价格可以提高30%。丹麦生产的商品50%为高档商品，如乔治·延森银器、皇家哥本哈根瓷器、潘多拉珠宝和丹麦加工的琥珀、爱步皮鞋等。丹麦拥有两所世界一流的设计学院和5 000多家设计公司。公共策略支持的网络，以及具有设计能力的大学和学院保证了"丹麦设计"渗透到丹麦人生活中的众多领域，从世界一流的产品、服务、建筑，到可持续绿色零碳城市，再到生物技术、新能源和风力发电等新兴产业，都引领世界。

第三节　丹麦国家创新政策的评估与趋势

丹麦在生物、科技、生态、设计等领域取得了优异成绩，同时，其他国家，如瑞典、瑞士、荷兰、中国、印度等国也涌现出大量的创新型公司，丹麦的比较优势受到挑战。丹麦的创新政策目标是把丹麦打造成世界上最具创新性的国家之一。想要从中学习借鉴，我们需要对丹麦的创新政策进行评估，找出丹麦国家创新体系中的优势与不足，总结丹麦国家创新的趋势。

一、创新政策评估

自20世纪70年代起，丹麦就开始重视培养企业的创新能力，先后颁布了一系列激励创新的政策。成立于1972年的丹麦发明中心就致力于帮助丹麦中小企业将科研成果进行产业转化。丹麦政府会不定期颁布创新总体战略规划,用以规范和指导创新主体,增强持续的技术创新能力,同时成立相应的技术服务机构来指导中小企业的技术创新。丹麦政府全方位、多渠道的创新政策保证了丹麦企业的创新能力,也造就了一大批优秀的国际创新品牌。

1. 科技创新政策评估

从2019年全球创新指数排行榜中可以看出,丹麦在人力资本和研究、基础设施、市场成熟度、商业成熟度、知识和技术产出、创意产出等方面,与瑞士、瑞典、美国、荷兰、英国、芬兰等国家相比,仍然存在不同程度的差距。目前,丹麦政府正致力于应对全球气候变暖和生态节能有关的重大全球性挑战,并且积极探索工业4.0、商业新模式、机器人技术、大数据和人工智能等领域。这些创新领域正在不断地调整丹麦整体创新产业研究与探索的焦点。当前丹麦科技创新政策仍需要在以下几个方面做出调整。

第一,丹麦的科学研究质量要达到国际最高水平。丹麦政府的科技创新目标是将研究的最高水准定位在获诺贝尔奖,为此特别设置了几个特殊的诺贝尔奖中心。然而,丹麦在知识影响指标上并不占优,排名第16位。丹麦科学领域的整体研究质量有待加强,需要政府重新调整思路,以科研产出的质量为分类标准,对相关高等院校、科研机构和企业科研部门进行管理。

第二,丹麦科研基础设施要更新到国际前沿水平。丹麦的普通基础设施全球排名第33位,远远落于欧洲其他创新型国家。丹麦政府需要制订数字基础设施发展计划,详细分析国家科研基础设施的投资情况,同时需引入国际研究中的创新协作项目,甚至可以在国际市场上继续设立新的丹麦创新中心,制订丹麦参加欧盟"研究与创新框架"的行动计划。

第三,丹麦的科技创新研究成果需要创造更加广泛的社会价值。丹麦在知识传播指标上全球排名第21位。丹麦在促进新技术发展和利用上,需要加强高新技术、数字服务的国际合作与推广。

2. 制度创新政策评估

21世纪以来,丹麦政府不断出台政策法规激励研发创新,相继制定了"丹麦知识战略"(2003)、"公私创新伙伴行动计划"(2003)、"研究和企业相互结合的新措施——从科技到企业行动计划"(2004)、"丹麦增长计划2013—2020"(2013)、"新的增长计划"(2014)等规划。2018年,丹麦政府启动了增强新数字技术、卫生技术、机器人技术等领域的研究计划，并且配套成立了集丹麦所有研究机构的国家新数字技术研究中心，用以支持人工智能、大数据、物联网、量子计算、区块链和人机交互设计等多学科研究。这是为了顺应当前网络化的趋势，目的在于不断促进产学研合作，加快丹麦创新成果的转化。

丹麦政府始终在为促进科研成果转化做各种努力，但是结合丹麦国情，大部分私营经济是中小型企业，自下而上式的创新需要丹麦政府做一系列措施优化管理。第一，启用公共资助申请新程序，中小企业在申请创新基金资助时，不用预先填报网络表格、提交书面材料和电子材料，可以在申请答辩会上直接向评委陈述其申请内容，申请通过后再补交相关材料。第二，帮助中小企业建立众筹项目制度，用于检测和调整以消费者为导向的产品。第三，在中介服务机构方面，丹麦政府可以协调各地专利认定部门、财务审核部门、医疗卫生部门、市政部门和废水处理公司等购买中小企业开发的可解决特殊问题的新技术与新产品，在公共行业项目招标中，为买方与中小企业签署的远期开发合同提供资助，以消除需求端的市场壁垒。

3. 生态创新政策评估

丹麦的生态创新政策给其他国家提供了参考。丹麦在过去40年里通过政策先导、立法护航、国际合作、技术创新、公私合作、教育为本等关键做法，坚持节流优先与积极开源并举的原则，制定并执行一套完整的能源发展和能源安全战略，在财富创造、可持续发展、保障能源供给安全之间，形成稳定的三角结构，实现社会、人与自然的和谐良性发展。

4. 高等教育创新政策评估

高校在国家创新体系中的作用至关重要。2011年，丹麦对主管教育与科学的部门进行整合，将高等教育部与科学、技术和创新部合并，成立一个新的部门，即丹麦科学、创新和高等教育部。丹麦政府对这些机构合理整合，目的在于提高科研创新的整体质量，为企业、政府、公共研究部门输送更加优质的人才。

目前，丹麦高校教育的整体数量和资源相对较少，尤其在吸收国际优秀企业和人才方面优势不足，需要进一步改善教育创新政策。例如，丹麦政府可以尝试提供专款培养优秀研究者，设立对应的国家支持计划，提高青年研究人才获得欧洲研究理事会"卓越研究"的资助机会。

总之，丹麦国家创新体系政策的特点可以概括为三点。第一，作为丹麦国家创新体系中的重要主体，政府对创新起着重要作用。政府并不是发起和驱动创新过程的参与者，但是通过各方面的支持和有利于创新的治理体系，政府可以为主要参与者创造一个有利于创新的环境，促进他们之间的互动，赋予国家创新体系活力。第二，在丹麦国家创新体系中，企业以中小型为主。这使得丹麦的国家创新体系具有另一个特点，即高效率。第三，教育改革是丹麦国家创新体系的重要组成部分。

二、创新环境评估

在丹麦政府的战略设计中，为将丹麦建设成为拥有世界一流创新环境的国家提出了三大举措：一是对创新人才进行培养；二是为创新企业提供扶持；三是促进创新体系制度完善。通过创造创新激励环境，引导公私部门间的合作，加强公私部门的高效对话和成果转化。

1. 全民节能环保

低碳社区典型地反映了丹麦节能低碳的创新文化。在丹麦的低碳社会中，零碳排放，零废弃物，可持续交通，可持续发展，使用本地材料、本地食品，降低水资源消耗，保护动植物，保护文化遗产，公平贸易，追求快乐和健康的生活方式，是十条丹麦人最基本的生活原则。丹麦人从细微处入手，全国上下致力于节能环保，努力处理能源危机和全球气候危机，创建可持续发展的国家。

2. 高等教育创新

丹麦政府倡导青年人不断提升国际化视野。在高校的课程体系和实践体系设计中，丹麦加入"博洛尼亚进程"，与欧洲其他学校统一学分，加强学生的跨区域流动，也促进知识的跨区域流动。丹麦的本科教育着重培养学生的知识理论和分析技能，更加强调对学生基础科研能力的培养。

丹麦政府为了强化教育和产业的联结，鼓励私人部门通过多种渠道参与学校的发展和创新环境的培育，甚至还可以参与产业博士园、科技园、孵化器等建设，着重发挥高等教育对创新的供给的关键作用。

3. 国际合作

丹麦政府意识到当今知识国际交流的重要性。国际交流与合作一方面可以聚集更多创新资源；另一方面，可以在基础设施的投资上进行跨国联盟合作，加强丹麦与世界其他国家的互动。

4. 创新文化

丹麦在国家政策的引导和支持下，创新文化已经融入丹麦人的日常生活和身体血液中。重视教育是丹麦人的传统,从小学到高中实行公立学校教育免费,鼓励大家接受高等教育,提倡终身学习。丹麦人有着非常好的创新创业条件:丹麦企业大部分为中小型企业,国家鼓励创新型企业的健康发展。

总结来说,丹麦的研究与创新仍然面临许多挑战,主要包括丹麦公共研究机构的研究成果商业化弱于瑞士、美国、英国、荷兰等国家,丹麦的创新型企业的比例也低于瑞士、瑞典等国家。丹麦需要理清思路,继续增加对研发的公共投资,以带动私人投资的增长,并且通过高校开展研究型的、更加深入的教育,利用减税和补贴刺激企业雇佣更多高学历就业人员,强化科研成果的技术转移和商业转化,推动企业有偿使用公共研究机构的成果,鼓励企业资助研究机构从事应用研究,促进研究机构在面向实践的创新中与企业合作。

三、丹麦国家创新体系的发展趋势

2018年5月,丹麦创新基金会根据当时全球创新技术的发展趋势,整理出《先进技术全球热点》报告,指出在未来十年中最重要的十项新兴技术:将以指数级速度扩散的物联网技术,有大量机遇的大数据分析技术,可提高生活质量、解决社会性挑战的人工智能技术,可影响人类生活的神经技术,可观测地球生态挑战的微纳卫星技术,广泛应用的纳米材料技术,类似3D打印的添加材料制造技术,可优化能源系统性能的先进能源存储技术,可使生物技术标准化和模块化的合成生物学技术,可在计算机网络内转换价值的数据区块链技术。报告认为,这十项新兴技术将对人类社会的发展进程产生颠覆性的影响。

站在科学研究与技术创新的立场,探索如何挖掘创新技术的奥秘,并且将创新技术转化为商业成果应用,成为各个经济体在国家创新领域中的角力场。新技术、新趋势带来科技创新的新思路与新方法。首先,科学研究需要新途径,需要更进一步开放获取和加快转移公共研究的成果,在更多跨行业的合作交流中进一步推动科研成果转化,全民参与科研,优化创新政策,实现关键新兴技术的汇聚融合;其次,未来科研工作者需要具备更加专业的技能水平,尤其要关注大数据技术;最后,未来科研将更加依赖国际分工与协作,以一种超越国家、企业、大学的开放式协作网络实现更加复杂的开放技术创新。

针对大数据、工业4.0、先进材料、光子学和量子技术等新兴技术领域的分析,结合丹麦在国际市场上占据优势的三大先进技术领域,梳理出先进技术全球分布的重心和优势企业。在丹麦的技术创新领域中,将会优先发展四个方面。

1. 新技术机遇

结合丹麦现有的新技术基础优势,未来生命科学、先进材料、数字化将会是丹麦实现技术创新突破的主要方向。具体而言,生命科学技术包括研究合成生物学和细胞工厂、生物分子的功能结构、胶体系统与相互作用、计算机生物学、基因、疫苗与免疫研究、微生物、神经科学。先进材料技术包括研究新的先进软性材料和聚合物、生物材料、硬性材料、复合材料、催化系统、量子技术。数字化技术包括研究物联网、大数据与人工智能、量子计算、信息安全、区块链、数字基础设施、互动设计与使用性等。先进制造技术包括研究新的制造技术、工艺和产品,协作和组织商业新模式与形态。

2. 绿色增长

建设零碳社会,丹麦需要在现有资源的基础上为创造国际竞争力提供解决方案。具体来说,丹麦将在生物资源、水资源、节能技术、气候变化、未来城市与建筑、绿色智能运输等方面进一步创新。生物资源包括作物、土壤条件和排放、动物饲养与卫生、食品安全与营养、水产品、生产技术与数字化等。水资源与技术包括水资源匮乏与循环经济、城市与郊野水体、海洋海岸与湖泊、控制监测报警的信息技术与模型。循环经济与环境技术包括资源利用、循环经济与经济高效解决方案、矿物原材料重复利用、环保型工业、空气净化、环境质量和生物多样性监测。能源包括能源生产、存储、智能集成灵活的能源系统、能效措施,尤其研究与大数据、感应器、材料技术和用户行为等有关的共性信息通信技术。气候变化与适应包括全球气候变化、丹麦气候变化适应、北极气候变化适应与发展。未来城市与建筑包括城乡开发、气候变化适应与环境、材料与结构、循环资源效率、能效和与能源系统的互动、良好的有形设置和良好的室内环境等。绿色智能运输包括运输系统、公共运输与运输行为、环保型和自动化运输技术与系统、货运物流与数字化、高效的运输基础设施等。

3. 医药疾病防治

丹麦的制药举世闻名,常常以突破性成果应对国内和全球卫生挑战。丹麦在未来医药技术领域,将进一步围绕个性化医药、技术支持的卫生护理系统、疾病预防与治疗来展开技术创新。个性化医药包括疾病生物学基础研究、分子病理物理学研究、测量方法生物标记与测试系统、医疗数据管理与说明、患者数据的伦理法律和社会问题。技术支持的卫生护理系统包括为民服务的卫生护理系统、技术支持的护理系统等。疾病预防与治疗包括人类卫生与微生物风险因素、动物微生物学、减少食品制造中的风险、日常环境中化学物质和颗粒、数字解决方案。

4. 人与社会

丹麦将进一步开发新技术来为社会创造更多福利和更好的生活条件,包括优化儿童和青年的教育、帮助社会弱势群体、研究实施新技术的各种可能性等。

总结来说,丹麦的国家创新体系主要以知识密集型和技术密集型为重要依托,将丹麦建设成未来欧洲的数据中心和北欧的制造业中心。目前,丹麦政府已经引入苹果和脸书两个巨头公司进入丹麦市场,已经建设三个巨型绿色能源的数据中心,计划投资吸引更多丹麦中小企业参与技术创新和提供数据支持。同时,丹麦政府将重点对大数据、物联网、人工智能、生命科学等领域投入更多的资源,从而持续提高丹麦国家创新的能力。

第四节 丹麦国家创新与绿色发展的数字化政策

今天,丹麦作为全球领先的数字化国家,它的数字化政策与实践均对其他国家有借鉴意义。丹麦在社会与公共部门数字化方面的发展,非一朝一夕所能。实际上,从20世纪60年代初开始,丹麦的数字化议程已经悄然开始,经过60年的试验与政策更迭,才形成今天的局面。在这段时期,丹麦的从政者与政策制定者通过一系列的官方报告、政策与战略,为数字化的意义与目标赋予了不同的理想、梦想与希望。这些在指导丹麦的数字化发展走向全球领导地位的同时,也为福利社会的未来发展带来了新的挑战。本节从早期举措、电子政务战略时期和数字化战略时期三个阶段来说明丹麦在数字化政策上的沿革。其中,我们着重介绍丹麦2011—2020年的数字化战略,并且突出丹麦数字化政策与可持续发展相关举措。

一、早期举措(1960—2000)

丹麦的数字化试验可追溯至20世纪60年代初。丹麦首度引入电子数据库和电子档案来取代当时用于民事登记与存储市民主要信息的最主要的技术设备"打卡系统"。实际上,在50—70年代,丹麦的公共行政部门引进了很多标准化的大型中央系统,用于管理与市民工资和税务等有关的大量数据。当时丹麦的这一举措与其他西方工业社会的发展相类似,反映了处理更大数据量的需求,也是一种对于不断增长的公共部门复杂性的回应。

从20世纪90年代中期开始,丹麦的公共部门开始引进新的数字技术。这一方面与当时丹麦国内技术创新、降低生产与制造成本的需求相关,另一方面因为丹麦公民当时越来越广泛地使用电子通信。公共部门的数字化开始从"后台"向"前台"进发。在这个时期,数字技术渐渐从丹麦国家内部的管理工具,变成丹麦国家与市民关系中的一部分。政策制定者把数字化看作一种释放信息、增强民主、促进政府透明化、改善弱势公民机会的关键手段。

在数字化的早期活动中,政策制定者一方面受到欧盟方针的影响与启发,另一方面强调丹麦社会的数字化需要基于"丹麦价值"。对于当时的政策制定者来说,福利国家的逻辑不应因为社会向数字化转型而受到危害。正如1999年发布的国家政策《数字丹麦》中所说:"数字丹麦指的是丹麦在网络社会中成为一个领先的IT国家的同时,保有福利社会的最佳价值。"在20世纪90年代,丹麦开展了各种数字化试验,并且信任各个公共机构设计面向市民的系统的能力。这种以市民为导向的数字化工作重心使得丹麦在这一阶段的政策选择以"宣传与对话"为主。

二、电子政务战略时期(2001—2010)

自2000年之后,丹麦从政治上开始大力推动在公共部门内部与部门之间启用数字技术。从2001年到2010年,丹麦政府共发布三个国家电子政务战略,分别是:2002年发布的以数字合作为主要任务的《走向电子政务:公共部门的愿景和战略(2001—2004)》,2004年发布的以内部数字化与高效付款方式为主要任务的《公共部门的电子政务战略:实现潜力(2004—2006)》,2007年发布的以共享基础设施与一站式访问为主要任务的《公共部门数字化战略(2007—2010):改善数字服务、提高效率与加强协作》。

自2002年丹麦政府正式发布第一个电子政务战略之后,中央政府和地方密切合作,共同改善和扩展它们的电子政务解决方案。这一系列解决方案包括:启用数字票据系统与网上银行,所有市民使用数字账户,公布税务信息的主页,设置不同形式的市民服务门户网站,在统一框架下从公共部门的不同部分收集数据,发展教育与学习的数字技术及各种形式的医疗数字技术(如电子病历、统一的医疗门户、远程医疗)。在2001年到2010年,丹麦电子政务的各项政策与举措帮助丹麦的公共部门将过去用于福利管理的资源转到工作流程优化自动化上,也使得丹麦在全球的信息通信技术应用中占据领导地位。

随着2001年丹麦从社会民主党执政转向自由党联盟执政,以及丹麦政府内部制定数字化政策的职责交给财政部,丹麦数字化战略更加考虑社会因素。与20世纪90年代相比,这十年中政府对中心化与规模经济的信心越来越强,政策选择也愈发以"权威与控制"为主。总体来说,在这一阶段,丹麦公共部门的数字化愈发被视为是提供新商机、精简行政流程、为私人部门提供新的发展潜力的一种方式。

三、数字化战略时期(2011—2020)

2011年,丹麦财政部成立数字化局,旨在完成加强增长和生产力,以及确保公共部门的使命。在这个时期,数字化战略在国家层面,主要由三个关键部门主持工作:一是数字化局,主要负责政府数字化目标的实施;二是IT项目理事会,主要管理大型政府IT项目;三是项目组合指导委员会,主要确保数字化政策的协调与实施,以及中央、区域和地方政府实现目标。国家也积极与区域和地方政府合作,共同制定数字化战略。

在21世纪第二个十年中,由丹麦财政部下属的数字化局牵头,与区域和地方政府联合发布了两个主要的数字化战略:一是2011—2015年的国家数字化政策《未来福利的数字化道路》,二是2016—2020年的国家数字化政策《更强与更安全的数字丹麦》。延续前期的经济考虑,效率、经济增长和经济利益继续作为丹麦的数字化政策选择的动力。《未来福利的数字化道路》特别强调"公共部门各主管部门可以通过使用最经济高效的渠道来节省资源,从而为公民和企业服务",数字福利服务的实施需要"在为公民提供针对个人需求的服务的同时减少支出"。《更强与更安全的数字丹麦》追加对网络和信息安全的强调,明确指出丹麦数字化的愿景是"公共部门数字化创造价值与增长,提高效率,保护丹麦人民在数字社会中的信心"。

具体来看,2011—2015年丹麦数字化政策的工作重心在于数字沟通,主要聚焦于三个方面:一是无纸化表格与信件,二是新数字福利,三是紧密协作的数字解决方案。这三个方面下又覆盖12个区域与不同的目标群体。在无纸化表格与信件上,丹麦政府针对市民与公司两类人群,主推两个区域内的举措:一是与公民有效的数字沟通,二是为商业增长铺平道路。在新数字福利上,丹麦政府针对中小学生、病人、老年人口、失业人口、大学生五个人群,主推六个区域内的举措:一是学校需迎接数字一代的挑战,二是有效地与病人进行数字合作,三是更快地在社会活动中采用新的信息技术,四是高效、简单的数字就业计划,五是数字大学,六是高效环境管理的共享平台。在紧密协作的数字解决方案上,丹麦政府针对基础设施、共享核心数据、立法和管理四个方面,主推四个区域内的举措:一是强健的数字基础设施,二是所有公共部门当局共享核心数据,三是立法支持数字服务,四是电子政务的有效管理。

2016—2020年的丹麦国家数字化政策呼应2011—2015年的数字化政策,为丹麦公共部门进一步数字化,及其过程中与企业和产业的互动奠定了基础。具体来说,2016—2020年的数字化政策的工作重心在于更好地分享与使用数据,聚焦于三大目标:一是数字解决方案必须易于使用,快速,并且确保高质量;二是数字化必须为增长提供良好条件;三是必须时时聚焦于丹麦人民的安全感,以及对公共部门的信心。三大目标下又涵盖九个区域。第一个目标主要聚焦于三个区域:一是用户友好与简单的公共部门,二是更好地使用数据与更迅速地处理案例,三是更好更连贯的福利服务。第二个目标主要聚焦于三个区域:一是为商业社区提供更好的框架,二是公共部门数据作为增长动力,三是高效的公共事业。第三个目标主要聚焦于三个区域:一是公共部门保护数据,二是强健的数字基础设施,三是服务于每个人的数字化。

《更强与更安全的数字丹麦》明确提出,可持续发展是实现丹麦发展的一个重要部分,而数字化,尤其是数据,为可持续发展提供了坚实的基础。随着近年来数据的数量与质量,以及存储和处理数据的能力大幅提高,丹麦的中央、区域和地方政府在每天的公务中收集并产生了大量的数据,企业与市民也向当局报告了大量的数据。如今,丹麦的公共部门拥有全国最大的数据集之一。公共部门数据作为增长动力需要作为丹麦数字化的一个重要聚焦区域,主要涉及三个工作重点:数据资源、效果呈现、智慧城市。其中,智慧城市工作中的一个重要举措是建立智慧城市合作伙伴关系,即通过在智慧城市领域建立城市公共部门联合伙伴关系,促进城市发展中智能数字解决方案的使用,并且发挥智慧城市解决方案的商业潜力。合作伙伴关系涉及绿色与可持续发展、智能交通管理系统、传感器数据使用等主要活动领域。

为配合这两项丹麦国家数字化战略,在国家层面,同时期也有包括数字化协定、国家IT治理、国家网络与信息安全、人工智能等其他关键政策和战略为丹麦不同领域的数字化进程贡献力量。

数字化协定是由丹麦政府、丹麦市政协会和丹麦大区政府在2019年3月达成的协议。在协议中,三方同意维护并重新考虑数字化方面的公共合作,并且就2020年的财务预算达成共识。

国家IT治理战略《坚实的IT基础》由丹麦政府于2017年发布。这一战略强调IT是与电力和道路一样重要的基础设施,对如何开发和维护IT系统,以及对大型复杂IT项目的管理提出要求。战略设定为丹麦国家IT治理提出五项目标:一是高效、负责的IT系统管理,二是IT项目的目标化与增值管理,三是国家层面连贯的IT系统,四是符合需求的技能,五是控制经济。

现行的《国家网络与信息安全战略(2018—2021)》在2015—2016年版的基础上提出丹麦要强化国家的数字安全,强调确保委办局之间协同合作、协调一致的重要性。战略提出三个网络与信息安全的基准,即安全的每日生活、更好的技能、联合协作。

丹麦在2019年发布国家人工智能战略,以确保丹麦在负责任地开发与使用人工智能方面走在前沿,从而造福公民、企业与社会。战略主要为丹麦在人工智能领域的发展设定了四个目标:一是丹麦必须以人为本,为人工智能提供共同的伦理基础;二是丹麦研究人员必须研究和开发人工智能;三是丹麦企业必须通过开发与使用人工智能来实现增长;四是公共部门必须使用人工智能来提供世界一流的服务。

除此之外,其他文件,包括2017年发布的丹麦数字增长的筹备文件《关于丹麦数字增长的声明》、2013年发布的数字福利战略《2013—2020赋权、灵活与效率》,以加速一线公共服务交付中信息通信技术与福利技术的使用,也为推动这一时期的数字化政策起到重要作用。

作为国家战略,这两个五年数字化政策由丹麦中央政府与区域和地方政府共同制定,因此约束各级公共管理。除此之外,在地方层面,也有联合市政和区域的数字战略,例如针对特定部门的策略。丹麦区域政府还起草了一份关于丹麦数字增长的建议书,以帮助解决公共部门,特别是医疗部门,在数字化过渡期的挑战。

实现这些目标对实施能力下放和中央调控提出了很高的要求。为了更有效地实现数字化政策,真正地让数字目标为丹麦社会带来改变,丹麦政府特别强调治理的作用。通过建立由项目组和指导委员会把握决策方向,不同督导小组进行具体项目有关决策的治理模型,丹麦政府确保数字化政策的协调与实施,以及中央、区域和地方政府协同发展实现政策目标。

丹麦数字化局还通过国际交流,以及与欧盟、经合组织、"开放政府伙伴关系"(Open Government Partnership)等多个国际组织和网络开展多边合作,致力于丹麦在公共数字化方面的发展。

从丹麦在早期举措、电子政务战略时期和数字化战略时期这三个阶段的数字化政策上的沿革,尤其是近十年丹麦数字化政策的动向中,可以看出,丹麦早期的数字化尝试为数字化政策在全国普遍实施起到启蒙作用。随着21世纪丹麦公共部门各项服务数字化进程的发展,丹麦的数字基础设施为中央、区域和地方各个层级的委办局采用物联网、人工智能等新技术提供了坚实的基础。丹麦在新技术的采纳上对治理、伦理与责任的强调,也让我们看到技术是丹麦数字化政策中重要却不唯一的一环。以人为本在丹麦数字化政策中已成为与经济增长、提高效率和节约成本并驾齐驱的重要理念之一。

第三章　小国大志：丹麦的绿色转型与国际合作

刘春荣[*]

　　自1973年第一次石油危机以来，奉行积极的能源与环境政策成为丹麦一项国内政治议程。通过探索，丹麦积累了丰富的政策工具和技术方案，取得了举世瞩目的绿色转型成绩。同时，作为能源转型和可持续发展的先驱，丹麦向面临相似挑战、拥有相似目标的国家分享经验，帮助实现全球性的绿色转型。绿色发展成为丹麦国内经济社会发展的基石，发展多层次的绿色伙伴关系也成为丹麦外交的重要内容。

　　在这一章中，我们将侧重讨论丹麦在双边关系、多边关系、地方和区域合作中如何推进绿色转型与发展。通过灵活、积极的议程设置和推动，丹麦成功地建构了可持续发展和绿色创新大国的形象。它以自身经验证明经济发展与绿色议程兼容并进的可能性，而且通过公私合作、地方合作等机制，丹麦在国际上拓展绿色转型的技术和商业市场，增进国内就业。本章将进一步指出，丹麦成为全球绿色转型第一梯队的领跑者，这种成就和定位是多方面力量共同塑造的结果，它深深根植于丹麦在近代史中形成的合作自由主义与社会民主主义规范。换言之，丹麦的绿色外交反映了丹麦国家治理和经济体制的结构性特征。

第一节　多边经略与规范倡导

　　丹麦外交的观察家普遍认为，随着欧洲地缘政治格局的变化，"冷战"后的丹

---

[*] 刘春荣，丹麦哥本哈根大学复旦-欧洲中国研究中心执行主任、研究员。

麦外交出现了一种积极主义的势头：强化对后苏联时代巴尔干地区的外交联系和人道主义介入，并且在北约框架内加强对阿富汗及中东地区的军事作业，后者在很大程度上沿袭了"冷战"期间形成的跨大西洋战略依附。丹麦国防政策的基石是成为北约的一个核心同盟力量。为了应对国际上的挑战，2018—2023年的国防支出将持续增长，2023年的提议增额将达到48亿丹麦克朗[1]。

在这种硬性的安全与军事作业之外，丹麦外交还有一项重要的柔性内容：通过积极发展援助和绿色议程设置，丹麦深度参与超越其地缘政治范围的地区事务之中。辅之以丹麦标志性的风电机、乐高玩具、安徒生童话故事等，这些柔性元素帮助丹麦在国际舞台上建构了积极的形象。其中，发展援助是一个基本的外交工具。1981年，联合国第一届最不发达国家会议通过决议，要求发达国家对最不发达国家官方发展援助净交付额应占其国民总收入的0.15%[2]。通过丹麦国际发展署，丹麦积极规划和实施发展援助，年度发展援助支出达到国民总收入的0.7%的水平，在发达国家中居于前列。自2008年国际金融危机以降，发达国家经济发展滞缓，包括移民难民问题的纠结，加之右翼民粹主义的折冲，发达国家参与国际发展合作的政治意愿和能力有所下降，但是丹麦仍稳居慷慨的发展援助捐助国之列。绿色与可持续发展议程构成了丹麦外交的一个传统重点领域，晚近的对外发展援助尤其侧重在发展中国家落实联合国2030可持续发展目标。

总体来看，面对全球化的挑战和机遇，丹麦的基本策略是努力搭载国际多边机制，通过联合国、欧盟等组织在国际舞台上发出绿色发展的强音。丹麦外交部发布的《2017—2018年外交与安全政策》强调："政府相信，对于我们这样一个小国家来说，强大的多边组织十分重要，因为其集体决策可以合法地约束强国的行为。如今，欧盟、北约、联合国、WTO这样的多边机制都面临压力，这使得发展国际共识、应对国际挑战的任务变得更加复杂。因此，我们要更加努力去维护和强化国际合作及这类多边组织。"

绿色与可持续发展的伙伴关系，充分体现了这种多边主义的外交思维。举办哥本哈根世界气候大会也许是最为世人所熟知的例子。在这个过程中，丹麦

---

[1] 参见 https://www.fmn.dk/temaer/forsvarsforlig/Documents/proposal-for-new-danish-defence-agreement-2018-2023.pdf。

[2] 根据经合组织发展援助委员会的定义，政府开发援助是指发达国家政府为发展中国家提供的，用于经济发展和提高人民生活的，赠予水平25%以上的赠款或贷款。

试图塑造，甚至领导气候变化的治理规范和过程，取得了曲折的进展。

2006年年初，丹麦环境部（现丹麦环境和食品部前身）时任部长康妮·赫泽高(Connie Hedgaard)向丹麦政府提交了一个大胆的建议：考虑到《联合国气候变化框架公约》第15次缔约方会议有可能在《京都议定书》之后达成另一个全球性的气候协定，丹麦应该争取成为本次气候大会的主办国。然而，时任首相、自由党人安诺斯·福格·拉斯穆森(Anders Fogh Rasmussen)自2001年上任以来，就大幅弱化社会民主党推动的环境政策，主张通过市场机制和成本效益分析工具来进行绿色议程的决策。在擅长跨党派协调和政治平衡的康妮·赫泽高的施策之下，丹麦的气候决策保持它的发展动能，结合自由党人的信念，越发强调市场和商业化的机制。同时，在拉斯穆森主政期间，丹麦深陷由于《日德兰邮报》穆罕默德漫画事件发酵带来的外交气旋之中。因此，主办这场气候大会，展示丹麦作为一个小国家在气候与环境多边治理中的国际影响力，也是转移这场自第二次世界大战以来最为糟糕的政治危机的政治策略。

通过外交游说，丹麦在2007年成功地成为《联合国气候变化框架公约》第15次缔约方会议的主办国。核心理据是："丹麦具有丰富的共识建设能力，同时，丹麦环境保护全球领袖的地位，使得它能够成为达成一个新的全球协定的合法的、中立的平台。"2009年12月7日，全球192个国家和地区的代表汇聚在哥本哈根贝拉会议中心，与会者多达四万人。这场气候大会在国际社会中关注度超乎寻常，其进程一波三折，希望与失望并存。经过历时12天的谈判，一份附有反对国家名单脚注的《哥本哈根协议》被提出。在谈判过程中，各国的立场分歧十分明显：七十七国集团加中国等发展中国家，与欧盟和以美国为首的伞形集团（包括加拿大、澳洲和日本），在《哥本哈根协议》文本（草案）及一些重要条款上各执己见。中国、巴西、印度、南非"基础四国"提出"北京文本"，成为《哥本哈根协议》的重要基础。欧洲国家则事先炮制出"丹麦文本"，核心是为缔约方设定"双50"减排目标，即到2050年，全球温室气体的排放量应在1990年排放量的基数上削减50%。三大阵营在谈判过程中各不相让，谈判进程中硝烟弥漫。

《哥本哈根协议》没有达到国际社会期待的目标。不过，它第一次量化了长期气候目标，即将全球气温增幅控制在2摄氏度以内，发展中国家在透明度方面做出让步，发达国家在资金方面有所承诺。大会的规模之大和层级之高，加上全球媒体现场直播，使得公众加深了对气候变化的认识。自这次气候大会之后，包括中国在内的发展中国家开始直面气候变化问题,绿色低碳发展的大幕得以拉开。会议结束之初,欧盟对会议本身及《哥本哈根协议》表示了巨大的失望。随着时间的推移,欧盟对会议的评价趋向积极。欧盟委员会2010年3月9日出台的一份战略文件和欧盟环境部长会议2010年3月15日通过的文件,都承认哥本哈根世界气候大会取得了积极的成果,认为《哥本哈根协议》朝着缔结具有法律约束力的应对气候变化的全球性协议迈出了一步。

尽管政治和外交争执层出不穷,会议组织乱象横生,但对于丹麦而言,哥本哈根世界气候大会是它历史上主办的最大规模的多边国际会议,也是它绿色外交的一个里程碑和重大实践。丹麦积极展现了绿色和可持续发展大国的形象。为此,丹麦倾注了巨大的外交和组织资源,甚至在2007年大选之后组建新的气候和能源部,以更好地协调和准备大会的路线图。2008年,丹麦发起"气候外交"攻势,创新对话机制,广泛征询主要国家及国际企业、社会组织、研究机构和智库等利益攸关方的意见,推高舆论关注和政治期待,以便为2009年的谈判奠定基础。通过这次大会,丹麦试图超越传统的承办国的印象,发挥更加积极的领袖和主导作用。

举办气候大会是丹麦在国际多边机制中设立环境规范、建构国际形象的一部分。除此之外,丹麦还侧重在欧盟层面积极参与绿色议程的谈判。

丹麦在1973年1月1日加入欧盟的前身欧洲共同体(简称欧共体),是欧洲一体化进程的支持者。哥本哈根世界气候大会之后,康妮·赫泽高在2010年1月出任欧盟的气候变化专员。她代表欧盟与关键的国际伙伴进行磋商,在诸如绿色技术、规范等领域探索与工业化国家合作的机会,在可能会对气候变化的争论产生影响的问题上,及时识别与新兴国家的共同利益。她坚持到2020年在1990年基础上减排20%、有条件地升至30%的欧盟立场,以期提振信心,赢回欧盟在这个问题上的领导权。2012年,丹麦成为欧盟轮值主席国。以此为契机,赫泽高与她的丹麦同事紧密合作,将绿色能源问题列入优先考虑议程,做不遗余力的政治推动。

在欧盟方面,随着对气候变化和环境恶化的认知的变化,绿色和可持续发展成为一项重要的政治议程,欧盟也日益以全球气候政治领导者的形象出现在国际舞台上。在1972年的巴黎峰会上,欧共体成员国政府首脑首次建议在环境保护方面制订一个行动计划。1973年,欧共体理事会通过"欧共体第一个环境行动规划"。1993年生效的《马斯特里赫特条约》明确把"有关环境的可持续增长"

视为欧共体的基本任务。1999年生效的《阿姆斯特丹条约》指出,"环境保护要求必须纳入共同体政策之中",环境保护成为欧共体的基本原则。2019年12月,在欧盟领导人乌尔苏拉·冯德莱恩(Ursula von der Leyen)的主导下,欧盟委员会发布《欧洲绿色新政》。这个政策文件呼吁通过合作,将气候和环境挑战转化为所有政策领域里的机遇,以此作为新的增长战略,并且设定2030年碳排放降低50%—55%,在2050年实现碳中和的宏伟目标。

丹麦在倡导绿色规范方面走在欧盟及发达国家前列,并且积聚了足够的政治意愿、社会支持和市场经验。根据经合组织2016年的一个研究报告,与其他经合组织成员相比,在迈向2030可持续发展目标的征途中,丹麦站在一个非常平衡和领先的起跑点上:丹麦在2016年就已经实现总目标下169个分解目标中的26个。丹麦能源、公共事业和气候部2018年发布的《绿色转型报告》指出,2017年丹麦的碳排放总量达到历史新低,可再生能源(生物、风电、太阳能等)的利用率已经达到30%,2020年预计达到42%,到2030年将超过50%。丹麦在欧盟和国际多边承诺中交出了闪亮的成绩单,这份成绩单是掌握领导力的前提之一。该报告同时指出,丹麦在如下领域对欧盟的绿色转型倡议具有特别显著的影响力:(1)改革欧盟排放交易体系,该体系是欧盟气候变化政策的一个基石,是应对气候变化、以符合成本效益原则减少温室气体排放的关键工具,也是世界首个主要的、全球最大的碳排放交易市场;(2)分担欧盟2030气候目标;(3)以北欧为范例推动欧盟电力市场自由化;(4)设置改进的能源标签体系;(5)推高欧盟地区可再生能源发展的2030目标定位;(6)主持欧盟基础设施论坛;(7)主持2018—2019年的北海能源合作。

2019年6月25日,赢得大选的社会民主党与其他三个政党(丹麦自由党、丹麦社会主义人民党、红绿联盟)达成协议。在《丹麦的公正方向》文件中,各政党同意为丹麦的重新起航规划七个大目标,其中,居于首位的是"我们必须领导对抗气候变化的斗争"。协议明确指出,"丹麦必须显著提升其气候、环境与自然政策的雄心,并且在绿色转型中发挥国际领导力"。绿色转型愿景被列为新政府的首要任务,优先于社会福利计划和减贫、分权、教育改革等议程。新政府承诺,制定具有约束力的减碳目标,加大2030年的碳排放减幅水平,从1990年的40%加码至惊人的70%(这远远领先于欧盟绿色新政设定的目标)。新政府也将通过立法等方式限制碳排放,改善气候环境。除此之外,还有对塑料制品进一步征税、增加植树面积等方面的政策。新政府任命具有丰富的气候外交经验的托马斯·安克尔·克里斯腾森（Tomas Anker Christensen）作为气候大使。丹麦外交部长杰普·科福德（Jeppe Kofod）在一次声明中指出："环境是新政府的外交政策的关键要素。我们正在任命气候大使，从而强化绿色与可持续发展在国际气候变化议程中的地位。我们努力让欧盟成为一个应对气候变化的联盟。"①

欧盟绿色新政强调的诸多运行机制，包括创新组织形式、市场机制、公私合作、研究和教育、公众参与，在丹麦都已经十分成熟。丹麦的企业界对欧盟绿色新政表示出积极的回应。丹麦企业联合会的安德斯·拉迪福吉德（Anders Ladefoged）强调："丹麦在气候环境治理中怀有远大抱负，不过我们不能凭一己之力而战斗。对我们来说，与欧盟合作来创造一个更为绿色的世界，这是极其重要的。"他指出："除了绿色能源，我们还要注重循环经济、水处理技术的使用。在这些方面，丹麦的企业是非常有竞争力的。"②

第二节 小多边合作与区域契约

在全球治理中，小多边主义是一种积极的力量，可以对既有的制度化程度高的多边合作机制起到良好的补充作用。在全球气候政治中，不同的国家群体，如欧洲联盟、伞形集团、小岛国家联盟、七十七国集团（G77）、基础四国（BASIC）、金砖国家（BRICS）等，对全球的环境正义发挥了重要的利益表达和意见汇聚作用。这种群体化现象在2009年哥本哈根世界气候大会之后更加显著。在这个背景下，丹麦的绿色外交也显现出富有弹性的小多边主义和区域合作的特征。

2010年12月，丹麦联同韩国发起全球绿色增长论坛，推动绿色经济作为重要的全球发展议程。这一倡议在2011年5月正式发布，于当年10月11—12日举办首届论坛，作为推动绿色发展的全球性的公私合作机制。联合国秘书长、经合组织秘书长、埃塞俄比亚总理、肯尼亚总理，以及12位部长级官员、5位联合国官员、50位全球公司领袖、社会组织与专家代表参与论坛。2012年，中国加入

---

① 参见 https://um.dk/en/news/newsdisplapage/?newsid=04fe23f8-2c7e-4201-96c0-0733dea96d59。
② 参见 https://www.danskindustri.dk/di-business/arkiv/nyheder/2019/12/di-gront-flagskibsprojekt-i-eu-er-en-god-handel-for-danmark/。

全球绿色增长论坛。世界银行在2012年的论坛上发布了重要报告《包容性绿色增长：可持续发展之路》，强调绿色增长是必要的、高效的和可负担的，敦促各国在经济增长政策中加强绿色意识①。该论坛成为丹麦绿色外交的一个重要平台。

2017年，丹麦主导推出全球绿色目标伙伴2030（Partnering for Green Growth and Global Goals 2030，简称P4G）的国际倡议。P4G的发起国除了丹麦，还包括越南、韩国、智利、墨西哥、肯尼亚、埃塞俄比亚等，旨在加深联合国可持续发展目标落实和《巴黎协定》。丹麦为这个倡议提供五年的资助（2018—2022），共达3 300万美元，荷兰也在2019年为此注入570万美元的资助。P4G总部和秘书处设于华盛顿的世界资源研究院，合作伙伴包括全球绿色增长论坛成员国、全球绿色增长研究院、C40城市气候领导联盟、国际金融公司、联合国全球契约组织、世界经济论坛②等。与全球绿色增长论坛类似，P4G集合商业部门、政府、公民社会，通过公私合作机制来探讨五个基本领域的解决方案：食品与农业、水、能源、城市发展和循环经济。P4G的资助旨在通过启动、扩展和促进三类伙伴关系的建构，解决资金与项目落地之间的落差。

首届P4G峰会于2018年11月28—29日在丹麦召开，此后则由合作伙伴隔年轮值举办。在首届峰会的欢迎致辞中，丹麦时任首相拉尔斯·勒克·拉斯穆森（Lars Løkke Rasmussen）指出："在应对气候变化的问题上，我们必须做实干派……我们必须创造我们想要的可持续的未来，必须加速出台能够被推广与复制的具体方案。这正是P4G峰会的使命所在。通过政府、企业和社会组织的合作，我们的目标在于把面临的挑战转化为可持续经济发展的机会。通过把新的行动者纳入合作，丹麦将分享我们的绿色发展经验，包括风能和垃圾发电，并且向合作伙伴请益。本次峰会标志着我们向可持续的未来迈出了集体行动的第一步。"③这表现了丹麦通过小多边机制和对话来开展绿色外交的务实主义姿态。

从P4G倡议可以看出丹麦的绿色与可持续发展的务实和商业主义之特征。

---

① 参见http://siteresources.worldbank.org/EXTSDNET/Resources/Inclusive_Green_Growth_May_2012.pdf。

② 参见www.P4Gpartnerships.org。

③ 参见https://stateofgreen.com/en/partners/state-of-green/news/global-green-growth-summit-in-copenhagen/。

丹麦人相信,市场导向、商业方案能够为绿色转型带来必要的激励机制。如果技术方案不能商业化,那么绿色转型便难以落地,难免沦为空谈。同时,要创新组织形式,采取公私合作的方式来为商业化进行催化。在P4G的经营者看来,可持续发展就是一种市场机会,"全球的商业力量催生可持续经济的时机已经成熟,这对于企业部门的盈利、更大范围的繁荣和这个地球的长远发展都是重要的"。P4G援引的一份研究报告进一步表明了它商业化的立场。该报告预估:"到2030年,环境治理与绿色经济可以带来至少26兆美元的经济收益,包括6 500万新的就业岗位,可以使70万人免于空气污染致死,以及通过补助和碳排放定价带来的2.8兆的政府税收收入。"①总之,作为一个小多边机制,P4G把全球范围内的绿色转型视为一个市场机遇和需要社会力量参与的共创过程,它既表达了环境正义和环境责任,也为丹麦的企业拓展了国际市场。

除了P4G之外,2018年6月,丹麦发展中国家工业化基金会联合丹麦养老基金PensionDanmark、PKA公司等发起可持续发展投资基金,筹集41亿丹麦克朗(目标为50亿丹麦克朗),也是一个鲜明的、商业化的小多边倡议。该基金致力于推动发展中国家落实联合国2030可持续发展目标。作为一个公私合作倡议,该基金的愿景是:"联合国的17个可持续发展目标为2030年全球的民生改善提供了雄伟的议程。实现这个目标的重要条件之一是私人部门增加投入,推动食品生产、可持续能源、水供应、基础设施等方面的生产。这在发展中国家尤其如此。有鉴于此,丹麦发展中国家工业化基金会和丹麦六大养老基金创建可持续发展投资基金,以帮助商业和私人部门对发展中国家进行投资。同时,我们的投资也有助于拓展丹麦科技市场,保证投资回报。"

在2019年新政府的施政纲领中,迈向一个绿色与可持续的未来成为首要目标,市场作为配置资源的基本机制的地位得到进一步强调:

> 我们不仅在经历气候变化危机,而且面临生物多样性的危机、环境与自然的危机……国际社会已经开始应对这些巨大挑战,我们要重申其重要性……这不仅是正确的事情,而且在财务上也是可问责的。在丹麦,我们得益于富有远见的企业与高质量的工人,他们已经准备好承担风险、开辟前路,但是这也要求我们提供政治意志。全球的绿色转型市场将持续增长。

---

① 参见 www.P4Gpartnerships.org。

为了使温度增长控制在目标范围之内,国际社会需要投入巨额资金,在未来11年内预计需要90万亿丹麦克朗。对于丹麦企业部门而言,这意味着一个不容错失的巨大商机。丹麦应该成为一个绿色创业主义的国家。[①]

政府倡导、市场导向和社会参与,这种行动模式不仅体现在多边和小多边关系上,而且为北欧区域一体化或区域契约进程注入了新的重要动力。北欧国家对环境问题有十分坚定的共享立场和经验,这促成了非同寻常的区域性合作,构成了丹麦绿色外交的另一个机制化的平台。

从比较视野观之,北欧地区在环境保护、绿色发展、宜居城市建设等领域都做出了具有前瞻性和引领性的实践探索。1972年6月,瑞典承办了联合国首次关于环境保护的人类环境大会(斯德哥尔摩大会),展现了北欧社会对环境问题的敏感性。为应对20世纪70年代的石油危机,丹麦率先做出可再生能源的战略规划,此后,在80年代和90年代,又对环境保护、气候变化等议题做了优先性的政策部署,推动碳排放与经济发展"大脱钩"。根据欧盟的生态创新指数,在2010—2018年,包括丹麦在内的北欧国家都稳居领跑者之列[②]。

北欧区域合作源远流长,它得益于历史上形成的文化纽带和集体意识、国家之间的分工,也深受国际秩序变动和欧洲一体化进程的刺激。1952年,议会间协调机制北欧理事会成立,在1962年签署了《北欧合作协定》。该协定确定了北欧理事会的性质、结构、工作程序和活动范围。五国约定在立法、文化、社会和经济政策领域开展合作。1971年,政府间协调机制北欧部长理事会成立。北欧理事会和北欧部长理事会通过交叉性的代表与共识性的议事机制,在文化、科教、劳动力的流动、农渔业等相关领域提出共同倡议,协商解决方案,为北欧国家的更广泛深入的区域合作奠定制度基础。

在区域一体化进程中,围绕文化、教育、福利、公民权利、生态环境、经济贸易等问题,五国共同推动建立了一系列整合性的研究基础设施和知识平台。其中一类具有智库性质,围绕政策问题组织开展研究。富有活力的机构包括:(1)位于挪威奥斯陆的北欧创新中心,协调北欧的经济贸易、能源和区域政策;(2)位于瑞典斯德哥尔摩的北欧空间发展研究中心,负责区域规划、发展和治理研究;

---

① 参见 https://www.socialdemokratiet.dk/media/8602/a-fair-direction-for-denmark.pdf。
② 参见 https://ec.europa.eu/environment/ecoap/indicators/index_en。

(3）位于瑞典的北欧福利中心，负责北欧的社会契约与福利制度。这些机构的共同点是：以问题为导向开展应用性的政策研究，推动北欧内部的知识联动。

北欧区域合作的亮点之一是，把环境和资源的可持续管理作为北欧社会共享的价值观。这些价值观既强调公共和集体性，也强调社会各阶层的平等性和社会参与。1998年11月，北欧五国的首相共同发布《可持续发展的北欧地区》的宣言，把可持续发展列入政治议程，并且责成相关部门进行政策规划和协调，提交了题为《可持续发展：北欧国家的新姿态》的行动策略。2015年10月，北欧部长理事会提出六个"北欧方案应对全球挑战"的倡议，包括三大主题——绿色发展、性别影响、食物及社会福利，并且将可持续发展的城市作为六个旗舰项目之一[①]。这些系统的政策规划和倡议是区域合作活力与成果的呈现，展示出北欧在国家和地方层面的可持续发展的经验，也勾勒出未来北欧所要共同面临的挑战及其发展取向。

第三节　双边进取与政策转移

双边关系是国家互动的基本形式，双边关系的建立和变迁过程是国家之间交往方式与联系模式不断变化的主要场所。丹麦在绿色外交格局中，针对包括中国在内的一些新兴经济体，侧重通过双边的务实合作和政策转移，有效地对接和把握这些经济体转型发展释放出来的市场机遇。

中丹关系堪称双边务实合作的典范。2020年，中丹建交70周年。自1950年建交以来，中丹关系始终保持良性发展，特别是自2008年中丹建立全面战略伙伴关系后，双边关系快速发展，各领域合作的力度、深度和广度不断拓展。两国元首于2012年和2014年实现互访，双方政治互信更加深化，贸易和双向投资呈现积极趋势，人文交流日趋活跃。2017年，双方共同发表《中丹联合工作方案（2017—2020）》。方案融合中国"十三五"规划和丹麦发展战略，涵盖两国现有各个合作领域和机制，包括六大板块的内容：（1）加强政治、司法和国际事务合作；（2）共享经济、交通和基础设施建设合作红利；（3）促进科学、教育、文化、旅游

---

① 参见 https://www.norden.org/en/nordic-solutions-global-challenges。

和学术合作；（4）推动食品和农业合作；（5）增强公共卫生和福利合作；（6）共建绿色和可持续的文明社会①。其中，共建绿色和可持续的文明社会涉及十分广泛的合作内容，如表 3.1 所示。

2018 年是中国和丹麦建立全面战略伙伴关系十周年。丹麦时任首相拉斯穆森对此予以积极评价，认为两国在应对全球变暖、"一带一路"倡议和双边贸易领域可以进一步扩大和深化合作。"应对气候变化是我们共同的目标。中国在应对气候挑战方面展现了坚强的领导力，这正是我们所需要的。丹麦丰富的绿色发展经验也可以为解决气候问题提供借鉴。"②

丹麦在双边关系中建构绿色与可持续发展伙伴关系，具有鲜明的政策转移的特征。政策转移是一个政治环境中的（或过去或将来）关于政策、行政安排、制度和思想的知识，被用于另一个政治环境中的政策、行政安排、制度和思想的发展的过程③。1989 年，中国第一个风电场就是在丹麦发展项目的协助下建立起来的。从那时起，中丹风电发展项目致力于提升和加强风电项目的标准与法规，同时促进风能使用的规划。2009—2014 年，中丹可再生能源发展项目加强了中国在发展可再生能源产业上的能力。这个项目催生了中国国家可再生能源中心的建立。中国国家可再生能源中心与丹麦能源政策专家，尤其是丹麦能源署发展紧密合作，堪称绿色发展方案政策转移的典范。

丹麦在双边关系中建构绿色与可持续发展伙伴关系，还体现出两个相互勾连的发展路径：公私合作和地方合作。公私合作形式多样。丹麦的"绿色国度"（State of Green）组织提供了一个典型案例。"绿色国度"是丹麦政府与丹麦四大主要商业协会——丹麦工业联合会、丹麦能源协会、丹麦农业与食品委员会和丹麦风能工业协会——共同成立的公私合营的非营利性机构。该组织致力于促进与国际利益相关者的关系，探讨如何共同应对挑战，如何发挥丹麦的相关能力和技术来推动绿色转型。作为拥有 600 多家丹麦企业、政府和学术机构、专家和研究人员的一站式平台，"绿色国度"与所有致力于推动全球向可持续、低碳、资源节约型社会转型的丹麦领军企业发展联系，展现再生能源、能源效率、水资源管理、废物管理、气候适应、综合城市解决方案，为潜在的合作伙伴和匹配的解决方

---

① 参见 https://www.fmprc.gov.cn/web/ziliao_674904/tytj_674911/zcwj_674915/P020170504665247901285.pdf。
② 参见 http://world.people.com.cn/n1/2018/0123/c1002-29782238.html。
③ Dolowitz, D. & Marsh, D., "Learning from Abroad: The Role of Policy Transfer in Contemporary Policy-making", *Governance*, 2000, 13(1), pp.5-24.

表 3.1 中丹绿色与可持续发展合作框架

中丹责任方	任 务	行动/倡议	现有合作架构
中国国家能源局 丹麦能源、公共事业和气候部、丹麦能源署	主要通过技术支持与政策规划、加强可再生能源合作	(1) 定期召开部级和司级、副司级工作研讨会 (2) 丹麦就下一个五年规划的可再生能源目标、政策选择与措施拟定向中国国家可再生能源中心提供建议 (3) 丹麦向中国国家可再生能源中心提供出版《年度中国可再生能源展望》等方面的技术支持 (4) 宣传推广可再生能源发展路线图（规划和战略），帮助解决路线图在实施中遇到的问题和障碍 (5) 重点支持可再生能源供热方面，制定示范县城及小城镇供热规划指南 (6) 丹麦协助中国国家可再生能源中心参与国际可再生能源署、国际能源署等组织的活动	中国国家能源局与丹麦能源、公共事业和气候部（原气候部）于2014年4月24日签署的谅解备忘录，于2017年续签
中国国家能源局 丹麦能源、公共事业和气候部、丹麦能源署	分享和转让关于提高火电厂灵活性的知识和经验。通过政策建议和经济激励，提升火电灵活性。加强中丹两国企业、研究机构和大学在火电灵活性领域的合作	(1) 通过提升火电厂生产力和燃料灵活性，实现中国火电转型 (2) 成立火电灵活性联合工作组，作为谅解备忘录的主要协调者	中国国家能源局与丹麦能源、公共事业和气候部于2016年1月25日签署的谅解备忘录，副部局司级派司局级每年至少会晤一次，评估进度和合作活动，提出新增项目，以落实谅解备忘录设定的目标
中国住房和城乡建设部 丹麦能源、公共事业和气候部、丹麦能源署	继续加强中丹在可持续城市发展的最佳实践和知识方面，特别是在可持续能源利用和区域供暖方面的交流与对话	就相关联合项目开展合作与咨询	中国住房和城乡建设部与丹麦能源、公共事业和气候部于2014年4月24日签署的谅解备忘录

续　表

中丹责任方	任　务	行动/倡议	现有合作架构
中国国家发展和改革委员会、丹麦能源、公共事业和气候部	推动中丹两国在提高能效领域的合作	(1) 指导中国国家节能中心和丹麦能源署开展合作 (2) 组织开展节能交流、培训等能力建设相关合作活动	中国国家发展和改革委员会与丹麦能源、公共事业和气候部于2013年6月24日签署的谅解备忘录
中国国家节能中心、丹麦能源署	为中丹双方搭建一个合作框架，共同开展能效相关合作活动	(1) 增进中丹在提高能效方面在国家和地方层面的政策交流，共同探讨如何设定与实施提高能效战略 (2) 促进中丹示范项目，促进先进节能管理和技术经验在中国各省市进行示范与推广 (3) 分享和交流中丹能效相关机构能力建设经验、重点研究开发专家咨询、人才培训及研讨等能力促进活动 (4) 积极开展提高能效方面的技术经验交流，互相推荐中丹双方先进的节能相关信息技术、解决方案、评估方法等 (5) 共同探讨中丹双方在提高能效方面的商业和融资模式，推进节能项目的实施	中国国家节能中心和丹麦能源署于2014年4月24日签署的谅解备忘录
中国国土资源部、丹麦工业、商业和金融事务部、丹麦商务局	开展空间规划和土地利用合作	(1) 落实行动计划 (2) 定期共同举办研讨会、定期互访	中国国土资源部与丹麦工业、商业和金融事务部于2014年4月24日签署的谅解备忘录

续 表

中丹责任方	任 务	行动/倡议	现有合作架构
中国地质调查局、丹麦和格陵兰地质调查局、公共事业、能源、丹麦能源、丹麦和气候部	在谅解备忘录框架下，根据具体协议开展自然资源管理联合行动，包括地下水及矿产	(1) 每年召开项目研讨会 (2) 从气候变化角度继续进行沿岸海水侵蚀合作研究 (3) 探讨地下水绘图合作，包括航空地球物理数据获取、解析软件使用培训等方面，建立地球物理数据库	2016年6月15日重新签署的两局地质合作谅解备忘录(有效期三年)
中国水利部、丹麦环境和食品部、丹麦和格陵兰自然保护局、公共事业、能源、丹麦能源和气候部、丹麦和格陵兰地质调查局	在中欧水资源平台上进行地下水管理合作	(1) 召开中欧水资源平台联合指导委员会年度会议，决定优先项目，确定合作各方并进展形成行动计划分配资源 (2) 落实2015—2018年双边行动计划，目标是应对水资源管理遇到的挑战 (3) 在中国启动水资源技术和解决方案示范项目 (4) 与山东省水利科学研究院开展地下水支撑生态系统合作可行性研究	中国山东省和丹麦自然保护局于2015年12月签署的合作协议 中国山东省济南市和丹麦自然保护局于2014年11月签署的合作协议
中国水利部、丹麦环境和食品部	继续落实双方签署的关于进一步加强水资源领域的合作，包括商业及商业合作，管理及商业的谅解备忘录	(1) 落实水资源年度旗舰示范项目 a) 2015年旗舰示范项目关注地下水供水地区的水资源供给和目前地下水使用过度的问题。特定研究地点设在山东省济南市。丹麦环境部为项目可行性研究提供的基金已于2014年11月启动 b) 2016年10月，双方召开水资源可持续城市水资源挑战指导委员会议第一次会议暨中丹2015年度高级研讨会 (3) 水资源利用情况长期联合分析	2010年6月22日签署的水资源谅解备忘录 2014年9月签署的2014—2018行动计划及2014—2015年相关活动项目

续　表

中丹责任方	任　　务	行动/倡议	现有合作架构
中国水利部、丹麦环境和食品部、丹麦自然保护局	可持续性水资源。在战略行业合作项目下进行双边合作	2016—2018年执行知识交流项目，包括考察、研讨会、培训班和长短期实习。具体的合作主题有洪涝与气候变化、综合水可持续管理和流域经济高效管理	交流项目于2016年10月开始实施，于2018年终止（或延期）。中国水利部与丹麦环境和食品部于2016年7月签署的具体合作项目
中国环境保护部、丹麦环境保护局	在战略领域合作项目下开展空气污染、污水管理和环保技术解决方案等领域的合作	2017—2018年执行知识交流项目，包括考察、研讨会、培训班和长短期雇员交换。丹麦环境保护厅和北京市环境保护局与丹麦环境保护局的合作	中国环境保护部和丹麦环保署于2014年9月签署的谅解备忘录落实2016年10月启动的战略领域合作项目。该项目将于2018年结束（或延期）中国江苏省环境保护厅、北京市环境保护局与丹麦环境和食品部于2016年7月签署的合作项目
中国环境保护部、丹麦环境和食品部	进一步促进并加强环保合作	根据2014年9月9日中国环境保护部与丹麦环境署签署的环境合作协定，出台双边滚动工作计划	中国环境保护部与丹麦环境部于2014年9月9日签署的环境合作协定

资料来源：《中丹联合工作方案（2017—2020）》，http://kina.um.dk/~/media/Kina/Documents/ChinaDenmark%20Joint%20Work%20Program%202017%202020%20English.PDF?la=en。

案搭建平台①。

丹麦清洁能源中心是公私合营推动持续发展解决方案的另一个案例。该中心由全球各地当地的平台组成，与全球大型城市和国家的利益相关者进行接触。在丹麦工业联合会的发起下，首个分中心于2013年在纽约建成，此后，另外两个分中心相继在中国和德国落地运作。该中心在中国的办事处丹麦清洁技术交流中心中国同样具有公私合作伙伴关系的组织属性。该中心是连接中丹两国会员参与丹麦与上海之间所有清洁技术相关活动的最佳切入点，从各项活动中为丹麦企业进驻中国清洁能源社区，并且接触决策制定者挖掘潜在机会。在与中国的合作计划中，该中心的定位是："我们支持丹麦清洁技术解决方案在中国的能见度提升与商业化。丹麦清洁技术交流中心与各类公共机构和私人机构合作伙伴密切合作，为丹麦解决方案在中国市场的发挥提供了坚实的本地平台和强大的合作网络。我们同时协助丹麦企业在中国的社交媒体上宣传，参与行业大型会议、小型交流活动，在行业领域保持曝光，由此为更多的丹麦企业提升知名度。"②

地方合作构成丹麦双边绿色伙伴关系的另外一个鲜明特征。在很大程度上，这也是丹麦国内分权治理的一个延伸。正如哥本哈根的一位地方官员所说："城市的角色是决定性的，不仅仅在丹麦，对全世界都是如此。城市驱动经济发展，是人民生活、投资和工作的所在。这就是为什么它是未来可持续经济的焦点。"③

中丹地方合作内生动力强劲。随着中国改革开放的推进，地方在处理对外事务方面获得了更大的自主权，对参与国际合作更加积极主动。随着对外开放从沿海向内陆延伸，内地的对外交往和合作也呈现出活跃势头，沿海发达地区则进一步加快国际化进程，地方外交呈现更加多元化的特点。自中共十八大以来，特别是"一带一路"倡议的提出，中国新一轮的开放为地方合作带来了新的空间和动力，加上中国社会经济的高质量发展，中丹在地方层面的绿色发展与务实合作中具有十分广阔的空间和机遇④。

2014年5月，中国成都与丹麦霍森斯两市在成都共同建立"中丹新能源环保研发应用中心"，打开了中丹开展新能源、环保产业合作的一扇重要窗口。该

---

① 参见 http://stateofgreen.cn。
② 参见 https://cleantech-hub.dk/china/chinese/。
③ 参见 http://www.cleancluster.dk/wp-content/uploads/2017/06/594256e47ab31.pdf。
④ 苏长和：《中国地方政府与次区域合作：动力、行为及机制》，《世界经济与政治》2010年第5期；张骥、丁媛媛：《中国民间外交、地方外交与人文交流70年——人民的外交》，《国际展望》2019年第5期。

中心集新能源技术研发、转移及应用为一体,旨在为双方高等院校、产业园区、环保企业和科研机构搭建一个多方合作的长效服务平台。其发展目标是:建立以中丹新能源环保咨询服务、技术研发、产品贸易为主的项目资源库,进行中欧项目撮合、配对,提供所需的配套服务;实现影响四川、影响中国的中丹新能源项目库及服务平台,组建中丹联合项目实验室,实现具体投资、贸易、研发项目;力争建立示范性中丹新能源环保产业园区[①]。

中丹两国共同倡导的地方政府合作论坛为政策转移和互利务实合作提供了一个观念平台。该论坛是在《中丹联合工作方案》框架下,由中国人民对外友好协会与丹麦王国驻华大使馆共同建立的两国地方政府间首个机制化合作平台,旨在通过开展地方层面的各领域互利合作,将中丹全面战略伙伴关系提升到更高水平。首届中丹地方政府合作论坛于2016年12月在北京举行。中国国务委员杨洁篪与丹麦性别平等和北欧合作大臣卡伦·埃勒曼共同出席论坛开幕式,为论坛揭幕。来自中国和丹麦的15位市长与400名两国政府、学术界、企业界代表齐聚北京,围绕"聚焦可持续发展,共享经济增长"主题展开充分的交流和讨论。来自中国和丹麦的商业机构与地方政府合作伙伴签订了6项合作协议。这些协议涵盖农业、水处理、乳制品和有机农场、旅游、金融等领域。丹麦将在这些领域深化与中国的全方位合作,分享其世界前沿的专业技术。2018年11月20—21日,第二届中丹地方政府合作论坛在丹麦奥胡斯召开,论坛围绕可持续城市和地区、可持续农业与食品、城市水资源和污水处理、健康和养老四个主题进行,共有250名来自中丹两国政府、企业与机构的代表出席。实践证明,中丹两国的地方合作为中丹的战略合作伙伴关系提供了坚实的基础,也体现了丹麦在全球范围内与大国携手合作、推动绿色转型的能力。

第四节　结论与讨论

如上所述,丹麦堪称气候变化与绿色发展的规范倡导者,不仅在既有的多边机制下活动,还主动发起和创新多边合作机制。从丹麦的经验看,气候、环境问

---

① 参见 http://www.chinanews.com/ny/2014/05-26/6213958.shtml.

题的处理方案，必须仰赖政府、企业和社会的多主体参与，以及有效的国际合作。丹麦努力经略多边、双边关系，积极掌握国际规范的话语权和制定权，同时为国内绿色科技发展拓展国际市场，增进就业与经济发展。

丹麦在绿色转型与可持续发展方面的成就举世闻名，这一非凡的发展得益于诸多方面，包括丹麦的教育基础、产学研跨部门合作等。值得强调的是，绿色外交有其国内政治经济根源。丹麦近代历史上形成的一些重要的发展规范，深刻塑造了丹麦当代绿色外交的行为模式。

从 17 世纪开始，丹麦的发展经历了一个国家集权的过程。这个集权的动力是战争：国王需要农业资源和农业出口支持持续的战争，但不愿受制于作为大地主或大庄园主的贵族，结果是，国家着力创造"独立的农民"，以赢取与贵族势力的较量。这一权力结构变迁的经济结果是，国家"直接或间接地将市场条件强加在农民头上"①。在此后的欧洲军事竞争中，丹麦的节节失利使它逐渐放弃争霸，转而依附强权。然而，"现代丹麦继承了帝国时期的国家工具，这些工具足以帮助组织社会中不同力量进行协商，并对这些协商的政策结果进行有效实施"。同时，在军事上的失败强化了丹麦的内部团结和民族主义。这正如彼得·J.卡岑斯坦（Peter J. Katzenstein）所说，处于地缘政治压力下的小国，有着强大的脆弱性感知。脆弱性感知往往能够产生社会合作理念，催生统合主义政治②。在对外关系方面，尽管在国际安全问题上，第二次世界大战后的丹麦以美国为盟友，仰赖于美国主导的跨大西洋伙伴关系，但是小而开放的经济状态决定了丹麦政治与外交决策必须基于务实主义而非意识形态③。

一言以蔽之，丹麦近代国家建构的结果对此后丹麦的产业选择、经济发展和国际定位提供了关键的遗产：在国际上不断失利，在国内却收获了社会团结，演化出一种灵活和适应性治理能力，它体现合作主义的互助、团结原则，也坚持个人权利与市场机制的自由主义的观念④。有的学者将这种发展模式称为合作自

---

① Amanda R. Tillotson, "Open States and Open Economies: Denmark's Contribution to a Statist Theory of Development", *Comparative Politics*, 1989, 21(3), pp.339-354.

② 参见［美］彼得·J.卡岑斯坦：《世界市场中的小国家——欧洲的产业政策》，叶静译，吉林出版集团有限责任公司 2009 年版。

③ 参见 Ove Kaj Pedersen, "The Secrete behind a Negotiated Economy", in Clare Maccarthy, Waldemar Schmidt & Gads Forlag, *Denmark Limited*, Denmark: Narayana Press, 2006, pp.234-243。

④ John L. Campbell et al., *National Identity and the Varieties of Capitalism: The Danish Experience*, McGill-Queens University Press, 2006, p.37.

由主义。这种模式既是一种混合的社会政治组织形式,也是一种商业运作方式;既有自由主义的特征,强调个体权利、开放的知识分享,又有一种团结互助的传统,强调国家与公民社会、公司部门合作。

丹麦19世纪晚期到20世纪30年代之间的发展,进一步提升了国家对社会与经济部门的协调和治理能力,并且为合作自由主义传统注入新的内涵。在这个阶段,社会民主主义的思想得到蓬勃发展。在这一思想的指导下,国家担当起重要的道德责任,以普遍主义的政策原则对社会进行保护;同时,国家有组织地协调各政党、社会团体、阶级的利益,为政治秩序和经济社会发展及福利社会的建构提供内在的法则。社会民主主义与合作自由主义一起,塑造了"协调的资本主义"(coordinated capitalism)。一些研究发现,在社会民主主义的福利体制下,普遍性的公民权利、社会平等,以及基于妥协、联盟的政治文化,都使得这类国家能够更好地协同环境政策、社会政策和经济政策。在系统比较福利国家和生态国家的发展驱动力之后,伊恩·高夫(Ian Gough)认为:"实现生态福利国家的目标是一种持续的挑战,它需要更为广泛和更协和的决策过程。理论和历史都表明,生态福利国家更可能在协调的资本主义体系中出现。"[1]

从历史经验中演化出来的权力结构与规范,塑造了丹麦近代农业资本主义和自由主义的贸易政策,也是理解自20世纪70年代末以来的绿色转型及其在国际和区域范围内的务实伙伴关系的重要切入点。一方面,国家在绿色转型中发挥了指导性的作用,国家对环境问题的保护显示出与社会保护类似的思路:不仅强调社会政策的普遍性,而且致力于协调社会利益,从而对环境和可持续发展做较为平衡和长远的规划。另一方面,市场机制和国际合作得到充分的彰显:国家(政府)积极动员社会力量,通过公私伙伴关系积极参与国际市场。在很大程度上,丹麦的绿色转型与市场导向的国际合作,是历史上形成的国家治理能力滋养的结果。

---

[1] Gough, Ian, "Welfare States and Environmental States: A Comparative Analysis", *Environmental Politics*, 2016, 25(1), p.43.

第四章 创新领导者:丹麦的科技创新体系

徐生权 王粲璨[*]

提起丹麦,很多人的印象是童话王国,安徒生的作品为这个国家平添了许多天真烂漫的想象。实际上,丹麦也是一个科技创新王国,丹麦人的创新精神可能要比丹麦童话更为久远。丹麦人的祖先维京人便是卓越的创新者和工程师。在维京时代,维京人发明的战斧、头梳和长船伴随着他们的流血征战扬名世界。这种创新精神一直延续至今。在1901—2018年诺尔贝奖获得者中,丹麦共有13位,位列全球第11位[①]。在食品、农业、环境科学、药学、生物医学和生命科学领域,丹麦的人均专利数量一直世界领先。

丹麦医药公司诺和诺德(Novo Nordisk)是斯堪的纳维亚地区市场价值最大的公司,在行业内拥有最为广泛的糖尿病治疗产品,提供了世界上一半的胰岛素。丹麦的灵北制药(Lundbeck)和利奥制药(LEO Pharma)也是医药行业的佼佼者。丹麦传统的农业为当下食品科学的蓬勃发展奠定了基础,像科汉森(Chr. Hansen)、爱氏晨曦(Arla)、诺维信(Novozymes)一直致力于为不断增长的全球人口提供安全、健康的食品。丹麦的格兰富(Grundfos)和丹佛斯(Danfoss)专注于对供水与供热系统进行改进,引领全球未来环境科学的发展。

当下,一个机器人产业群正在丹麦第三大城市欧登塞(Odense)崛起。得益于丹麦机械和工程领域的传统势力与强大的教育体系,这个仅有20万人口的城市,已经有120多家机器人公司。一个与机器人、自动化、供应商、教育和科研机

---

[*] 徐生权,复旦大学国家文化创新研究中心副研究员。王粲璨,丹麦哥本哈根大学复旦-欧洲中国研究中心研究员,本章案例部分独立作者。

① 张瑞:《三螺旋视角下的丹麦科技创新实践及对我国的启示》,《科学管理研究》2019年第5期。

构有关的高科技生态系统也在不断发展之中。实际上，Skype 和谷歌地图（Google Maps）是由丹麦人发明的①。2017 年，丹麦设立"科技大使"一职，负责与脸书（Facebook）、谷歌（Google）、苹果（Apple）等世界级科技公司加强沟通和联系，丹麦成为世界上第一个提名"科技大使"以吸引投资并与世界顶级科技公司合作的国家。

如果是一个大国在科技创新领域有如此卓越的表现，并不是一件令人称奇的事情，然而，丹麦仅是一个领土面积 4.3 万平方千米、人口约 580 万②的"小国"，这种成就还是让人刮目相看的。丹麦在科学技术领域取得如此优异的成绩并非是一种偶然，成功的原因就藏在丹麦的科技创新体系之中。

第一节 丹麦的科技创新表现

在世界知识产权组织发布的《2019 年全球创新指数》报告中，丹麦超过新加坡、德国、以色列等国，位居全球第七位。在 2019 年度"欧洲创新记分牌"（European Innovation Scoreboards）中，丹麦排名第三位，与荷兰、芬兰、瑞典一起被归为欧盟"创新领导者"③。在 2019 年《全球竞争力报告》中，丹麦在"创新生态系统"这一指数上排名第五位。在全球智慧城市排名中，丹麦首都哥本哈根位列第五位。这一系列的排名证明丹麦在科技创新领域的卓越表现。

根据 2019 年度"欧洲创新记分牌"的报告，丹麦在科技创新领域强有力的表现，主要是因为丹麦在如下指标上表现优异：研发体系、知识财产（如专利）、人力资源、创新友好型环境等。其中，丹麦在人力资源和创新友好型环境两项指标上位居欧盟成员国第一，研发体系和知识财产两项指标位居欧盟成员国第二。图 4.1 展示了在多个创新指标中，丹麦 2013 年与 2018 年的比较，以及丹麦 2018

---

① 参见 https://denmark.dk/innovation-and-design/innovation。
② 根据丹麦统计局的最新数字，丹麦总人口为 5 806 081 人。参见 https://www.dst.dk/en/Statistik/emner/befolkning-og-valg/befolkning-og-befolkningsfremskrivning/folketal。
③ European Commission, "The 2019 EU Industrial R&D Investment Scoreboard", Luxembourg: Publications Office of the European Union, 2019.

年与欧盟 2018 年平均水平的比较。可以看出,丹麦多个优势指标要远远超过欧盟的平均水平。

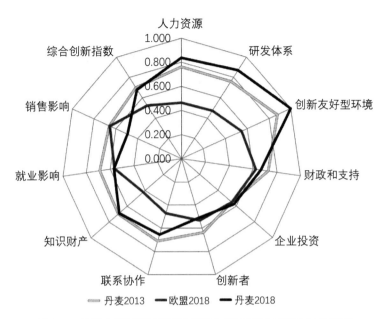

图 4.1　丹麦在"欧洲创新记分牌"中 2013 年与 2018 年的表现
(资料来源:《丹麦研究与创新系统同行评议》报告)

欧盟出版的《丹麦研究与创新系统同行评议》报告指出,丹麦在人才储备、科学基础、研发投入等方面表现优异。

一、领先全欧的人才储备

人才对于科技发展的重要性不言而喻,人才储备的薄与弱决定了国家科技创新的持续和深入。丹麦的一大优势便是强大的人才储备,它的科研人员占全职工作人员的比例(1.56%)要远超欧盟的平均水平(0.82%)。同为欧盟"创新领导者",丹麦的人才优势也比较明显(荷兰为 0.97%,芬兰为 1.41%,瑞典为 1.39%)。根据丹麦高等教育和科学部的统计,在丹麦目前的劳动力市场上,受过高等教育的人口约为 80 万人(丹麦总人口约为 580 万人),这一数字在 2040 年预计将达到 120 万人。另外,丹麦对于国外人才的吸引力也是明显的,外国留学生在丹麦的高等教育中占很大比例,尤其是注册在读的博士生,外籍学生比例可达三分之一。

《2017年研究与创新观察国家报告：丹麦》（RIO Country Report 2017：Denmark）显示，丹麦每千个年轻人口（25—34岁）中，新博士毕业生的比例为2.23，这一比例在2009年仅为1.14。这说明近年来丹麦的高等教育，尤其是博士教育发展快速。丹麦的博士学位论文具有较高的国际水准。

此外，丹麦每千个年轻人口中，科学、技术、工程和数学（STEM）专业的毕业生比例从2010年的1.89增至2016年的3.06。据欧盟统计局2014年的数据，丹麦每千人中就有10.6名研究人员，大大高于欧盟每千人中5.6名研究人员的平均水平。这一比例在欧洲仅次于瑞典，与芬兰处于同一水平（见表4.1）。

表4.1 丹麦的人力资源情况

人力资源指标	2009	2010	2011	2012	2013	2014	2015	2016
每千个年轻人口新博士毕业生（人）	1.14	1.41	1.52	1.47	2.04	2.25	2.26	2.23
每千个年轻人口STEM专业毕业生（人）	—	1.89	2.09	2.23	2.43	2.59	2.58	3.06
每千人中研究人员（人）	—	—	10.22	10.31	10.29	10.44	10.6	—
教育公共支出（%GDP）	6.9	7.1	6.8	7	6.9	7.1	7	6.9
高等教育公共支出（%GDP）	1.4	1.4	1.4	1.6	1.6	1.7	1.7	1.8
每千个年轻人口完成高等教育者（人）	37.6	37.6	38.6	40.2	41.2	42.7	44.5	45.3
25—64岁人口完成高等教育的就业率（%）	86.8	85.7	85.8	86.4	86.5	86	85.9	86
25—64岁人口完成高等教育的在雇员中所占比例（%）	35.2	36	36.7	37.7	38.1	38.9	39.9	39.2
25—64岁人口科学家和工程师占活跃人口比例（%）	7	7.1	10	10.2	10.6	10.4	10.1	10.7
女性研究人员比例（%）	31.75	35.29	33.13	35.41	34.52	—	32.47	—
高等院校海外毕业生所占比例（%）	—	—	—	12	11.7	11.9	12.9	

资料来源：《2017年研究与创新观察国家报告：丹麦》。

二、世界级的科学基础

丹麦拥有世界级的科学基础，尤其在生命科学领域。在工程、水泵和涡轮、食品工业、土木工程、热过程与装置，以及其他特殊机器行业中，丹麦在世界范围内保持领先优势。

专利是研发产出表现的重要指标。虽然丹麦的专利总数在 2015 年仅占世界专利总数的 0.61%，但是如果按 GDP 进行标准化计算的话，丹麦专利申请数占世界专利总数的比例达 6.24%，远高于欧盟的 3.53%[①]。在人均专利数上，丹麦位居世界第九。分领域来看，丹麦在生物技术领域人均专利数排名世界第一，在医药领域人均专利数排名世界第三[②]。

丹麦在科技出版物上也表现不俗，无论是从人均科学出版物数量还是从每个出版物的引用量来衡量。丹麦每百万人口国际科学合作出版物的总数已从 2009 年的 1 166.12 份增长到 2016 年的 2 228.92 份[③]。丹麦的学术机构保持了良好的国际合作态势，通过国际合作发表的论文数量是 2018 年欧盟平均值的 2.65 倍，在欧盟中排名最高。分领域来看，丹麦在药学和生物科技领域的出版物质量居于经济合作与发展组织成员国前列。

三、稳健的研发支出

丹麦是在人均研究上支出最多公共资金的经合组织国家之一。丹麦的研发支出相对较高。2017 年研发支出约占 GDP 的 3.05%，其中，公共研发支出保持在 GDP 的 1% 左右[④]。这一比例与欧盟及世界其他国家相比都是不错的成绩（见表 4.2）。

随着研发支出占 GDP 的比例达到 3%，丹麦完成了它在欧盟 2020 战略中制定的目标。不过，在这 3% 的构成中，公共机构的研发支出为 1%，私人机构的研发支出达到 2%。而在私人机构的研发支出中，排名前 50 的大公司占据 70% 的份额，说明丹麦的私人研发支出主要集中在大公司中（见表 4.3）。

[①③④] European Union,"RIO Country Report 2017: Denmark",Luxembourg: Publications Office of the European Union, 2018.

[②] 舒雪萍：《丹麦：因创新而精彩》，《中国科技奖励》2017 年第 10 期。

表4.2 丹麦与世界其他国家的研发支出占GDP的比重

单位：%

国家	年份									2020年目标
	2009	2010	2011	2012	2013	2014	2015	2016	2017	
丹麦	3.06	2.92	2.94	2.98	2.97	2.91	3.06	3.1	3.05	3
芬兰	3.75	3.73	3.64	3.42	3.29	3.17	2.89	2.74	2.76	4
德国	2.72	2.71	2.8	2.87	2.82	2.87	2.91	2.92	3.02	3
爱尔兰	1.61	1.59	1.56	1.56	1.56	1.5	1.19	1.16	1.05	2
以色列	4.13	3.94	4.01	4.16	4.07	4.18	4.26	4.39	4.54	—
荷兰	1.67	1.7	1.88	1.92	1.93	1.98	1.98	2.00	1.99	2.5
瑞典	3.45	3.21	3.25	3.28	3.3	3.14	3.26	3.27	3.4	4
瑞士	—	—	—	3.19	—	—	3.37	—	—	
美国	2.81	2.74	2.77	2.68	2.71	2.72	2.73	2.73	2.79	
欧盟	1.93	1.92	1.97	2.00	2.02	2.03	2.04	2.04	2.07	3

资料来源：《丹麦研究与创新系统同行评议》报告。

表4.3 丹麦2018—2019年研发支出排名前十的公司

欧洲排名	公司	领域	研发支出（百万欧元）	增长（%）	研发强度（%）
25	诺和诺德	制药和生物技术	1 817.6	−5.7	12.1
69	丹麦银行	银行	543.5	31.0	8.6
79	灵北制药	制药和生物技术	423.6	21.1	17.5
84	利奥制药	制药和生物技术	396.3	56.6	28.4
104	维斯塔斯	替代能源	325.0	44.4	3.2
106	丹佛斯	工业工程	317.0	7.1	5.2
146	诺维信	制药和生物技术	218.0	−7.1	11.3
179	辉凌制药	制药和生物技术	165.2	6.7	88.0
199	格兰富	天然气、水及多用途设施	146.4	2.6	4.1
210	阿森蒂斯制药	制药和生物技术	139.5	41.0	1 318.0

资料来源：2019年欧盟工业研发与投资记分牌官网，https://iri.jrc.ec.europa.eu/scoreboard/2019-eu-industrial-rd-investment-scoreboard。

虽然丹麦科技研究的国际化水平较高,但是研发活动受到国外实体的资助仍然相对较少,2017年仅占GDP的0.27%。分领域来看,丹麦的研发投入多集中在医学和健康科学领域,这两个领域的支出无论是在公共部门还是在私人部门都有三分之一左右的份额。不过,私人部门的研发支出有55%是投向工程科技领域。

除了优秀的人力资源储备、高水平的科研基础和丰厚的研发投入之外,《丹麦研究与创新系统同行评议》报告还指出,丹麦对于科研系统内多方利益主体的有效整合也是它科研创新优异表现的动力之一,目前在丹麦已形成多个产业集群。

总体观之,丹麦的科研表现还是足够惊艳的,尤其在制药和生物技术、能源、工业工程等领域更是独树一帜,它的科技人才资源及专利和出版的表现可谓不俗,它的研发投入在GDP中的占比在世界排名也属于前列,无愧为一个科技强国。然而,丹麦中小企业的研发投入规模与它科技强国的地位并不匹配,同时,丹麦科技研发活动在商业转化上也有进一步提升的空间。

第二节 丹麦的科技创新体系

丹麦科技的优异表现实际上是丹麦科技创新体系运行的结果。科技创新体系指的是一个国家内部的"不同企业、大学和政府机构之间围绕科学技术发展形成一种相互作用的网络机制,而且各个不同行为主体在这种相互作用网络机制之下为发展、保护、支持和调控那些新技术进行各种各样技术的、商业的、法律的、社会的和财政的活动"[①]。这其中,既有科技创新的决策部门,又有科技创新的管理部门,也有科技创新活动的主体——大学、科研机构等,还有为科技创新提供资金来源的公私部门,也包括一些为从学术到产业转化提供服务或者孵化平台的中介机构等。

丹麦的科技创新体系正是在这些部门共同运作之下生成的一个网络,这个网络中的不同主体也有着它们各自独立的演化过程,某个行动主体的演进带来

---

① 王春法:《国家创新体系与东亚经济增长前景》,中国社会科学出版社2002年版,第27页。

整个科技创新网络中其他主体的呼应与调整跟进,在共同演化之中,直至形成当下的组织架构。

一、丹麦科技创新体系的演进

丹麦早先是一个农业国,它的主要出口商品是谷物。在20世纪早期,丹麦经济主要依靠生产和出口加工农产品,后来优势产业逐渐转向环境科技、药品和医疗器械等。不过,在丹麦的农业部门,现代创新体系已经开始萌芽,一些农业协会和农业合作社的成立使得投资和技术推广成为可能,农学院也应运而生。除了农业部门以外,丹麦的大学也成为丹麦早期创新体系的重要组成部分。哥本哈根大学一直是斯堪的纳维亚半岛最重要的科学和教育热点之一。1829年,一个工程学院的建立为后来丹麦漫长的技术创新之路奠定了基础,这个工程学院是丹麦技术大学的前身[1]。总而言之,丹麦早期的科技创新活动主要在农业领域,随着丹麦朝工业国迈进,一个现代的科技创新体系呼之欲出。

丹麦第一次尝试形成科技创新政策是在20世纪80年代初期,当时的政府启动了"技术发展计划"。在随后的几年中,丹麦政府采取了一系列与创新相关的措施。对于整个科技创新体系的宏观建设要等到21世纪初期。此时,丹麦的技术创新体系依然是比较松散的,并没有一个正式机构负责整个国家的科技创新事务,而是由政府各部门分散管理。直到1988年,丹麦启动改革,将教育部改组为教育与研究部,凸显研究创新的重要性。虽然丹麦的科技创新有了明确的主管部门,但各部门依然是各行其是,科技创新活动远未达到整合的目的。尽管如此,一个国家级的科技创新体系已初具雏形,决策层、管理层、执行层及咨询和资助体系中各主体相对明确。

决策层主要是指丹麦国会设立的研究委员会,丹麦政府也是科技政策的制定者和领导者。管理层由政府的各个部门组成,各部门设立相应的管理和咨询机构。教育与研究部是国家科技创新活动的主要管理部门,承担了政府部门53%的研发经费,随后是工业部,负责工业和商业上的技术研发,约占15%,能源部占8%,农业部占7%等。在教育与研究部下面,还专设研究管理署,负责教育与研究部门的科研管理工作。执行层主要是丹麦的大学、科研机构和企业等[2]。

---

[1] Mattia Bernardinello, "The Danish Innovation System", Master's Degree Programme Final Thesis of Cafoscari University of Venice, 2018.

[2] 《丹麦科技政策与科学基金》,《中外科技政策与管理》1996年第7期。

除了这些主体之外,科技创新的一个很重要的组成部分是科研资助体系。在研发资金的分配上,科技创新主管部门提供的研发经费主要有两种方式:"一是对大学和公共研究机构中正在进行的研究与教学活动提供资助;二是对大学和公共研究机构以外的研究活动提供资助。后一种资助主要通过各个理事会提供。每年丹麦的国家预算中都会确定对各个研究理事会的拨款。"①

丹麦自 20 世纪 60 年代末至 70 年代,相继建立了六个研究理事会,分别是:丹麦自然科学研究理事会、丹麦医学研究理事会、丹麦农业和畜牧业研究理事会、丹麦社会科学研究理事会、丹麦人文研究理事会、丹麦技术研究理事会。理事会主要承担基金管理与政策咨询两方面的职能②。

1991 年,丹麦议会设立丹麦国家研究基金会,目的是资助在国际层面尖端的、杰出的基础性研究,以推动丹麦在此领域的研究进展。基金会承诺它们对于丹麦优秀研究的独立和长期性的资助。丹麦国家研究基金会平均每年的资助可达 4.5 亿丹麦克朗③。

丹麦的研发基金来源具有非常多样化的特征。基金来源除了政府预算的拨款以外,还包括社会捐赠、企业基金会、国际组织(如欧盟)的一些项目。对于一些无法获得政府拨款的研究执行者来说,可以通过这些竞争性基金的申请来获得日常研发活动的经费。成熟的基金会体制是丹麦科技创新体系的一个亮点。

1993 年,为了继续加强系统性的协调整合,丹麦政府设立信息技术和研究部,作为科技创新的专职管理部门。

1996 年,丹麦设立丹麦研究政策理事会,基本任务是"参与国家科学研究与发展政策的讨论和研究政策制定的决策过程"④。这个理事会既为负责丹麦科技研发管理的政府部门提供建议,也为丹麦国会在科技研发事务方面的决策提供咨询。作为一个独立的政策机构,该理事会有责任协调丹麦研究机构间出现的问题,因而它的工作不仅涉及丹麦当时的教育、科学、技术等部门,也涉及政府其他部门和企业的研发工作。

2001 年,丹麦继续进行大部制改革,将信息技术和研究部改组为科学、技术和创新部,进一步整合科研力量,以摆脱科研管理"九龙治水"的局面。改组后的科学、技术和创新部负责原先由教育部管理的综合性大学,以及由商业部负责的

---

①④ 《丹麦研究署》,《国外社会科学》2005 年第 3 期。
② 《丹麦科技政策与科学基金》,《中外科技政策与管理》1996 年第 7 期。
③ 参见 https://dg.dk/en/the-dnrfs-objective。

商业科技发展。经此调整改革后，丹麦的科学、技术和创新部实现了对于全国性科学、技术和创新事务的协调管理。

2002年，丹麦设立技术和创新理事会，旨在通过实施与科技和创新政策相关的举措来达到促进技术进步和创新的目的。与其他理事会不同的地方在于，技术和创新理事会更加注重科技的产业化和商业化。在整个科技创新体系中，该理事会与技术服务机构、科学园区、孵化中心等机构联系密切。

2003年，丹麦议会审议并通过新的《丹麦咨询系统法案》，对具体实施国家财政支持科研的资金管理和咨询机构进行重新架构。

第一，设立丹麦独立研究理事会，掌管原来六个分领域的独立研究理事会除丹麦农业和畜牧业研究理事会之外的其他五个研究理事会，其职能依然是科研资助和科研咨询。具体而言，理事会对以下研究活动进行资助：研究小组、研究技术设施、研究网络、国际合作、研究培训、研究联合体。此外，理事会也向个人和一些试验性的工作提供资助。科学咨询功能主要是根据要求，向其他公共和私人机构与组织提供科学研究咨询。该理事会每年要向科技创新主管部门提供年度报告[1]。

第二，设立丹麦战略研究理事会。战略研究理事会顾名思义指的是面向国家战略问题，负责对政府制定的科研优先领域和研发重点提供财政支持与科研咨询[2]。换言之，独立研究理事会原则上是一种由下至上的资助体系，由研究领域内部自发确定研究方向、课题等；战略研究理事会则遵循由上至下的原则，在政治上被优先考虑的领域和国家主张与战略规划成为资助的首选。该理事会也要向当时的科技创新主管部门提供年度报告。

第三，为促进丹麦独立研究理事会、丹麦战略研究理事会、丹麦国家研究基金会及其他研究理事会之间的沟通协调，丹麦设立丹麦研究协调委员会负责此项事宜，增设丹麦反科学欺诈委员会，负责监督和检查科研活动中的科研不端等问题。

总体来说，2003年丹麦咨询系统改革的一个显著特点是，丹麦科技创新管理部门主导的科研咨询和科研资助体系分为两大板块：一块是以科学导向为主的研究理事会，如丹麦独立研究理事会；另一块是以任务导向为主的研究理事

---

[1] 任荣：《丹麦科技创新系统及咨询系统的改革》，《全球科技经济瞭望》2005年第12期。
[2] 《丹麦研究署》，《国外社会科学》2005年第3期。

会,如丹麦战略研究理事会。2004年,丹麦政府对科研的总投入为94.5亿丹麦克朗,其中,由丹麦战略研究理事会和丹麦独立研究理事会支配的经费各占12.9%[①]。它们与丹麦国家研究基金会、丹麦研究政策理事会、丹麦科技与创新理事会一起,共同构成丹麦的科研咨询和科研资助系统。

2003年,丹麦启动了对大学和公共研究机构的改革。这次改革的重点是增强大学在公共研究活动中的龙头地位。具体措施是通过从外部引入相关人员重组大学董事会,校长由董事会任命,将大学的属性变成社会公共机构的性质,以达到对内增强大学管理的目的。原先大学的内部治理缺乏与外界的有效互动,因而在此次改革中,政府也旨在推动大学有机嵌入整个国家公共研发体系并成为领导者。政府与每一所大学都签订不同的研发合同,以加强对于大学科研绩效的管理。同时,丹麦也推动大学间的合并,并且将一些公共研究机构并入大学里。基本上,丹麦的公共研究机构现在都成了大学的一部分。到2007年1月1日,9个政府研究机构与12所大学合并,最终形成8所大学、3个公共研究机构的格局[②]。

对于科技创新的主管机关科学、技术和创新部来说,2004年它们也完成了对丹麦研究署的改组。丹麦研究署的主要功能是作为一个秘书处,为丹麦独立研究理事会、丹麦战略研究理事会、丹麦研究协调委员会等提供服务。丹麦反科学欺诈委员会和秘书处也设在这里[③]。

2005年,丹麦设立丹麦国家高科技研究基金会,亦即丹麦国家先进技术基金会。该基金会"通过对丹麦有商业化潜力发展的战略领域进行投资,如纳米技术、生物技术和信息通信技术,通过对这些丹麦已经拥有非常好的研究条件,并且企业参与的程度也非常广的领域进行政府支持,以促进丹麦高新技术的研究和创新"[④]。

2005年,丹麦实施研究创新的全球化战略,目标是让丹麦成为一个知识领先、创业领先的社会,让丹麦的教育成为世界级的,让丹麦成为世界上最有竞争力的国家。

2006年5月1日,为了响应公共部门在研究和发展上投资的显著增加,丹麦在原丹麦研究署的基础上成立丹麦科学、技术和创新署。

[①][③] 《丹麦研究署》,《国外社会科学》2005年第3期。
[②] 武翠红:《金融危机背景下丹麦大学改革的战略选择》,《比较教育研究》2012年第5期。
[④] 任荣:《丹麦科技创新系统及咨询系统的改革》,《全球科技经济瞭望》2005年第12期。

2014年，丹麦再度对科研管理体系进行调整，将原来的科学、技术和创新部与高等教育管理部门合并，组建丹麦高等教育和科学部，核心任务是协助部长和政府开发教育、研究和创新政策，执行政府在教育、研究和创新领域的政策，以及在高效解决这些问题的同时创造价值。此次改革标志着丹麦科技创新体系中的管理层趋于稳定。

在决策咨询层面，创立于1996年的丹麦研究政策理事会改组为丹麦研究和创新政策理事会，达到科技创新系统中各要素共同演进的目的。

2014年，丹麦科技创新体系中的资助体系进行了新一轮的改革。这次改革的主要目标是进一步精简丹麦的科研资助体系。在以往，潜在的资助申请者往往在名目繁多的资助基金面前感到无所适从。2014年之前的丹麦资助体系如图4.2所示。

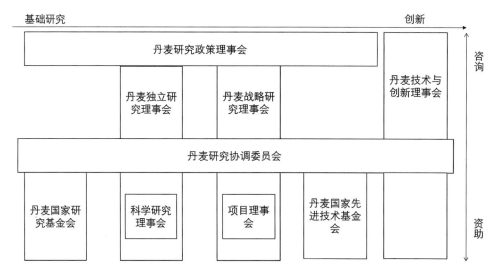

图4.2　2014年之前丹麦的科技创新资助体系

（资料来源：Joint and Open Research Programme，"National Report：Denmark"，2010）

从2014年开始，原丹麦战略研究理事会、丹麦技术和创新理事会和丹麦国家先进技术基金会合并，设立丹麦创新基金会。丹麦公共的科研资助体系由三大基金构成，分别是：创立于1991年的丹麦国家研究基金会，创立于2003年的丹麦独立研究理事会，创立于2014年的丹麦创新基金会。各个基金会资助的侧重点略有不同。就资助环节来说，丹麦创新基金会覆盖应用研究、开发和商业化这些后端流程，丹麦独立研究理事会和丹麦国家研究基金会更多地倾向于资助基础研究。丹麦的私人部门资助也是丹麦科研资助体系中的一大特色。私人基金会资助的对象更加广泛，覆盖从基础研究到应用研究的多个环节。图 4.3 展示了丹麦科技创新资助系统架构。

图 4.3　丹麦科技创新资助系统架构

（资料来源：Innovation Fund Denmark，"Innovation Fund Denmark 2015 Strategy"，2015）

2017 年，丹麦高等教育和科学部内部进行改组，下设丹麦机构和教育资助署与丹麦科学和高等教育署。丹麦机构和教育资助署整合了以前的科学、技术和创新署与高等教育署这两个部门的部分职能，这两个部门在 2016 年 12 月 31 日停止运作。新成立的资助署对高等教育和科学部下属的所有高等教育机构、公共研究基金、技术服务机构等负责，承担为这些机构分配和管理资助款与相关基金的任务，与这些机构就目标、成果、检查和管理等事务的管控进行沟通与对话。丹麦科学和高等教育署也是整合了科学、技术和创新署与高等教育署的相关职能，为高等教育和科学部下属的所有机构中在研究与教育领域需要的特殊专业知识负责。该署同时是丹麦航天署。换言之，丹麦机构和教育资助署负责科研基金的分配与科研工作的管理，丹麦科学和高等教育署专注于科学技术知识的管理。

自此，丹麦的科技创新体系基本形成。

二、丹麦科技创新体系的构成

图 4.4 展现了一般意义上对于丹麦科技创新体系的理解。

从纵向来看，丹麦科技创新体系主要由决策机构、协调和管理机构、资助机

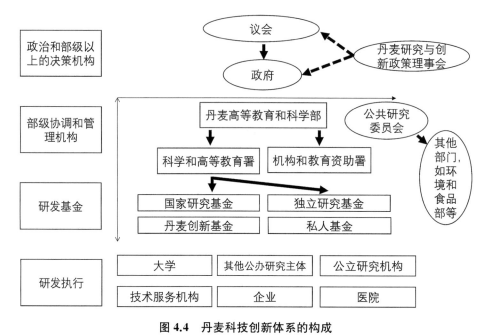

图 4.4　丹麦科技创新体系的构成

（资料来源：《2017 年研究与创新观察国家报告：丹麦》）

构（研发基金）和执行机构四个层级构成。

就决策机构层而言，丹麦议会下设教育与研究委员会。该委员会的任务和职责可分为两个主要领域：委员会职权范围内的法案和动议的处理，对高等教育和科学部部长工作的审查。丹麦政府下设高等教育和科学部，对全国的科技创新事务进行管理。丹麦研究与创新政策理事会就研究与创新相关事务向丹麦议会和政府建言献策，其委员会成员共有九名，来自学术界（大学）和商业界。该理事会虽然与丹麦议会和政府属于同一层级，但是实际上并无对等之权力，并不参与政策制定。

在经历一系列的调整之后，丹麦高等教育和科学部成为丹麦科技创新体系中最主要的协调和管理机构。虽然其他部门，如环境和食品部等，也主持一些部门内的创新活动，但是丹麦 75%—80% 的公共研发支出都从高等教育和科学部获得。实际上，高等教育和科学部对于公共研发支出的使用并无太多自由裁量权，该部管理的研发预算中很大一部分是自动拨款，每年的变化不大。除财政拨款之外的额外经费来源（通常是项目经费），该部门所占份额也是最大。2014 年的数据显示，高等教育和科学部支配约 67% 的项目经费；食品、农业、渔业部门次之，占 10%；气候、能源和建筑部门占 7%；剩下的经费则分到教育（不含高等教育）、环境和其他政府部门中①。在丹麦的科技创新体系中，公共研究委员会负责部际的研究与创新事务协调。

如前文所述，丹麦高等教育和科学部下设丹麦机构和教育资助署与丹麦科学和高等教育署两个直属机构，管理全国性的高等教育、科学、技术和创新相关事务。

研发投入是科技创新的重要保障。丹麦的科技创新体系有着成熟的研发活动资助体系。公共科研机构的资金来源，一部分依靠财政拨款，另一部分来自丹麦公立的竞争性基金、私人基金和国际基金。其中，丹麦公立的竞争性基金主要由丹麦国家研究基金、丹麦独立研究基金和丹麦创新基金三个基金构成。

丹麦独立研究基金由科学、医学、技术与制造、社会科学、人文五个具体主题的研究理事会构成②。它承担着双重职能，一是提供建议，二是对研究活动进行资助。独立研究基金会资助的研究通常是由研究者自主决定的选题，基金会不会对研究做过多的限制。但在特殊情况下，丹麦独立研究基金会会对在政治上应当予以考虑的研究主题进行资助。

丹麦国家研究基金会通常愿意资助由探索心驱动且在其他基金会或者大学里难以获得资助的研究。它的核心资助机制是"卓越中心计划"。该计划通常有 5—10 年的投资期③。

丹麦创新基金主要用来支持与技术创新开发有关的研究，其目的是将创意、思想和创新转化为经济与社会价值。该基金会更多面向包括中小企业在内的企业研发和创新。它每年的预算是 16 亿丹麦克朗左右④。在架构上，创新基金会有一个接受高等教育和科学部监督的独立理事会。

丹麦科技创新资助体系的一个显著特色是庞大的私人基金资助体系。从丹麦最早的工业基金嘉士伯基金开始，私人基金资助社会研究便成了一种潮流。目前，私人基金会在丹麦的研发活动投资中扮演着重要角色⑤。仅诺和诺德基金会在 2018 年就支出 17 亿丹麦克朗的投资，主要用于与生命科学相关的研发和创新项目。它的目标是到 2023 年，投资额度将达到 50 亿丹麦克朗。格兰富集团的保罗·杜·耶森基金会也积极参与对研发活动的资助。基金会认识到，

---

①②③ Erik Arnold, Tobias Fridholm, Adam Krčál, & Kalle Nielsen, "Research and Innovation Governance in Six Countries", Technopolis Group, 2016。

④⑤ Innovation Fund Denmark, "Innovation Fund Denmark 2015 Strategy", 2015。

公共研究资金和工业联合体一般都倾向于资助应用研究,但是应用研究建立在基础研究之上,因而基金会更愿意与大学合作,将资助放在基础研究上。2018年,格兰富的基金会共投入9 500万丹麦克朗的慈善资助,其中,51%的资助额用在科学研究上①。

丹麦大部分的研发基金都来自国内,也有少量来自国际计划项目中的基金,如欧盟的"Horizon 2020"基金等。

丹麦科研体系中的研发执行层由丹麦的大学、公共研究机构、其他公办研究主体、医院、技术服务组织和企业构成,其中,最核心的研发执行主体是丹麦八所研究型大学:哥本哈根大学、奥胡斯大学、南丹麦大学、哥本哈根商学院、丹麦技术大学、哥本哈根信息技术大学、罗斯基勒大学和奥尔堡大学。在丹麦所有的公共研发支出中,八所研究型大学(包括其附属医院)占用95%的资助额,其他高等教育机构只有5%的资助额。这八所大学每年能从丹麦高等教育和科学部获得约89亿丹麦克朗的基础研究资助②。

为加强科研成果的转化,丹麦所有大学都设立了一个技术转化中心或者类似机构,促进研究活动的专利和商业转化,也为研究者提供咨询。大多数丹麦大学为学生设立专门的孵化中心,以加速器项目、竞赛等方式助推学生们的创新活动。丹麦技术大学的天空实验室(Skylab)便是一个典型。天空实验室(见图4.5)位于丹麦技术大学主校区,是一个学生创新创业社区和跨学科交流中心。实验空间包括办公设施、教学设施、社交空间、实验室和模型制作室。天空实验室提供免费的指导、活动、赛事安排和模型材料。它的目的是帮助学生实现他们的创意和创业想法,同时促进丹麦技术大学的学生与企业界、其他合作伙伴之间的合作和交流③。

除大学和医院之外,在丹麦科技创新体系中扮演重要角色的是技术服务机构。目前,丹麦共有七个技术服务机构。它们的核心功能是向私营企业和公共机构提供技术知识与专业知识,通过推动技术的应用来增强企业和社会的创新能力与竞争能力。技术服务机构覆盖的行业非常广泛,包括数字化、制造业和机

---

① 参见 https://www.grundfos.com/。
② European Commission, "Peer Review of the Danish R&I System — Ten steps, and a leap forward: taking Danish innovation to the next level", Luxembourg: Publications Office of the European Union, 2019.
③ 参见 https://www.skylab.dtu.dk/。

图 4.5　丹麦技术大学的天空实验室
（资料来源：本书课题组）

器人科技、食品和农业、材料科学、电子和微电子、造船和建筑业、水和环境、生物医学、安防、福利科技等①。这些机构为丹麦公司提供基于知识的服务，包括检验和验证，也包括为研发和生产过程中的特定问题提供解决方案，或者为方案提供验证服务。技术服务机构是非营利性组织，却以私营企业的形式运营。它们为客户提供的服务通常以商业条款的形式出现。技术服务机构创立的初衷是服务中小企业，不过，实际上这些机构55%的商业营收来自大企业②。

以上是图4.4中提及的丹麦科技创新体系中的行动主体。这是一种纵向视角。在实际运作中，一个运转良好的科技创新体系还有隐藏在幕后的行动主体。2019年，克里斯蒂安·克特尔斯（Christian Ketels）等学者认为，丹麦的科技创新体系由五个互相联系的部分构成，分别是：合作研究和创新机构、以知识

---

①　参见 https://en.gts-net.dk/about-gts/。
②　European Commission,"Peer Review of the Danish R&I System — Ten Steps, and a Leap Forward: Taking Danish Innovation to the Next Level", Luxembourg: Publications Office of the European Union, 2019.

为基础的技术服务机构、支持知识型创业的机构、基金来源、创新网络与集群①。我们目前更多提到的是合作研究和创新机构（以大学为主）、以知识为基础的技术服务机构（如技术服务机构）和基金来源（如三大基金会），对于支持知识型创业的机构和创新网络与集群所谈不多。

正如克特尔斯等学者指出的，在丹麦的科技创新体系中，还有一些支持知识型创业的机构。这类机构包括一些公办的孵化器项目。然而，随着丹麦创新基金会和丹麦成长基金的设立，公办孵化器项目逐渐被整合进这两个基金会之中。大学附属的科学园区、孵化器、咨询机构也属于知识型创业的支持机构，如天空实验室。

除了丹麦高等教育和科学部下的支持机构以外，丹麦的其他政府部门也有相应的一些支持机构，如丹麦工业、商业和金融事务部下属的丹麦商务推广委员会，联合高等教育和科学部及一些私人基金会，共投资 3.92 亿丹麦克朗，成立了一个新的生物创新研究所，旨在支持从大学里走出来的生物科技领域的初创企业。丹麦工业基金会下的加速器项目和奥胡斯大学的欧贝尔基金则是私人支持机构的典型②。

创新网络与集群同样也是科技创新的行动者，也可以视为是科技创新网络的产物。丹麦高等教育和科学部目前正在资助 17 个国家创新网络。这些网络主要是为了促进在能源、食品、信息通信技术及其他新兴产业领域中知识机构与企业之间的协作。创新网络的秘书处通常由大学或者产业集聚组织运行，根据一个两年期的合同从丹麦高等教育和科学部获得资助。2017 年，创新网络的预算总额为 2.35 亿丹麦克朗，其中，37％从高等教育和科学部获得。

丹麦的地方政府也资助了许多创新网络和区域集群。产业集聚成为丹麦科技发展的一大驱动力。"通过发挥产业集聚效应，提升企业创新能力，丹麦已成为测试、开发和营销下一代机器人的全球最佳理想地之一。丹麦第三大城市欧登塞位居丹麦机器人热区榜首，虽然人口只有 20 万，却有着世界上领先的机器人产业集群，聚集了 120 多家机器人公司，既包含 ABB 和 FUNAC 等国际大企业，也囊括优傲机器人公司等行业先锋，更入驻了提供机器人商业化服务的

---

①② European Commission, "Peer Review of the Danish R&I System — Ten Steps, and a Leap Forward: Taking Danish Innovation to the Next Level", Luxembourg: Publications Office of the European Union, 2019.

Blue Ocean 之类的企业。在欧洲,乃至全球的人工智能、机器人研究方面,欧登塞都已站在金字塔尖。"①

2018 年,丹麦全国共有超过 60 个创新网络与集群。为降低复杂性和提升效率,丹麦近年来的改革方向是有意识地精简公共资助的创新网络数量,并且将资助的重点放在丹麦的优势产业或新兴产业上。隶属于丹麦工业、商业和财政事务部的丹麦商业促进委员会的任务是确定丹麦的优势或新兴产业,高等教育和科学部则在这个基础之上推动相关产业集聚。

这种创新网络的建设,还体现在丹麦有意寻求国际创新合作。自 2006 年起,丹麦的外交部在海外设立了八个科技创业中心,其中一个设立在上海(其他七个为慕尼黑、新德里、圣保罗、首尔、硅谷、特拉维夫和波士顿)。海外科技创业中心的目的是为在中国等寻找发展机会的丹麦企业和拓展交流合作活动的丹麦高等教育机构提供支持。丹麦上海科技创业中心主要专注于生命科学与医疗、信息通信技术、金融科技、教育科技、绿色科技与可持续发展②。

高等教育和科学部在布鲁塞尔设立了一个研究联络处(The Danish EU Research Liaison Office,简称 DANRO),便于丹麦参与欧洲的研究网络。DANRO 的主要任务包括:信息的搜集与传播;维持和发展与欧盟的良好关系;在布鲁塞尔为丹麦的利益相关者(包括丹麦的研究人员、组织和机构)安排相关访问和会议,并且告知参与"Horizon 2020"的可能性;与其他国家或国际的办公室合作;支持丹麦研究者和研究导向的组织③。除了 DANRO,丹麦在布鲁塞尔还设有另一个办公室——EuroCenter,作为丹麦参与"Horizon 2020"的国家联络点,也是欧盟-丹麦支持网络的协调机构,旨在促进丹麦与欧盟间的创新合作④。

三、丹麦科技创新体系的特点

丹麦科技创新体系在运作中具有如下特点。

第一,集中化管理体制与"超级部委"的存在。与其他国家纷繁复杂的科技

---

① 武球发:《感叹丹麦创新气象》,《群众》2019 年第 16 期。
② 参见 https://kina.um.dk/zh-cn/about-us-cn/danish-representations-in-chinacn/innovation-center-shanghaicn/。
③ 参见 https://ufm.dk/en/research-and-innovation/funding-programmes-for-research-and-innovation/eu-and-international-funding-programmes/horizon-2020/danro-eurocenters-office-in-brussels。
④ 参见 http://eusupport.dk/en/about-us。

创新多头管理的局面相比,丹麦在20世纪90年代就开始了系统化整合,最终形成以高等教育和科学部为主导的科技创新体系。这样的好处是避免科技创新政出多门,有效地提高丹麦科技创新体系的运转效率。同时,这也带来了相应的问题,即其他部委的科技创新活动被抑制。原本各部委还承担一些领域内的科技创新活动,比如气候部门对于北极环境的研究,海洋渔业部门对于海洋的研究,但在科研机构几乎都被并入大学之后,其他部委基本上面临一无场地设备、二无资金的局面。高等教育和科学部作为"超级部委"的存在,让它在科技创新事务上与其他部委之间缺乏有效协作。另外,大学作为科技创新的主体,一般注重的是科学研究,在一定程度上让技术创新显得不足。

第二,科研管理的充分放权与绩效导向的管理方式。丹麦高等教育和科学部虽然主要负责全国科技创新事务,但是并不直接介入分配研究开发和创新活动经费的工作,而是由相关研究理事会和基金会组织协调工作,实行国际同行评议制度来评估社会研发和创新活动,以公开竞争的方式分配教育公共经费①。这是因为丹麦科研机构(主体是大学)的经费来源一般有两类:一类是国家预算中的拨款,由国家自动拨付给相关科研主体;另一类是竞争性的基金,由科研主体竞争获得。无论是哪一类经费来源,高等教育和科学部都不直接参与分配。在科研主体的研究主题上,高等教育和科学部也不作太多硬性规定。丹麦科技创新活动中的研究议程是一种自下而上的设定,丹麦"研究2020"和"研究2025"计划中的主题都是征集来的。各个主题所能获得的资金则是由国家年度预算决定的。这说明高等教育和科学部在科研管理上充分放权。在考核机制上,高等教育和科学部采取绩效导向的管理方式,即与大学或其他科研机构签订合约,以合约中的目标来引导大学的科研工作,并且根据是否达到这些目标来评估大学的科研业绩。

有一些批评者指出,研究主题确定的公平性原则让丹麦的研究主体难以执行一些政治优先的研究。在原来的战略研究理事会并入商业化气息浓厚的丹麦创新基金之后,丹麦不再有任何一个机构专门用来支持战略性研究②。

第三,权力扩张的大学及其属性的转变。2003年的大学改革,让丹麦大学的权力进一步扩张。政府以合约制的方式对大学进行管理,对大学内部事务不

---

① 武翠红:《金融危机背景下丹麦大学改革的战略选择》,《比较教育研究》2012年第5期。
② Erik Arnold, Tobias Fridholm, Adam Krčál, & Kalle Nielsen, "Research and Innovation Governance in Six Countries", Technopolis Group, 2016。

做过多干预。这次改革更加明确了大学作为一个服务社会的公共机构的属性。外部力量开始介入大学董事会。大学校长由董事会任命,而不是之前的由学校内部选举产生。大学校长开始有点类似于职业经理人,而非大学内部自治的领导人物。丹麦的大学从一个相对封闭的实体逐渐变为一个不断适应外部需求的"服务提供商"。随着12所大学合并成8所大学,多家公共研究机构并入,丹麦的大学实际上已成为丹麦科技创新的"巨无霸"主体。"在合并过程中,丹麦政府一直以规模经济与降低成本为指导理念,结果是数量有限的大学集中了大量优质资源。从政治角度来看,主要的外在好处是高等教育机构数量大幅减少,从而简化了政府部门的指导和控制。"[①]2011年,丹麦对大学校长的权力进行进一步的扩权,对绩效合同进行修改,减少了一些强制性目标,增加了一些根据大学特性而设置的个性化目标。这说明在扩权的同时,丹麦政府希望大学能够承担起科技创新的重任。

第三节　丹麦科技创新的未来

研究与创新是丹麦在国际竞争中立于不败之地的保障。"研究形塑未来",丹麦高等教育和科学部部长索伦·平德(Søren Pind)这样解释丹麦对于研究的重视。未来,丹麦将继续保持公共研发投入不低于1%的比例,并且发起数字化的战略,让丹麦走在数字化社会的前沿。

2018年3月,丹麦政府公布了《丹麦:已准备好抓住未来的机会——丹麦研究和创新的政府目标》报告。6月,丹麦科学和高等教育署公布了"研究2025"详细规划。

在《丹麦:已准备好抓住未来的机会——丹麦研究和创新的政府目标》报告中,丹麦政府整体上共设立两大类目标,列出了实现这两大类目标的11项子目标和举措(见表4.4)。简而言之,这两大类目标是诺贝尔奖级别的高水准和造福于丹麦人民的福祉。

[①] 胡天助:《UNIK计划:丹麦创建世界一流大学的经验及其启示》,《现代教育管理》2019年第5期。

表 4.4　丹麦研究和创新的政府目标

总体目标一 丹麦研究必须达到国际最高水平	
子目标 1	丹麦最高水平的研究必须是诺贝尔奖级别的研究 ● 建立一个"诺贝尔协议"
子目标 2	研究质量必须在横跨整个科学光谱之上提升 ● 建立向大学分配基础资金的新模式
子目标 3	有才能的研究者必须拥有吸引力的事业机会 ● 面向未来顶尖研究者的研究计划 ● 一项国家级别的欧洲研究委员会支持项目 ● 丹麦研究的职业路径调查
子目标 4	丹麦必须处在国际研究基础设施的前沿 ● 与欧洲散裂中子源联合建立一个研究点 ● 成为劳厄-朗之万研究所的会员 ● 一个新的关于数字基础设施建设的国家战略 ● 对国家研究基础设施的投资和财政资助进行分析
子目标 5	必须推进丹麦参与国际研究和创新合作 ● 建立新的丹麦创新中心 ● 为丹麦参与欧盟框架内的研究和创新项目立法
总体目标二 研究必须为社会提供最大化的益处	
子目标 1	研究和创新必须推动新科技的发展与应用 ● 研究要推动新科技（运用）的机会与解决方案 ● 优先资助技术研究 ● 设立新的国家新数字化技术研究中心 ● 增强大学的技术转化 ● 更优的技术研究的知识
子目标 2	知识与创新必须创造更大的商业价值 ● 改善企业社群和研究者的税收状况 ● 基于世界级知识的创新 ● 评估丹麦创新基金 ● 更优的关于丹麦商业研发投资的知识
子目标 3	更多的研究必须在公共部门转化为实践 ● 有关公共部门的研究，包括教育系统和日托系统 ● 评估大学和高等职业教育学术机构的研发活动

续　表

子目标4	对研究人员的资格标准评估以促进研究、教育和知识传播 ● 建立一个评估学术资格标准的专家小组
子目标5	在研究与公众之间架设桥梁 ● 促进研究的传播
子目标6	一个联系紧密和更有凝聚力的、更强的丹麦研究与创新系统 ● 建立研究基金论坛 ● 改善丹麦创新基金、市场开发基金与开发和示范项目之间的协调与协作 ● 简化研究管理

资料来源：《丹麦：已准备好抓住未来的机会——丹麦研究和创新的政府目标》。

在这些举措中，建立一个"诺贝尔协议"、建立向大学分配基础资金的新模式、丹麦研究的职业路径调查、推进丹麦参与国际研究和创新合作、优先资助技术研究、增强大学的技术转化、基于世界级知识的创新成为丹麦政府实现研究和创新活动的重点目标。

建立一个"诺贝尔协议"，指的是丹麦政府与公共研究机构签订一个战略努力的协议，以促进和识别出具有诺贝尔奖品质的丹麦研究，即这种研究是世界级的，并且有可能带来根本性和革命性的突破。协议落实的关键举措是，丹麦政府拟建立一批专门的诺贝尔奖研究中心，以长期的优异表现和雄厚的财政，支持与国际研究竞争。

建立向大学分配基础资金的新模式，指的是为了匹配诺贝尔奖级别的研究，丹麦政府决心在研究基金分配上进行进一步的优化调整。新模式的主要目的是进一步提高各个层级和各个领域丹麦研究的品质。新模式更加注重按需的教育和研究领域，并且会向长期性的研究倾斜。

在顶层制度设计之下，真正执行科研工作的是一个个研究者，因而如何让研究人员的才能得到充分发挥，为他们打造一个顺畅的职业发展环境，是每一个致力于科技创新的国家都需要用心考量的。丹麦政府的计划是，由高等教育和科学部联合大学共同发起一个在丹麦大学里工作的职业路径调查，目的是让大学更好地支持科研人员的职业健康发展，合理利用人才和保持人才高度的流动性。此外，丹麦政府将为顶尖科技人才预留专项基金，同时将设立一个国家计划，支持优秀的科研人员从欧洲研究委员会获取经费。

研究的国际化一直是丹麦作为一个小国充分利用外部资源的经验之一。丹麦政府在此次目标中提到将继续建设世界领先的丹麦创新中心。此前，丹麦已经在海外建立包括上海在内的八个科技创业中心。此外，在加强国际合作方面，丹麦正在起草一项行动计划，以便可以更好地参与欧盟的研究和创新计划。

优先资助技术研究，明确了丹麦未来科技创新的方向和领域。虽然丹麦在有些科技领域，如生命科学、药学等领先世界，但是此前不少学者评价丹麦的创新时都指出，实际上丹麦在低和中低技术产品的生产与出口方面更成功，包括食品、家具和服饰等产品[①]。因而，此次政府的目标特别强调丹麦将分配更多的资金用于技术研究。丹麦政府还拟设立一个在所有研究机构之上的国家级研究中心，以重点支持对数字化的研究。该中心还将在人工智能、大数据、物联网、量子计算、区块链和交互设计等领域进行跨学科研究。

增强大学的技术转化，强调产学研结合。丹麦政府拟发起一项检查，主题是关于大学向企业进行知识和技术转化，以及这方面的立法工作。检查的目的在于消除转化过程中的各种障碍，以促进转化效率的提高。

基于世界级知识的创新，指的是 2018 年丹麦高等教育和科学部建立了一个国际专家组。2019 年，该专家组做了一次调查，对丹麦在基于知识创新方面跻身世界一流给出建议。

丹麦政府的目标可谓是世界级的。它们希望丹麦不仅做地区性科技创新的佼佼者，更是以世界一流、诺贝尔奖来要求自我。科技创新最重要的目标是要为全社会的福祉考虑。正如丹麦驻华大使裴德盛所言，丹麦"创造高科技，是为了支持正确的生活方式"[②]。这种理念在"研究 2025"的规划中同样得到体现。

为了确定未来哪些领域是值得重点投入研究资金的，由丹麦科学和高等教育署牵头，丹麦多个部门完成了"研究 2025"规划。在总结 476 份提案的基础上，该规划涵盖"新科技机会"、"绿色增长"、"更好的健康"、"人民与社会"四大领域共 19 个研究主题（见表 4.5），作为丹麦公共资助体系将来重点资助的对象。"研究 2025"指出，丹麦公共资助体系一般会基于如下因素进行资金分配：研发项目的跨学科特性和用户参与，专注于出色的研究和与领先的国际研究环境的合作，研究能够转化为满足社会需求的教育，研究能够转化为商业和公共部门的知识传播与创新。

---

① 参见 https://www.researchgate.net/publication/255572205。
② 陈楠：《创造高科技是为了支持正确的生活方式——专访丹麦驻华大使裴德盛》，《商务周刊》2010 年第 20 期。

表 4.5 丹麦"研究 2025"规划主题

新科技机会	绿色增长	更好的健康	人民与社会
生物-生命科学 材料 数字化 制造业	生物质资源 水 环境 能源 气候 城市与建设 交通	健康挑战 个性化医学 预防 未来的健康护理体系	高效的公共部门 社会状况 丹麦与全球化 儿童、年轻人和教育

资料来源：丹麦"研究 2025"规划。

资金分配的考虑因素凸显了丹麦资助体系的运作倾向。实际上，这与 2018 年政府的总体目标没有太大差异，依然是强调卓越性和社会性。"研究 2025"资助主题的确立须满足三个条件：相关性、关联与互动性、影响力。相关性指研究主题必须贴合丹麦的国情；关联与互动性指研究必须有相互合作的环节，无论是国内的还是国际的；影响力要求从长远角度来看，研究必须在增长、福利、就业和改善公共部门绩效方面能够产生重大影响。

丹麦在研究主题上涵盖的领域不可谓不宽泛，但是依然有它独特的价值取向。生物-生命科学是丹麦已有的优势领域，在规划中自然必不可少。这说明丹麦人有意继续保持他们在该领域的领先优势。数字化是当今世界的一种潮流。丹麦在全世界范围内较早地开展数字化社会的建设，将数字化作为未来研究的方向，体现了丹麦科技创新规划的前瞻性。绿色增长强调的是科技创新要面向可持续的未来，这一点是未来丹麦科技创新的一大亮点。几乎所有国家都意识到可持续发展的重要性，但是像丹麦政府和丹麦企业将科技创新的方向用在可持续发展上的并不多。研究更好的健康和人民与社会进一步体现了丹麦研究以人为本，研究的终极目的是要让人民幸福地生活。

第四节 数字科技应用案例：丹麦通用电子身份认证系统 NemID

一、案例简介

丹麦在科技领域，尤以在数字技术领域的发展与在公共服务上的应用见长。

数字化作为一个影响社会各个方面的重要因素，为丹麦社会的可持续发展奠定了重要的基础。丹麦作为欧洲公共服务数字化程度最高的国家，在2018年联合国全球电子政府发展指数中排名首位。

丹麦在公共服务数字化领域取得的成就，与数字化作为丹麦的基本国策、政府在公共服务中对数字化技术的积极应用、公共治理模式上的创新这三个方面息息相关。丹麦在建设通用数字基础设施上取得了卓越的成就。截至2018年年底，丹麦家庭的互联网渗透率达到92.7%。12个月中，88%的市民至少通过数字服务与公共机构打过一次交道。这些数字在欧盟国家和经合组织成员国家中名列前茅[1]。

丹麦的公共服务数字化历程大致经历了数字签名(2001)、简单账户(2004)、数字身份(2007)、市民网(2007)和数字邮政(2011)五个阶段。其中，为丹麦带来公共服务革命性变化的一项技术是丹麦的电子身份认证系统——NemID[2]。NemID是丹麦各类公私服务通用的电子身份认证系统。NemID作为全国普及的身份认证系统，从2011年1月开始运行。虽然在今天NemID已经成为丹麦全国通用的电子身份认证系统，但电子身份认证在丹麦的出现并非一帆风顺。自1992年丹麦财政部提出实现全国通用电子身份认证的愿景开始，丹麦的电子认证之路跨越了一道又一道技术标准的门槛，经历了大大小小的技术政治讨论与公私部门间的谈判，终于在2011年正式登上公共服务的舞台。

我们以丹麦的电子身份认证系统技术的出现与NemID的普及作为案例，说明数字化技术在丹麦公共服务基础设施中的应用。通过这个案例，我们可以看到，丹麦在数字化技术的开发，以及数字基础设施的应用，不仅依靠技术发展上的投入，更得益于治理模式创新的影响。丹麦政府通过积极鼓励公私部门之间的合作，及时发现并运用新技术，逐步打造了今天欧洲领先的数字化公共服务基础设施，以此确保公共服务产生可持续的社会影响。

二、电子身份认证愿景在丹麦的出现与技术的普及[3]

说到丹麦的身份认证系统，不得不提丹麦的中央人口数据库系统。1968

---

[1] 参见 https://data.oecd.org/ict/internet-access.htm。
[2] Nem在丹麦语中有简单的意思，NemID可以被称作"简单ID"。
[3] 参见 Rony Medaglia, Jonas Hedman & Ben Eaton, "Public-Private Collaboration in the Emergence of a National Electronic Identification Policy: The Case of NemID in Denmark", Proceedings of the 50th Hawaii International Conference on System Sciences, 2017, pp. 2782-2791; Ben Eaton, Jonas Hedman & Rony Medaglia, "Three Different Ways to Skin a Cat: Financialization in the Emergence of National e-ID Solutions", Journal of Information Technology, 2018, 33(1), pp. 70-83; https://digitaldenmark.dk。

年，丹麦开始了中央人口登记，每一位丹麦居民的数据都登记在中央数据库中。中央人口登记系统为丹麦的数字化进程奠定了重要的基础。其中，登记号被用于识别公民的数字身份，以及与公民身份有关的各项服务。随着数字技术的发展，20 世纪 90 年代，丹麦政府开始提出通用电子身份的概念。

1992 年，丹麦首次在全国电子政府提案中提出通用电子身份的想法。当时的财政部基于智能卡技术提出了发行多功能身份证件的想法。按照当时的设想，通用电子身份证应具有三重功能：一是作为线下视觉身份识别的途径，二是作为国家中央人口登记的电子密钥，三是作为当局访问个人信息的工具。财政部的愿景是用通用电子身份来取代当时所有正在使用的社会保障卡、学生卡、驾照等身份识别卡。但是，当时议会中很大一部分议员在隐私问题上有所疑虑，反对这项提案的通过。1996 年，财政部再次提出关于在线认证的备选卡提案，但由于缺少技术上的统一标准，这项提案再度被否决。

2000 年左右，丹麦改变了以卡为基础的电子身份认证系统，转而开始开发数字签名，为丹麦建立通用电子身份打下了第一步基础。随着 1998 年大选结束，丹麦新政府上台，电子政府政策移交到科学、技术和创新部手中。科技创新部随后发表建立公共服务网的意见。虽然这项意见并没有在当时的政府实践中激起太大的水花，但使得信息技术在丹麦的政治话语中的角色出现大幅度提高。1999 年，当时的丹麦信息技术和研究部开展了九项数字签名试点项目。随着这些试点项目的展开，政府与市政采购部门、市议会和丹麦地区政府，共同制定了提供合格证书的框架协议。

除了框架协议之外，丹麦政府也在立法和政府的组织机构内进行创新。2001 年 10 月 1 日，丹麦电子签名法案开始实施。电子签名法案和框架协议的出台意在刺激市场，增加数字签名的使用，为数字身份的建立铺下制度的基石。同年，随着政府内阁重组，财政部成立了一个新的以项目为中心的机构——数字特别工作小组，负责调度所有与电子政务有关的实体，包括中央政府、大区政府、地方政府和商业机构，从政府的组织结构上确保专门的调度机构。

在技术开发上，公共部门同时出现了几个不同且互不联系的身份认证系统，既有大区的医保卡，又有两项税务系统认证技术：一个基于一次性密码，另一个需要用户在自己的设备上安装软件进行操作。同时，银行也在为自己的网上银行服务开发自己的安全解决方案 Net-ID。各家银行在金融机构付款系统的认证机构下推行 Net-ID 认证系统。有趣的是，丹麦各家银行在当时并没有看到与公共部门在身份认证领域合作的益处,也没有选择与公共部门一起开发 Net-ID。实际上,对于银行来说,它们当时唯一从公共部门中获取的就是作为公民唯一标识的中央人口登记号码①。

从技术上来看,当时存在的各种电子签名系统之间缺乏标准化和互通性。与提供数字签名的互联网服务相比,使用现有服务的成本也相对较高。除此之外,电子签名仍与其他要求个人出席、增加责任和硬件解决方案的法律相挂钩。从商业模式来看,当时市民需要付款才能有数字签名,这种商业模式在当时的市场上行不通。由于技术标准化、立法、成本及商业模式上的障碍,电子签名法案和框架协议并没有在真正意义上刺激市场。

对于丹麦政府来说,当时的一项重要任务是打破这些障碍。2002 年,丹麦政府发起两个重要的活动。

一个是开始电子服务公共证书的标准化流程,以确保各系统之间的互通性,以及电子服务公共证书与国际标准接轨。按照丹麦政府当时的设想,电子服务公共证书应该为国家、县和市的服务提供访问权,并且私人部门也应该从这个基础架构中收益。

另一个是根据欧盟的招标指令对数字签名以项目竞赛的形式进行公开招标。项目竞赛的主要想法是为数字签名找到可行的商业模式,并且将现有供应商的应用和基础设施进行整合。最终目标是为市民在互联网上建立基于数字签名的公共服务统一认证。科学、技术和创新部希望避免市民在使用市民服务时在不同的服务中心需要不同的认证。

项目竞赛一共邀请了五家通过资格预审的供应商竞标。2002 年秋天,五家供应商中的四家提交了竞标书,其中两家供应商进入最后的评估:一家是由银行与金融机构付款系统认证机构联合组成的财团,向丹麦政府提供 Net-ID 服务;另一家是前国有电信公司丹麦电信。2003 年 2 月,通过多轮谈判,丹麦电信成为数字签名项目的承包方。项目最终交付的是一个基于软件的认证签名系统,主要用于访问公共服务。用户需要输入自己的中央人口登记号码、邮政编码和电子邮箱地址。激活签名需要在市民的设备上下载专门的软件,以及邮递到市民地址的密码。

虽然丹麦电信开发的认证系统与银行开发的 Net-ID 流程基本相似,但是丹

---

① 丹麦中央人口登记号码相当于中国的身份证号。

麦电信的系统在市民中的采用率远低于丹麦银行开发的 Net-ID。2003—2007 年年间,只有 25 万市民使用了丹麦电信的系统,使用 Net-ID 则有 220 万人之多。丹麦电信开发的认证系统之所以采用率低,除了各种技术困难之外①,主要原因是市民与商业机构看不到采用技术带来的益处。

随着 2008 年丹麦电信和国家信息技术与电信委员会的合同到期,金融机构付款系统认证机构(后更名为 NETS)取代丹麦电信成为新的供应商,提供了新的解决方案,即名为 NemID 的丹麦通用电子身份认证系统。与旧系统相比,NemID 有三个主要特点:一是可以用作银行服务的签名;二是双重认证技术,由用户已知的用户名和密码,以及一次性密码组合而成;三是支持多设备登录。

NemID 在 2011 年开始运营时,在安全和隐私方面受到不少质疑。吸取过去的经验教训,国家信息技术与电信委员会决定虚心听取市民的意见。委员会邀请丹麦信息技术政治协会与消费者协会一同参与软件和统一标准的选择。这一做法在当时回应了市民的质疑。不过,由于丹麦信息技术政治协会不满意协商的结果,出现了丹麦信息技术政治协会退出工作小组并重新制定新技术标准的局面。

三、实现数字化技术可持续发展与应用的模式

经过十年运营,NemID 已经成为丹麦公民与商业机构必须使用的通用电子身份认证系统。2019 年,NemID 推出密钥 App,继续在数字化道路上的旅程②。

纵观丹麦通用电子身份认证系统的沿革,一方面,技术与标准化的提高大幅度促进身份认证数字化的实现;另一方面,公共部门通过积极寻求与私人部门合作的方式,为公共服务的数字化提供了很大助力。这种不断创新的公私合作的治理模式,为丹麦数字化可持续发展提供了源源不断的动力。

但正如我们看到的,能够适应新技术的公私合作的治理模式并非一朝一夕就可以形成。根据本·伊顿(Ben Eaton)、乔纳斯·赫德曼(Jonas Hedman)和罗尼·梅达利亚(Rony Medaglia)的分析,丹麦的公私部门在建立 NemID 的过程中,从利益、资源和治理模式三个方面不断进行探索,大致经历了三个阶段才

---

① 例如当时的苹果电脑用户无法在设备上安装数字签名。
② 参见 https://www.nemid.nu/dk-da/。

逐渐形成今天的局面①。

从利益方面来看，丹麦政府在第一阶段与私人部门，尤其是与银行业的利益并不一致。丹麦政府开发国家通用电子身份认证系统的主要目的是使公民能够更好地访问电子政府的服务。通过为公民提供普遍的数字访问权，追求他们在电子政务提案中的整体利益。其中，维护民主合法性，以及通过精简管理流程来节省成本，从而提高服务效率等，都是丹麦政府主要的考量。而银行在开发自己的共享身份验证基础结构时，追求的是其他利益。银行关心的是，如何通过规模经济，使得其他商业机构愿意使用具有较大用户群的认证服务，从而从这些业务中产生收入。随着政府与银行关于国家通用电子身份认证系统讨论的深入，政府与银行的利益进入第二阶段，政府需要实现电子身份认证系统的意愿与银行通过规模经济增加收入的意愿都在增强，并且开始促进双方合作。然而，在这个阶段，安全标准的讨论阻碍了双方实现进一步合作。到了第三阶段，双发共同开放的意愿进一步增强，在安全标准的讨论上找到双方都可以接受的和而不同的解决方案。

从资源方面来看，政府的主要资源是立法的权力，通过立法可以强制公共机构采用数字签名；银行的主要资源是对金融基础设施提供商的共同所有权。在第一阶段，丹麦政府与银行在通用电子身份认证方面的资源之间没有显著的相互依存关系。不过，银行识别访问银行服务的用户也依赖政府分配的中央人口登记号码。在第二阶段，随着丹麦电信开发的认证系统开始使用，政府与银行在资源上仍然没有显著的依存关系，但丹麦政府逐渐意识到建立电子身份认证系统需要一个庞大的用户群，而银行在这一阶段已经走在公共机构的前面。随着NemID的出现，政府与银行的相互依存度不断增强。如上所述，政府依靠银行庞大的用户群，银行则需要政府的支持，以扩大其身份认证系统的应用范围，从原有的银行服务，扩展到公共服务访问与第三方商业应用。

从治理模式来看，在第一阶段，因为丹麦政府与银行并没有开展真正的合作，所以两者间并没有共同的治理模式。随着国家电子身份认证法案的落实及欧盟指令的指导，丹麦在第二阶段逐渐开始建立治理国家电子身份认证的框架。

---

① Ben Eaton, Jonas Hedman & Rony Medaglia, "Three Different Ways to Skin a Cat: Financialization in the Emergence of National e-ID Solutions", *Journal of Information Technology*, 2018, 33(1), pp. 70-83.

到了第三阶段,在丹麦政府为加强对中标者的要求而起草的法律法规框架内,政府和银行迅速建立了合作机制:网上银行和数字化公共服务的基础设施由证书颁发机构进行协调,该证书颁发机构由赢得当时招标的银行财团维护,但最终还是由政府通过在每个招标周期更新中标者的方式来主导。

四、总结

通过 Nem-ID 的案例,我们可以看到,丹麦在公共服务上实现数字化的可持续发展与应用,依靠的不仅仅是技术的发展,更是公私部门作为技术需求方与供应方,共同商讨适应技术发展与应用的治理模式,不断对双方的利益与资源的相互依存进行协调。在社会的可持续发展中实现科技的作用,需要的不仅是技术,更是人和。

第五章 文化积淀：丹麦创新与绿色发展的人文基因

胡学峰[*]

丹麦作为一个国土面积有限、资源相对短缺的国家，能够在创新和绿色发展方面做出重要的成绩，使得丹麦成为世界上经济最发达、生活最幸福的国家之一，一定有其深刻的文化原因。本章将通过对丹麦历史、教育和企业文化的分析来寻找其中的原因。

"人文"（humanities）和"文化"（culture）在中文、英文和丹麦语中都是两个并不完全相同但密切关联的概念，本章不对两者做仔细区分，而将它们视作同一个概念的不同表述，主要以文化的名称来阐述。"文化"是一个尤为难以界定的词语，它的意义的丰富性和复杂性可以算得上是学术研究中最为难解的概念之一。系统描述和分辨这些概念超出了本书的范围，我们采取较为简便的策略，从常识入手，选择适合本章论述的概念定义、基本理论框架，然后迅速开始我们的分析。

在大多数国家中，文化是一个带有褒义色彩的词汇，它基本上用来指称人类事物中有价值的东西，比如先进的工具、技术发明，或者指精神层面的事物，例如一个群体、民族或国家在历史中创造的文学、艺术和思想。在精神层面，价值观，即对什么东西是有价值的判断，构成文化的核心。多数学者同意将文化分为容易理解的三个层次：第一个层次是能够直接感受和体验的物质与生活层面，如建筑、艺术品、日常生活；第二个层次是通过惯例和文本等形式确立的制度体系，包括国家的政体、法律制度，以及各种规章和规范；第三个层次是

---

[*] 胡学峰，复旦大学国家文化创新研究中心副研究员。

体现在有价值的思想观念中的价值观,一般以著名思想家的论述的形式体现出来,同时,这些价值观被国民接纳,内化在个体的心里,在制度体系和文学艺术中都能够体现。文化并不是一成不变的事物,它自身的产生受制于外在环境和人类选择,一旦产生又会对人类的活动产生影响。不同的群体因为气候地理、群体秉性的不同会产生不同的文化,在相互的接触中,往往会相互影响。在这样一个变动不居的局面中,文化的三个层次都会不断变迁。但是,在短时间内,一个群体的文化往往具有相对稳定性,它构成了一个群体的特殊性格,或隐或显地影响着人们的选择。因此,文化,尤其是价值观,对于人类的发展具有重要的作用。

持有"文化相对主义"观点的人类学家反对所谓文化有优劣的说法,他们认为任何文化都有其存在的价值。文化本身并无优劣,但是如果具体到一些特定领域,它就显示出不同。假如我们把经济发展和生活幸福作为目标,那么学习先进的技术、创造适合生存的环境、增加物质财富和精神财富的总量就是必要的,而一个相对保守、不重视教育的文化在这个过程中显然是不利因素。我们同意美国著名学者塞缪尔·亨廷顿(Samuel Huntington)和劳伦斯·哈里森(Lawrence Harrison)的观点,即文化,尤其是价值观,在影响人类进步方面具有重大作用。"人类进步"是一个特定的词汇,它指的是人类趋向于追求经济发展和物质福利,追求社会和经济的公正及政治民主,而文化被限定为一个社会中的价值观念、态度、信念、取向,以及人们普遍持有的见解。文化对于人类进步的意义,可以引用丹尼尔·帕特里克·莫伊尼汉的话:"保守地说,真理的中心在于,对一个社会的成功起决定作用的,是文化,而不是政治。开明地说,真理的中心在于,政治可以改变文化,使文化免于沉沦。"①

鉴于一个民族或国家的价值观都是在漫长的历史中逐渐形成的,因此,我们将首先回顾丹麦的历史。价值观的传承主要体现在一个国家的教育体系中,因此,丹麦的教育也是我们考察的对象。就本书的主题而言,企业是创新与绿色发展的主体,价值观也会在企业文化中得到显现,考察丹麦企业文化也就顺理成章地作为我们考察的第三个方面。

---

① [美]塞缪尔·亨廷顿、劳伦斯·哈里森编:《文化的重要作用——价值观如何影响人类进步》,程克雄译,新华出版社2002年版。

第一节　丹麦人文精神的形成和发展

2002年,世界银行经济学家兰特·普里切特(Lant Pritchett)和迈克尔·伍考克(Michael Woolcock)提出"如何到达丹麦"的问题①。他们把丹麦视作发展中国家的理想目标,因为丹麦是一个经济发达、人民幸福、极少腐败的国家。作为致力于改善发展中国家经济状况的发展经济学家,他们的观点产生了很大反响。2011年,以"历史终结论"闻名于世的弗朗西斯·福山在他的著作《政治秩序的起源:从工业革命到民主全球化》中把全书主题定为解决"如何到达丹麦"的问题②。丹麦成了文明和先进国家的代表。按照福山的观点,抵达丹麦并非一朝一夕之事,但是通过在"国家建构、法治与民主问责"之间的平衡,是可以向这一目标迈进的。实际上,丹麦"如何到达丹麦"也是一个问题,这个问题需要在丹麦的历史中寻找答案。确凿无疑的一点是,丹麦的治理体系是丹麦创新与绿色发展的基石。

一、海洋文化的历史传承

丹麦所在的北欧地区在公元前14 000年以前就有人类活动③。约10 000年前,丹麦进入石器时代,日德兰半岛开始有人类定居,居民以狩猎为生。公元前4 200—公元前3 400年,定居在这一地区的人类进入新石器时代。来自东方和南方的农业传入北欧,丹麦人学会了驯养动物和种植谷物。新石器时代,丹麦制作燧石用品的技术已经达到相当高的水平,用优质的燧石打磨成的大燧石斧砍伐树木几乎与今天的钢斧一样锐利,展示了古代丹麦人的创新与钻研精神。公元前2 000年左右,丹麦人就已经同地中海沿岸国家有贸易往来,盛产于波罗的海沿岸和北海周围地区的琥珀与燧石是他们进行交换的主要物品。公元前

---

① Pritchett, Lant & Woolcock, Michael, "Solutions When the Solution Is the Problem: Arraying the Disarray in Development", *World Development*, 2002(32), pp.191-212.
② Fukuyama, Francis, *The Origins of Political Order: From Prehuman Times to the French Revolution*, New York: Farrar, Straus and Giroux, 2011.
③ 丹麦简史主要参见王鹤编著:《丹麦》,社会科学文献出版社2006年版。

1500年左右，青铜器开始从南欧传入丹麦。远古时代多次的民族大迁移使丹麦人的素质不断提高，生产力逐渐发达。凯尔特人在公元前1000年开始遍布欧洲，丹麦人和凯尔特人的贸易十分活跃。大约公元前500年左右，铁器时代取代青铜器时代，丹麦逐渐出现了乡村居民点。罗马统治时代，罗马文化也逐渐影响斯堪的纳维亚地区。由于丹麦特殊的地理位置，尽管欧洲的民族迁徙非常频繁，但是丹麦文化保持了其连续性和独立性，几乎没有被异族文化淹没，反而从中吸取了充足的养分。公元200年前后，丹麦境内开始出现北欧古字碑文。公元400年前后，丹麦人与俄罗斯人建立贸易关系。公元6—8世纪，丹麦的原始公社制度开始瓦解，氏族贵族占有大片土地，并且在其基础上建立了最初的王国。9世纪初，丹麦所在的斯堪的纳维亚地区已经逐渐联合起来，丹麦人掌握了建造海船的技术，常常驾驶海船南下到欧洲沿海，以琥珀、燧石等换取谷物和其他用具。

从公元8世纪末至11世纪，丹麦进入维京时代。学者们普遍认为，今天的丹麦王国形成于维京时代。丹麦王室的第一位君主是老王戈姆（Gorm the Old），他在10世纪上半叶统治丹麦。他的儿子"青齿王"哈拉尔德一世（Harald the First）继位后亲自率领海盗船侵袭周围一些国家，不仅统一了丹麦，而且征服了挪威，成为丹麦、挪威两国的国王。哈拉尔德在他父母的坟墓上建造了刻有文字的石碑，后来被称为"耶灵石"。在石碑上，"丹麦"这个国名首次出现。基督教于850年前后经过法国传教士安斯加尔传入丹麦。960年前后，哈拉尔德改信基督教，随后，丹麦开始逐渐基督教化。哈拉尔德的儿子斯汶继承王位后，首先打败挪威人，1013年征服英格兰，斯汶成为丹麦和英格兰国王，但持续时间不长。1016年，斯汶之子卡努特（Knud the Great）率领丹麦人和挪威人征服英格兰全境，登上英格兰王位。1028年，卡努特击败挪威和瑞典，成为挪威国王，占领瑞典南部地区。至此，卡努特建立起包括丹麦、英格兰、挪威、苏格兰大部和瑞典南部的"北海大帝国"，卡努特被尊称为"卡努特大帝"，其统治时期成为丹麦和北欧维京时代的鼎盛时期。1035年，卡努特去世，"北海大帝国"逐渐土崩瓦解，维京时代走向衰落，新的体制，即西欧式的君主制在斯堪的纳维亚逐渐建立起来。

12世纪中叶以后，在瓦尔德马家族统治下的丹麦再次强盛起来。这一时期，丹麦深受欧洲文化的影响，建造了大量城堡，十分重视商业活动。今天丹麦的国旗、国徽大都产生于这一时期。瓦尔德马二世于1241年制定了《日德兰法典》，统一了丹麦的法规。在1282年的尼堡会议上，贵族们迫使国王埃里克五世（Erik V）签署国王法令，这是丹麦历史上第一部有关国家政治权力分配原则的文献，规定了国王同贵族合作的原则，国王同意每年召集一次由贵族、骑士、市民和自由农民组成的四等级代表会议，服从有关赋税等问题的规定原则。1282年的权力法确立了丹麦的封建等级君主制，该法令一直沿用到1660年丹麦封建君主专制制度出现。1389年，瑞典贵族与来自梅克伦堡的统治者因封地利益发生矛盾，便向丹麦女王玛格丽特求援。同年12月，丹麦军队打败梅克伦堡军队，玛格丽特被迎奉为瑞典女王，并且成为统治斯堪的纳维亚三国的君主。1397年，玛格丽特召集三国贵族的代表，在瑞典南部的卡尔马城（Kalmar）举行会议，拥立玛格丽特的继承人、来自波美拉尼亚的玛格丽特姐姐的孙子埃里克（Erik VII）为三国的共主，玛格丽特摄政，三国结成卡尔马联盟。从老王戈姆一直到1448年，丹麦的王位嫡传了大约五个世纪，共有32位国王和1位女王。然而，不管丹麦王室如何改朝换代，在一千多年的54位君主中，他们之间都有着血缘关系，丹麦的王位几乎没有落到完全陌生的家族手中，保持了较为稳定的延续性。

丹麦的近代史从争夺波罗的海的霸权开始。长期以来，丹麦完全控制波罗的海的入海口。1425年，丹麦开始征收"海峡税"。16世纪中叶，瑞典的实力日趋强大，开始挑战丹麦对波罗的海的控制权。1563—1570年，丹麦与瑞典爆发"七年战争"，战争的结果对丹麦有利。在1611—1613年的卡尔马战争中，丹麦再次占领瑞典多个地区。1618—1648年，欧洲爆发"三十年战争"。在1536年的宗教改革中，丹麦信奉路德新教；而在"三十年战争"中，丹麦站在新教联盟一边。经过与德国、瑞典等多年战争，丹麦终于在1660年签署《哥本哈根和约》，这是丹麦在它整个历史上代价最大的和平条约，将斯堪尼亚的几个州和博恩霍尔姆岛，即松德海峡以东的原来由丹麦占领的全部领土（占当时整个丹麦领土的三分之一）让与瑞典。丹麦、瑞典两国争夺波罗的海霸权的斗争至此有了根本性的转变，瑞典将它在波罗的海沿岸的土地连成了一片，确立了瑞典在波罗的海地区的霸权。丹麦、瑞典的边界大致划定，基本轮廓一直延续至今。

随着市民阶级发展壮大，市民阶级与贵族之间的斗争加剧。连年战争使丹麦的疆域日趋缩小，经济上遭受严重的破坏，国家财政枯竭，人们把一切过失归结到当权的贵族阶级身上。在1660年召开的议会会议上，市民代表出席会议并要求限制贵族的特权，贵族应与其他社会阶层一样缴纳同等税额。腓特烈三世利用这一时机,将人们的激奋情绪引导到结束贵族统治这一政治体制的变革上来。腓特烈三世在城市资产阶级和神职人员的拥戴下,废除国家议会,宣布将经选举产生的、有一定权限的君主制度变为世袭的、权力无限的君主制,以此打击贵族的特权和跋扈行为。各行政区从前由属于贵族阶级的采邑持有者管理,改为由拿薪金的文官掌管。1665年11月的"国王法"对此给予法律上的承认,从而确立了丹麦的封建君主专制政体。腓特烈五世和克里斯钦七世在位时,宫廷里的一些德裔政治家曾极力主张和推行开明专制制度,但均告失败。1784年,腓特烈太子(后来的腓特烈六世)摄政后,丹麦社会和经济体制的改革才真正开始。1788年,农奴制被废除,农民的状况得到很大改善,义务劳役制度改成佃赋制,解除农民对地主的人身依附。大多数农民成为官册土地持有者,即持有一块经过官方注册并可以继承的土地。农民有了迁徙的自由,可以购买土地,自己支配土地的使用,加之耕作方法的改进和农具的更新,大片荒废的土地得到开发。

16世纪末期,丹麦成立东印度公司,在西印度群岛和几内亚拥有殖民地。1792年,丹麦率先停止从西印度群岛输入黑奴,成为世界上第一个禁止奴隶买卖的国家。1797年,新的关税法的颁布和实行自由贸易政策给丹麦经济带来活力,并且使丹麦的航运业得到很大发展,丹麦挪威的商船成为仅次于英国的排名世界第二位的船队,航运业获得巨额利润。此外,出版、教育等各个领域,也进行了一系列自由主义的改革。但是,随之而来的战争将这一切都破坏了。1767年,丹麦宣布与俄国结盟,借以保障丹麦的武装中立。1801年,英国不宣而战,进攻哥本哈根;1807年,再次派遣舰队炮轰哥本哈根,丹麦舰队遭到致命的打击,几乎全军覆灭。丹麦转而与法国结盟,同英国和瑞典对抗。战争以丹麦战败结束,丹麦于1814年签订《基尔条约》,割让挪威给瑞典,从而失去了这个结盟400多年的盟国。

战败使丹麦在欧洲的地位一落千丈,丹麦的海上贸易遭到严重破坏,国家财政几乎完全崩溃。战后重建工作进行得非常缓慢,国内对专制制度的批评日益强烈起来。市民阶级自由派提出建立全国性的立法会议,给予公民自由等要求,随之兴起的农民运动支持自由派立宪的要求,并提出普选权的问题。在德意志民族主义的影响下,加上普鲁士的干涉,石勒苏益格和荷尔斯泰因的局势也动荡起来。1815年,丹麦国王以荷尔斯泰因公国君主的名义加入德意志邦联,而现在这两个地区却要摆脱丹麦国王的统治,因此爆发了1848年起义。面对公众要求宪制改革的呼声,腓特烈七世为了争取民众的支持,阻止德意志统一运动的威胁,同意召集立宪会议,起草一部自由宪法。与此同时,丹麦国王开始与荷尔斯泰因、石勒苏益格公国的战争,以保住这两个公国。1849年6月5日的立宪会议通过和签署了新宪法,腓特烈七世宣布废除君主专制政体,代之以君主立宪制,建立以民族自由党为中心的内阁;成立由上、下两院组成的议会,下院实行普选制,30岁以上的男性成年享有选举权,上院的选举权则有一定的财产限制。新宪法的颁布宣告历时190年的丹麦君主专制政体的结束。

19世纪中叶以后,丹麦的发展进入和平时期,社会经济逐渐复苏,政治体制向议会政治迈进。丹麦是一个世代以农业为主的国家,19世纪以前,农村经济原始落后,农民生活水平低下,与商品经济几乎不发生关系。18世纪末,丹麦将农民的义务劳役制改变为佃赋制,结束了中世纪以来农民对地主的人身依附,为自耕农农场的发展奠定了基础,从而出现了19世纪丹麦农业的飞速发展。石勒苏益格和荷尔斯泰因的丢失对丹麦人是一个极大的打击,疆土的日益缩小与经济发展的停滞不前激发起丹麦人的民族情绪。在"失于外,补于内"的口号下,丹麦人开始改造日德兰半岛上荒芜的泥炭沼泽的垦荒运动。在几十年的时间里,约70万公顷的沙质荒原被垦殖,逐渐变成耕地,大约2.5万个自耕农农场出现在新开垦的土地上,丹麦的农业耕种面积增加33%。19世纪70年代,美洲的廉价玉米向欧洲市场倾销,给丹麦的谷物出口造成很大影响。丹麦无力对抗这种竞争,便寻找其他途径,转而发展优质农产品:一改过去出口活牲畜的做法,进行食品加工,以质量上乘的腌肉、黄油、奶酪、蛋制品在国际市场上竞争。丹麦农业发展中一个不可忽视的因素是丹麦合作社运动的发展。丹麦村社制度在18世纪末已被废除,但古代村社协力合作的传统却是根深蒂固的。农业在向生产肉类和奶制品的加工业转化过程中,合作社运动在组织生产、经营管理方面起了很大的作用。例如,全国各地都建立了合作奶场,农民把牛奶交给当地的合作奶场,合作奶场负责牛奶的批发,控制市场和销售,为农民提供一切利润。到19世纪80年代末期,约有三分之一的农民与合作奶场结合在一起。合作奶场是归农民所有的共同财产,农民可占有不同的股份。19世纪末,丹麦已成为世界上重要的农业国家之一。经济发展,社会安定,在新的社会经济结构基础上,现代政治势力集团开始形成。

第一次世界大战期间,丹麦奉行中立政策。第一次世界大战结束后,经过一年的国际管理，1920年通过公民投票将石勒苏益格北部归还丹麦。20世纪30年代的西方大萧条也波及丹麦，1933年，丹麦失业率达到40%。第二次世界大战爆发前，丹麦没有介入欧洲大陆诸强的纷争，并于1939年与德国签署了互不侵犯条约。1940年4月9日凌晨，德国陆海空军向丹麦发动突然袭击，轰炸机出现在丹麦首都上空；陆军越过边界，长驱直入冲进丹麦，军舰开进哥本哈根港。国王认为丹麦抗德无疑是以卵击石，御前会议于是决定不能做任何抵抗。丹麦遂与德国签订城下之盟，丹麦同意德国占领并使用其军事基地，德国同意尊重丹麦的中立、完整和独立。不屈的丹麦人民不能容忍长期受异族占领者的蹂躏，逃至英国的原保守党党魁默勒拒绝妥协，在伦敦组织了"自由丹麦委员会"。随着德国统治者对丹麦的搜刮越来越变本加厉，丹麦人民的反抗逐步由发泄不满的象征性抵抗转向反抗德国占领军的实际斗争。各种各样的破坏活动从小规模的零散的出击发展到有组织的联合行动，例如炸毁重要的铁路枢纽，使日德兰半岛的铁路网失去作用。共产党领导的"战斗的丹麦"抵抗运动在丹麦各地与侵略者进行直接斗争。地下抵抗组织不仅在丹麦本土活动，还在瑞典成立了一支由5 000人组成的武装力量"丹麦营"。1945年5月初，德国法西斯在全世界人民的打击下土崩瓦解，驻丹麦的德军于5月4日宣布投降。丹麦人民经过五年的奋战，终于迎来了胜利的一天。

尽管丹麦在第二次世界大战中的地位并不十分明确，但是丹麦最终被认为是盟军的一支力量，并且在1945年成为联合国创始国之一。1946年以后，"冷战"的爆发使得丹麦传统的中立原则不再适用。丹麦和挪威在1949年4月作为创始国加入北大西洋公约组织。丹麦从1961年开始对贫穷国家提供发展援助，并且成为世界上向发展中国家提供援助最多的国家之一。1953年，丹麦与冰岛、挪威、瑞典组织北欧理事会，积极发展北欧合作。1972年，丹麦就加入欧洲共同体的抉择举行全民公决，结果是多数公民表示同意加入，因此，丹麦在1973年正式加入欧洲共同体。在第二次世界大战结束之际，几乎所有政党都制定了综合方案，最为全面的是社会民主党制定的包括社会所有领域的福利战略。福利立法是以普遍性原则为基础的，即福利不仅仅是穷苦人们的权利，而且是所有公民的权利，要使所有领域都能受益。福利国家的发展是以迅速的经济增长、劳动力市场和产业结构变革为基础的。农业和工业的劳动生产率显著增长，导致农业部门的农场数量和劳动力人数减少，工业部门迅速发展。从1973年开始，丹麦的经济和对外政策逐步国际化。丹麦通过双边的或者联合国进行的对外援助逐渐增加。《欧洲联盟条约》在1993年5月18日的丹麦全民公决中以56.8%的多数比例被通过。在1999年1月1日欧元问世之际，丹麦选择暂不加入欧元区。2000年9月28日，丹麦就是否加入欧元区进行公民投票表决，53.1%反对，因而否决了丹麦加入欧洲经济货币联盟。

今日的丹麦已经是一个经济高度发达的国家，昔日粗放耕种的农业国已变为农业科技水平和生产效率令世界瞩目的现代化国家。这个以高收入、高消费、高税收为特征的高福利国家，是将保障失业者、病人、老人和残疾人的社会福利明文定于法律之中的国家。

二、宗教奠基的政治秩序

弗朗西斯·福山认为，政治秩序的三个主要方面是国家、法治和负责制政府[①]。国家是指中央集权且有等级分明的组织体系，在领土范围内享有合法的垄断武力，国家应该具有非人格化的特征，即不受制于家族、恩惠等私人关系的限制。法治是一套行为准则，反映社会中的普遍共识，对每个人都具有约束力，包括最强大的政治参与者。如果统治者能够修改法律以利己，即使这条法律对社会中其他人一视同仁，法治便已不复存在。法治通常需要独立自主的司法机构，不受行政部门的干涉。负责制政府指政府关心社会整体的利益而非狭隘的自身利益，负责制既可以是民主的，也可以是专制的，但是不受约束的专制统治者即使关心公共利益也不能保证永远如此。在不同政体中，这三类制度可以彼此独立，也可以有各种组合。但是，只有使得三大制度处于某种平衡状态，才是好的政体。

福山将建立现代政治制度的问题形容为"如何达到丹麦"。这里的"丹麦"是个理想国家的代表，它具有良好政治和经济制度，民主、稳定、热爱和平、繁荣、包容、政治腐败极低。不过，制度的进化需要漫长的时间。其实，很多发达国家的居民，甚至丹麦人本身都不知道丹麦是如何"达到丹麦"的。"建立现代政治制度的斗争，既漫长又痛苦，以致工业国家的居民对自己社会的来龙去脉罹患了历史健忘症。"[②]即使到1500年，丹麦或斯堪的纳维亚地区的其他国家还看不出将会与中世纪晚期的其他欧洲国家有何不同。如果将今日的丹麦一直追

[①] [美]弗朗西斯·福山：《政治秩序的起源：从前人类时代到法国大革命》，毛俊杰译，广西师范大学出版社2014年版，第21页。

[②] 同上书，第20页。

溯到当初定居斯堪的纳维亚的维京人①，你会发现他们除了不骑马，驾长艇远行，很难想象这一掠夺部落如何将自己从来自罗马帝国之后定居欧洲的日耳曼野蛮人中彻底区分出来。丹麦的君主政体具有很古老的血统，从13世纪起变得相对软弱。国王被迫签署宪章，允诺向贵族议会征求咨询，向教会提供特权。像欧洲的其他国家，丹麦的经济仍以农业为基础。丹麦地处波罗的海的入口，邻近汉萨同盟的港口城市，使国际贸易成为其经济发展的重要因素。卡尔马联盟（Kalmar Union）在15世纪中期曾短暂地统一大部分斯堪的纳维亚。联盟解散后，丹麦仍是相当重要的多民族政权，控制挪威、冰岛、说德语的石勒苏益格-荷尔斯泰因地区（Schleswig & Holstein），以及现在的瑞典西部省份。

如果说有一个事件，促使丹麦和斯堪的纳维亚其他地区走上独特发展道路，那就是宗教改革。与欧洲其他地区一样，马丁·路德（Martin Luther）的思想是非常震撼人心的，催化了大众对天主教会的长期不满。在丹麦，短暂内战导致新教徒的胜利，以及1536年路德派丹麦国教的建立②。促成这个结果的，既有道德因素，也有物质因素，丹麦国王视之为攫取教会资产的良机。当时，教会拥有相当多的财富，大约占有丹麦土地的30%。宗教改革在丹麦的持久政治影响是鼓励农民脱盲。路德教会坚信，普通老百姓要与上帝沟通，需要阅读圣经，或至少要读路德教的简易问答集。16世纪，路德教会在丹麦每一座村庄设立学校，让教士向农民传授基本的读写技能。18世纪，丹麦农民已成为教育程度相对较高、日益组织起来的社会阶层③。在16世纪的丹麦，促进社会动员的是宗教。脱盲允许农民改善经济条件，还帮助他们互相交流，并且作为政治行动者组织起来。1760—1792年，丹麦发生了重大的政治革命。开明君主开始逐渐废除农奴制，先在皇家领地，再扩展到所有地主，并且限制地主处罚下人的权力。农民仍然没有选举权，但可以拥有土地，并且能从商。

---

① Gert & Gunnar Svendsen, *Social Capital and the Welfare State*, In Michael Bosseds, *The Nation-Statein Transformation*, Aarhus: 2010.

② Derry T. K., *History of Scandinavia: Norway, Sweden, Denmark, Finland, and Iceland*, University of Minnesota Press, 1979, pp.90-91.

③ Korsgaard O., *The Struggle for the People: Five Hundred Years of Danish History in Short*, Danmarks Pædag ogiske Universitetsforlag, 2008, pp.21-26.

丹麦学者马特·延森(Mette Frisk Jensen)认为,丹麦通过近350多年的时间才逐步建立起防止腐败的政治制度。自1660年丹麦建立绝对君主专制以来,为巩固规则而进行的反腐败斗争一直是丹麦国家建设进程的组成部分。1660—1849年,现有体制框架不断改进,以法治为基础的行政文化得以建立,使得腐败最小化。君主专制国家的建立是通过建立强大而全面的国家等级制度来确保的,最高级别的国王决心保障法治并对臣民施以仁政。国王不仅是国家元首,还是路德教会的世俗领袖,基于路德教会的价值观和制度在国家治理中得到加强。这些因素与1660年后建立的韦伯式官僚机构相结合,有助于遏制丹麦国家行政管理中的腐败。这可能在建立丹麦目前的高水平政府和全球地位方面发挥了关键作用,在打击腐败方面表现最佳[1]。

综上所述,丹麦文化从总体上受到欧洲文化,尤其是基督教文化的深刻影响。虽然丹麦人有源自维京时代的古老传统,但是基督教文化在今天的影响显然要比维京传统大得多。不过,丹麦基于君主立宪的民主政治格局并不是必然的,也有很多偶然的因素。北欧国家间的争霸战争、丹麦内部农民和贵族的斗争,都造成今天丹麦的局面,而在当时,这些变化的结局都未必确定是美好的。尽管如此,在关键时刻,丹麦人总是作出正确的选择,并且君主、贵族、教会在丹麦的历史中都没有发展到极端的情况。丹麦能够"到达丹麦"是多种因素叠加的结果,可能任何单一因素的解释都缺乏说服力,不过以今天的眼光看,基督教新教带来的平民教育的作用不可低估。

三、"丹麦孔子"格隆维

丹麦首都哥本哈根西北方的比斯佩布杰格山(Bispebjerg Hill)有一座著名的格隆维教堂。教堂的外表正面看起来像一架管风琴,质朴简洁。格隆维教堂由丹麦建筑设计师世家克林特家族祖孙三代于1921—1940年修建。这座丹麦国家级教堂是为了纪念一个名叫格隆维的人。

被称为"丹麦孔子"的格隆维(N. F. S. Grundtvig,1783—1872,也译作葛龙维)是丹麦近代史上最有影响力的启蒙思想家、教育改革家、诗人和教士。格隆维出生于牧师家庭,受父亲影响后来也成为一名牧师。格隆维认识到一个民族

---

[1] 参见 https://www.qog.pol.gu.se/digitalAssets/1484/1484053_getting-to-denmark-mette-frisk-jensen.pdf。

的复兴必须开启民智,激活民族精神,必须提高民众的公民素质和道德素质,从而奠定民主社会的基础。因此,他把工作重点放到启蒙上。他以"自由第一,人人平等"的理念创作了大量通俗易懂的民谣和赞美诗,被广泛传唱。1820年,37岁的格隆维创作的一首民谣描述了他对平等社会的美好愿景:"也许别人的山里有更多的矿藏,但在丹麦,即使穷人小屋里,面包也不少,这里没有人拥有太多,也没有人一无所有。"他用诗歌滋养着丹麦,唤醒了丹麦的民族意识;他热情鼓吹的民主、平等和公平教育的思想深刻影响丹麦,更新和铺垫现代丹麦文明的底色。

1844年,格隆维创办了丹麦第一所民众高等学校(folk high school)。格隆维视民众高等学校为农民的"生活学校"。民众高等学校的使命是启蒙,是唤醒民众,是使人民"活"起来,发展学生"成人的心灵",学会"爱自己,爱邻人,爱上帝","使他们能了解人生问题,而乐尽国民天职",从而从农民成为公民。民众高等学校是一种非学历、非职业的教育,没有入学门槛,不设考试限制,可随时入学。学制从一个月到一年不等,主要提供人文教育,而非知识技能教育。学习内容包括丹麦语、历史、社会事务、外交事务、外国语、心理学、音乐欣赏等,不同学校各有侧重,但是明确把历史、母语和唱歌列为核心课程,使农民了解丹麦的历史和文学,接受文明的洗礼。当时,丹麦的教育机构都采用拉丁语授课,格隆维强调学校应该使用丹麦人"活的语言"丹麦语进行教学,通过讨论、讲演等"生活启导"的方式,帮助丹麦人恢复自信,增强凝聚力,保持丹麦的民族身份和特征。他认为,母语是团结国民最有力的凝聚剂,母语才能与同类的灵魂打成一片。而唱歌使个人与他人之间得到最高的和谐。他相信,美妙的诗歌只有传唱于学校,才能对国民生活有所帮助。格隆维说,必须征服生活,不仅从物质上,而且从精神上都要征服它。民众高等学校的教师应该是北欧民族,乃至全人类创造的优秀文化的积淀者,在他的学生身上浇灌出征服生活的艺术之花,开遍世界。对于青年教师关于"我应该干什么"的提问,民众高等学校导师的答案是:"去找25个关于生活的好故事,记住它们,再讲述它们。然后,你的学生就会彻底改造世界。"因此,北欧神话、宗教、传说和民歌这些关于命运、爱情、死亡等一切事情的故事,都是民众高等学校宝贵的教育资源。在漫长的冬季,民众高等学校把无聊的农民组织起来,大家聚集在一起讨论交流,学习唱歌,老师为大家读诗。农民要学会唱歌、讲故事,也学习做奶酪,学习农业技术,学会生活,热爱生活。格隆维对农民学员说:"我不是要改变你,只是为你点亮一盏灯。你有你的生活经验,你是与众不同的人。学校只是一个分享经验的地方。学校的作用,是帮助个体完善自己。"

民众高等学校的一个积极后果就是,"活"起来的农民开始自主组织合作社,建立与土地和财产无关的、一人一票的选举制度,成为丹麦建立民主制度的重要实践。他们认识到,民主不仅仅是一种权利,而且是一种生活方式:学习,讨论,聆听,协商,作出决定。到1864年,丹麦共成立11所民众高等学校。1864年之后,学校地位得到法律的认可,办学经费由政府资助,民众高等学校得到快速发展。到1892年,丹麦的民众高等学校发展到75所。同年,丹麦颁布教育改革法,民众高等学校正式成为丹麦学制的重要组成部分。第二次世界大战前,丹麦约有三分之一的农村和城镇居民进入这类学校学习。这一教育模式重塑了丹麦社会。民主、平等、责任、诚实、尊重、博爱、自由、自信、创造、勤劳、法制、思辨、规则这些概念,逐渐成为现代丹麦人的社会文化基因,成为丹麦社会完好运行的关键。

格隆维的民众教育、乡村教育思想在20世纪二三十年代曾经传播到中国,梁漱溟、晏阳初等都深受影响。梁漱溟说:"我因忖思中国经济问题的解决,而注意到农业与农民的合作;因留心农业与农民合作的事,而注意到丹麦这个国家,并听得丹麦农业之发达、合作之隆盛,皆以其教育为原动力。"他赞誉"丹麦民众高等学校不是任何科学的教育理论的产物,亦不与任何严密的教育制度相关。它只是丹麦园地里生长出来的花果。创造它的理想者,不是什么大学教授,而是一个思想的先觉,一个了解丹麦民族精神,而远瞩到民族启明运动的领袖"。梁漱溟认同格隆维对教师"先进文化的传承者"和"民主自由斗士"的定义,认识到丹麦教育正是通过少数具有优秀品质的人去感召、唤醒多数人的过程。他秉持儒家家国天下的情怀,身体力行地感召知识分子下乡,在中国农村开展乡村建设。在两个不同的时空,格隆维的民众教育实践与梁漱溟的乡村建设的使命不谋而合。梁漱溟同样相信社会问题的核心是文化问题,需要通过教育解决文化失调,使社会和个人在教化中获得良性发展。

格隆维只是丹麦历史上的杰出人物之一,他把基督教新教的理念和教育相结合,在农民中发展和传承丹麦文化,对于塑造丹麦独特的价值观和生活方式起到了潜移默化且非常关键的作用。

四、高度信任的价值体系

丹麦几乎在每一次全球幸福国家排行榜中位居前列。为什么有着恶劣气候的小国丹麦能够成为如此幸福的国家？丹麦外交部主办的国家官方网站上是这么回答的：信任、团结和福利制度。丹麦拥有极高水平的社会信任度。人们相互信任，并且信任政府机构、王室、医疗系统和警察。在商业环境中，信任更是不可缺少的一部分。丹麦人普遍将彼此视为诚实的人。极高的信任度让丹麦人愿意支付世界上最高的税收去实施惠及全民的社会福利制度。在丹麦，医疗是免费的，教育是免费的。丹麦人的理念是，每个人都应该为国家作出贡献，而国家要为每个人提供良好的福利。信任和团结的价值观深深嵌入丹麦的文化与社会的底层，并且有着悠久的历史根源。

信任是丹麦价值观的核心。丹麦人有一种天然的假设，即他人都是值得信任的，直到发现他不值得信任为止。因此，丹麦人不仅信任自己的朋友和家人，还信任遇到的每一个陌生人。正是这种信任让丹麦人对政府、官员、警察都非常信任。信任对个体而言来自早期的教育和社会环境，而这种社会环境则来自历史。相比欧洲大陆其他地区，北欧历史上虽然战争也不断，但是很少有极具破坏性的战争和血腥的革命，这有助于形成稳定的政府和开明的政治环境。信任已经成为丹麦巨大的隐性资源，它意味着更少的社会冲突和纷争，人们能够和谐相处，幸福和安全得到有效保障。信任也使得包括丹麦在内的北欧国家在志愿服务工作上有更好的表现。丹麦的各种志愿组织始终是社会民主进程的一部分，体育组织、各种协会、园艺组织等都帮助人们实践民主生活，这对于建构良好社会发挥了重要作用。

有了信任作为基础，其他诸如团结、进取、勤奋等价值观自然也就形成了。学者陈照雄认为，"丹麦人具有维京人之血统，充满冒险犯难、独立、进取与奋进之精神"[1]。杨东平认为，丹麦海盗精神所蕴含的勇于创造和打破常规，与丹麦人的认真勤奋相结合，形成了重视质量和品质，不喜欢与别人比较、低调、内敛的性格，一种乐天知命、"抱团自爱"的国民心态[2]。创新作为一种精神已经深入丹麦人的血液，而丹麦人也将这种精神追溯到维京时代。在维京时代，丹麦人就十分注重创新。维京人是出色的发明家和工程师。实用的战斧、适合远航的坚固的船舶、精致的发梳和适合携带的帐篷等，维京人突破材料的限制，创造了一系列令人惊叹的发明。

---

[1] 陈照雄：《丹麦教育制度：鼓励创新、奋进与独立的文化》，台北心理出版社 2005 年版，第 150 页。
[2] 杨东平：《格隆维和丹麦教育的现代化》，搜狐网教育频道，http://www.sohu.com/a/239683406_100928，最后浏览日期：2019 年 12 月 20 日。

丹麦人不断追求美好生活的性格使得丹麦在文学和艺术上取得了巨大的成就。丹麦充满艺术氛围的生活方式让身居其中的人们感受到温暖与舒适。也许丹麦的气候不太好,但是高度信任的人际关系和高品质的生活让丹麦人得到补偿,这也成为丹麦创新和绿色发展的重要力量。

第二节 丹麦教育理念的传承和优化

不到600万人口的丹麦已经有13位诺贝尔奖获得者。量子力学奠基人尼尔斯·玻尔、电流磁效应发现者奥斯特、第一个发现并测定光速的奥勒·罗默、第一台磁性录音机发明者波尔森、发现原子核结构理论的本·莫特森等都是丹麦人,玻尔创办的理论物理研究所让哥本哈根成为世界物理学研究的圣地。在历年欧盟公布的成员国综合创新能力报告中,丹麦始终位居前列。丹麦教育体系究竟有什么魔力,能够培养这么多创新人才呢?

一、丹麦教育体系形成发展概况

丹麦重视教育的传统历史悠久。16世纪,政府和教会合作建立起较为完善的教育体系。农村地区的教育基本上由教会负责,牧师担任教师,教堂也是学习场所,城镇则有政府设立的学校进行教育。丹麦人很早就有义务教育(强制教育)的观念,家长有责任让孩子接受教育,虽然未必要去学校。1708年,穷人救济法规定农村必须设立学校,此后,丹麦在全国建立240所学校。1814年,丹麦正式确立6—7岁以上儿童必须接受七年义务教育的原则,成为世界上最早实施义务教育制度的国家之一。义务教育原则的确立进一步促进基础教育的发展,小学在全国各地,尤其是农村地区广泛设立,资金来源也有了可靠保障,除了当地居民的捐赠,国家也开始进行补贴。丹麦并不限制私人办学,这使得私立学校也得到较好发展。私立学校在丹麦并不意味着昂贵。19世纪中期,农村地区的很多私立学校也是免费的。1903年,丹麦对学制进行改革,重点是中等教育。

第二次世界大战后,丹麦教育进入迅速发展阶段。小学和初中教育在1958年进行根本性的变革。为了满足社会发展的需求,职业教育和高等教育体系开始进一步发展。1972年,丹麦将义务教育的时间从7年延长至9年。针对后义务教育阶段的学生,政府提供教育资助,年满18周岁的丹麦公民只要通过考试就可以获得资助。丹麦能在战后几十年中从一个不甚发达的农业国变为一个拥有高科技水平的工业国,重要原因之一就是大力发展普及性教育,建立了一个完整、协调、灵活的教育制度,形成了一种鼓励创新、奋进与独立的教育文化[①]。丹麦完善的创新和教育体系是它在资源禀赋稀缺条件下能够保持高收入和高福利水平,并且实现高度工业化的关键。

近年来,丹麦连续多年教育经费投入在 GDP 中占比超过 7%[②]。丹麦的教育体系大体上可以划分为学前教育(6 岁以前)、基础教育(6—15 岁,1—10 年级一贯制,包括小学和初中)、高中教育(15—18 岁,10—12 年级)和高等教育(13—20 年级)四个阶段。从高中起,学校就分为普通高中和职业教育两类。高等教育阶段主要有大专、本科、硕士、博士等阶段。此外,丹麦还设有完善的继续教育体系。从高中开始,丹麦的教育体系就充分展现了灵活多元的特色[③]。

丹麦的学前教育受到政府的高度重视。1999 年,丹麦发布《社会服务法案》来规范和引导学前教育,规定学前教育阶段的经费全部由政府承担。自 2008 年起,丹麦将学前教育也纳入义务教育范围。《社会服务法案》特别重视激发幼儿的发展潜力,强调关注儿童的特殊需求,注重儿童发展过程中个体间与阶段间的差异。学前教育机构与家长共同为儿童提供适宜的教育环境和参与各类活动的机会,培养儿童的自尊,激发儿童的想象力、创造力和语言能力,促进儿童全面发展;鼓励儿童积极参加与自己相关事务的决策过程,培养儿童的独立性与社交能力;同时,让儿童能够理解文化与自然的价值[④]。丹麦的学前教育不强调儿童的读写能力,而是重视儿童听说能力的培养。学前教育没有正式的班级和课程,主要通过游戏及其他活动培养儿童的群体意识,锻炼儿童的观察和实践能力,帮助儿童更好地适应学校环境[⑤]。

丹麦的基础教育由丹麦儿童和教育部负责。2002 年,丹麦发布《更好的教育》,把"办出世界上最优质教育"确立为目标,这标志着丹麦新一轮教育改革开

---

① 陈照雄:《丹麦教育制度:鼓励创新、奋进与独立的文化》,台北心理出版社 2005 年版。
② 参见 http://data.uis.unesco.org。
③ 潘思劭:《丹麦教育制度之探讨》,《网路社会学通讯》2007 年第 67 期。
④ 张国平:《瑞典、芬兰、丹麦三国学前教育目标比较研究》,《当代学前教育》2010 年第 6 期。
⑤ 高润、崔映芬:《北欧五国学前教育体系及对我国的启示》,《教育与教学研究》2011 年第 8 期。

始。2010年，丹麦发布《学校改革方案》，以实现丹麦教育质量全球排名前五为目标。2012年，丹麦推出"新北欧学校"项目，吸引北欧各国参与，致力于共同提高每个学生的知识技能水平。2013年，发布《使优质学校更好——丹麦公立学校标准改进方案》。这些措施在改变课程设置、提高学校教育质量、提高教师与学校管理人员专业能力、进一步明确公立学校发展目标等方面进行了大胆改革[①]。公立学校在丹麦基础教育体系中占据主导地位。学校一般设有1年的学前班、9年的小学和初中教育，以及可以自选的10年级课程。学校致力于通过家校合作为学生提供获取知识和技能的机会，激发学生的学习兴趣、创造力，并且帮助他们树立自信心，增加学生对丹麦文化的认同及对其他文化的认知，促使学生负责任地参与社会活动并深入了解他们的权利和义务，发展学生的社交能力和辩证思维，为学生接受更高层次的教育和成为具有社会竞争力的公民奠定基础。丹麦的基础教育实行十年一贯制，采取小班教学，班级人数在20人左右。升级不需要考试，毕业时，学生可以自愿选择是否参加考试。中小学的基本课程包括丹麦语、初等数学、历史、地理、生物、音乐、体育、艺术和宗教。六年级开始设自然科学和外语（英语），准备进入高中学习的学生可以在九年级选读第二外语（德语）和高等数学。除了各种基本课程以外，还必须进行各种主题教育课程，如交通安全、健康教育、性教育和家庭研究等；初中必须为学生提供多种选修课程，如摄影、电影、戏剧等。地方政府对中学办学负责，但是学校自身拥有很大的自主权。一般每个学校都设有一个管理委员会，成员大多数是学生家长代表，还包括教师、学生和校长。管理委员会负责决定学校的所有事务，校长对行政事务负责，教师对课程教学内容和方法拥有较大的自由。

丹麦的高中教育属于后义务教育阶段的教育，主要由普通高中和职业教育构成。普通高中学生毕业时将接受四类考试，不同种类的高中提供相应的教育项目，其中，文法高中主要培养未来应对普通高等教育考试的学生，商业学院对应的是高等商业考试，技术学院对应高等技术考试，高等教育准备考试由文法学校或成人教育中心提供。高中学生通过相应的考试后，可选择大学、商学院和技术院校等的高等教育。如果初中毕业的学生不想选择普通高中，丹麦提供多元化、多层级的职业教育体系，可为受教育者提供100多种不同的职业教育，确保

---

① 姜峰、袁梨清：《提高公立学校教育质量完善中小学教育体系——〈丹麦公立学校标准改进方案〉述评》，《世界教育信息》2016年第18期。

每个年轻人都能够适应劳动力市场并找到适合自己的职业。职业教育和培训根据学生的实际水平与教育背景制定不同的学习项目,并且充分考虑学生的就业和求学意愿。为实现青年教育(包括普通高中和职业教育培训,针对25岁以下市民)普及率达到90%的目标,丹麦于2019年起推行免费的职业教育和培训准备基本教育项目,增强青年在专业化、人际交往、品格特质等方面的表现,使他们能够进一步接受高层次的职业教育和培训。

丹麦的高等教育系统采用"博洛尼亚框架",即统一的欧洲高等教育学分体系——欧洲学分转换系统划分高等教育学位等级。丹麦高校一般也是免费的,提供奖学金、助学金和学生贷款。只有通过中学毕业考试、大学入学考试或高等商业考试及高等技术考试才能接受高等教育,入学的名额有一定限制。高等教育分为短期、中期和长期课程,学制一般为少于3年、3—4年和超过4年。短期的高等教育课程包括培训实验室技术人员、市场经济管理人员和计算机专家等。中期的高等教育课程提供可以获得文学学士或理学学士的课程,包括培养记者、教师、图书馆员和护士等。长期的高等教育课程包括可以获得相当于文学硕士或理学硕士的课程,包括艺术、社会研究、自然科学、医学、食品科学、科学技术、神学、企业经济学等领域。作为获得硕士学位的课程的补充,需要再经过三年的研究培训以获得博士学位。丹麦教育部设立了五个顾问委员会来保证高等教育政策的协调执行,主要有人文学科国家顾问委员会、健康教育国家顾问委员会、自然科学国家顾问委员会、技术国家顾问委员会和社会科学国家顾问委员会。丹麦高等教育财政由国家负担,但各院校有权通过提供特殊课程的教学来创收。

丹麦有着倡导终身教育的悠久历史。统计资料显示,丹麦25—64岁的成年人中有三分之一都接受各种形式的继续教育,例如由公共机构或雇佣单位开设的技能培训、个人参加的能力建设课程等。丹麦的成人教育体系也在不断完善,使成人在实践中不断加强自身知识和技能储备的同时,也可以有接受更高层次教育的机会。

二、丹麦基础教育的创新性思维

中国著名的教育专家、21世纪教育研究院院长杨东平2018年访问了丹麦,考察丹麦的学前教育和基础教育。在访问报告中,他发出感叹:"衣食无忧,做自己最喜欢、最擅长的事,内心愉悦而幸福,创造力能不喷涌爆棚吗?那是为稻粱谋或者用鞭子抽着赶着的状态能比较的吗？"①这与丹麦人自己的观点是一致的，他们如此描述他们的DNA：从小时候起，丹麦人就被告知质疑传统智慧并鼓励他们提出更好的东西，这使创新和企业家精神成为丹麦DNA的自然组成部分。

杨东平认为，丹麦的创新世界领先，基础教育起了重要的作用。他总结了三点重要的原因。

第一是教育公平。教育公平对社会公平、经济增长、科技进步具有奠基性作用和长远意义。丹麦是世界上普及基础教育最早的国家之一，1814年就宣布实行七年义务教育；1973年起，实施九年免费的义务教育。就创新人才和创造力培养而言，普及教育就是营造每一个人可以生长发展的丰厚土壤，用陶行知的话说，就是"不至于埋没那些散落在民间的瓦特、爱迪生"。对每一个学生的尊重，善待每一个学生，直抵现代教育的真谛。在丹麦，有一种非常理想化的教育实现方式，即教育的化境：一种不竞争、不比较、低控制、低评价的教育，一种自由宽松、自然生长的教育。在丹麦的幼儿园，几乎没有什么像样的课程，除了玩还是玩。通过游戏、活动和玩乐来保护与涵养儿童的身体和心智，不用过早的知识教育透支儿童的智力。小学同样是轻松快乐低难度的。丹麦的小学除了语文、数学、科学、音乐、体育、美术等基本课程，还有视觉艺术、宗教（多元文化教育）等课程，而且十分重视培养动手能力。烹饪课、手工课、缝纫课、木工课贯穿小学的各个年级。丹麦小学的课外作业很少，通常是阅读20分钟课外书籍之类。六年级的学生每天有半小时的作业。教学难度相对也较低，小学五年级的数学课本，内容是三位数的加减法和乘法口诀。

第二是教育评价机制。丹麦的基础教育是低评价，甚至不评价的教育，完全不用竞争、考试、排名来评价和压迫儿童。没有三好学生，没有比较和标签，在九年级之前几乎没有考试——其实不是真的没有，只不过学生感受不到。小学生的"成绩单"没有分数，没有排名，也没有老师评语，而是由孩子自己完成。四个格子分别填写自己"最喜欢的事情"、"最讨厌的事情"、"最擅长的事情"和"最希望学的事情"。九年级、十年级的科目考试，包括书面的和口头的，采用七年级评分制。丹麦的家长从不将孩子与别人比较，认为孩子的自由成长、个性发展才是最重要的。

---

① 杨东平：《社会高度公平的丹麦，为何没有出现"懒人"横行的弊病？他们的创造力从哪里来？》，搜狐网教育频道，http://www.sohu.com/a/235771452_100928，最后浏览日期：2019年12月20日。

当然，丹麦也没有让家长心惊肉跳的"家校通"，天天通报比较孩子的不同表现。

第三是在公平和宽松的环境下，学生对学习有着强烈的兴趣和爱好。丹麦的教育建立了一种兴趣至上、充分选择、有利于学生个性发展的制度。例如，小学六年级的第一次"分流"有三个选择领域：语言和文化，我们了解世界；自然与科学，我们探索世界；表达，我们推动世界。学校会组织学生到不同方向相关的工作环境参观，与家长一起结合孩子的具体情况讲解和讨论，最终让孩子自己作出选择。学生可以选取两个方向体验数周后再加以确认。九年义务教育之后，可以直接读高中，也可以直接就业。丹麦人不迷信文凭，初中后选择上高中的不足 50%，更多学生选择去职业学校或从事自己喜欢的工作。学生还可以选择读 10 年级。10 年级是丹麦教育的特殊之处，是非强制性的，为有选择困扰的学生提供一个过渡期，帮助他们自我调整，寻找自己的兴趣方向。大约有一半的学生会选择上 10 年级。此外，丹麦还有一种专门针对 8—10 年级学生的寄宿学校，课程的重点通常是社会学、体育、音乐、自然或生态等。处于青春期的学生，未进入社会却难以与家长沟通，寄宿学校成为一个"庇护所"，让他们第一次离开父母与同龄人生活，在朋友之间充分沟通，加上老师的引导，帮助学生顺利地面对青春期。

这三个因素的结合使得丹麦的基础教育培养了很强的创新意识。杨东平认为，这"就是一个热爱手艺的木匠，能够打造出乐高这样的国际大品牌的原因"。

三、丹麦职业教育和终身教育的理念

在丹麦人的观念中，接受高等教育和职业教育并没有什么高低贵贱之分，按照自己的能力和兴趣选择职业是丹麦人的基本理念。丹麦的高福利政策，使得不同工作之间的薪水差距缩小，丹麦的高就业率也使得不同工作之间并没有那么大的差异。在这种情况下，丹麦学生能够真正按照自己的天赋、才能和爱好选择工作。因此，即使政府提供几乎全免费的教育，但是超过一半的丹麦学生并不会选择读大学，更多人选择面向工作岗位的培训。

职业教育和终身教育的理念对丹麦的创新与发展具有举足轻重的影响，它为丹麦源源不断地提供高质量的劳动人才。丹麦前教育部部长哈尔德认为，丹麦教育最成功之处就在于职业教育[1]。丹麦每年大约有 150 万人参加职业培训

---

[1] 《财经》记者马国川：《丹麦为什么会成为"成功国家"？|专访资深政治家贝特尔·哈尔德》，每日头条网，https://kknews.cc/world/66k9vxp.html，最后浏览日期：2019 年 12 月 20 日。

或成人综合教育课程学习,国家通过成人教育资助和成人教育基金等不同的资助框架对成人教育给予资金支持。

职业教育的基石是技术学校的理论知识与企业中的实际培训相结合。职业教育的课程一般为3—4年,其中,约三分之一的时间是在企业中实践。在校上课期间,学生也要经常到基层劳动。学生接受基础职业教育后有机会接受进一步的技术或商业教育。高等商业考核课程或高等技术考核课程考试合格者,有资格进入高等学府深造。

丹麦的成人培训和职业教育一样,也以劳动力市场的需求为目标。30年来,成人职业培训大约完成了1 800项不同的教育计划,其中,600项是针对半熟练工人的,1 200项是对熟练工人进行再培训。这些计划涉及范围十分广泛,而且具有现代化水准。丹麦的就业者已经完全意识到连续不断地提高自我能力的重要性,他们对参与成人职业培训表现出极大的兴趣。目前,每年参加职业培训者已占丹麦劳动力的5%,在某些部门达到15%—20%。成人职业培训主要有三项内容,即半熟练工人培训、熟练工人再培训和职业介绍课程。课程的中心是短期独立操作,合格者领取结业证书,既可以证明自己的职业能力,也可以寻找新的就业机会。成人教育使社会、企业、个人三方面都可以得利。

四、丹麦高校与企业的合作创新

高等院校在丹麦的创新和可持续发展事业中,具有重要的支持作用。在政府部门的协调和推动下,大学与公共研究机构、私人企业的研究部门紧密协作,有力地推动丹麦的创新和可持续发展。

丹麦学者伦德瓦尔(B.A. Lundvall)在20世纪末期通过考察用户与厂商间的交互作用拓展了国家创新体系的概念,成为学习型国家创新体系理论的代表学者。伦德瓦尔认为,建立并加强科技创新与经济增长之间的联结,离不开个人、机构内和机构间的学习,在重视科研基础设施建设的同时,强调对劳动力市场、教育和就业等机制的完善,这对于当今以知识经济为主导的全球化社会尤为重要[①]。为进一步加强教育和产业发展的联结,将知识与科技转化为生产力,丹麦政府发布了一系列举措加强私营企业等关键创新主体在市场,甚至是教育中的重要作用,私人部门可通过多种渠道参与国家政策规划、实施评估、学校发展

---

① 参见 http://wcw.globelicsacademy.org/2011_pdf/Lundvall_(post%20scriptum)。

战略制定、创新环境培育等重要环节①。为充分发挥高等教育对创新供给的关键作用,2011 年,丹麦高等教育部与科学、技术和创新部合并,成立丹麦科学、创新和高等教育部,并于 2016 年改革重组为现在的高等教育和科学部,通过完善创业教育、设立产业博士、建立科技园(位于高校和科研机构附近,充当创新孵化器的角色)等举措加强教育和创新产业的关联。

在三螺旋创新模型中,创新主体是大学、企业和政府。三螺旋创新模型描绘了三者间的网络连接关系,更说明了每一个创新主体本质角色的转变。大学从早期以教学为主,是人力资源培训及知识生产的主要场所,转变为知识创新的主体,是创新系统资源共享的关键因素;企业是技术创新的主体,企业反映市场需求,与大学密切互动,增进技术研究与科学研究的整合;政府是公共服务创新的主体,政府通过协调创新知识互动过程的冲突与需求,刺激知识互动网络的产生,提供区域发展资金及政策环境等。在丹麦,大学在国家创新系统中的地位和作用越来越得到重视。

例如,丹麦是全球风电产业的创新和开发中心。丹麦风电产业有 350 多家企业,涵盖整个产业链,企业之间、企业和大学及研究机构等之间紧密合作,形成产业集群。丹麦风电产业集群内有超过 25 000 名受过良好教育、专业技能精湛、流动性强的从业人员,形成共享的人力资源市场;产业集群内聚集了全球各地风电产业研发工作的核心部分,提供从研究、开发,到生产、组装,到运营和维护的端对端的解决方案,促进技术、知识的交流与共享,引致更多创新出现;产业集群内一流的测试设施和全面的企业、研究机构与政府研究项目的网络,共同营造了一个无与伦比的创新型研发环境。在丹麦风电产业集群创新的过程中,丹麦技术大学、奥胡斯大学和 RISO 国家实验室等科研机构通过与政府机构合作建立研发中心,给予创新大力支持。首先,大学、科研机构培养了风电产业集群发展的亟须人才,为创新储备了人才资源;其次,创新是一个互动学习过程,大学、科研机构和政府的交流合作,可以促进知识的共享与转移,提高创新效率;再次,大学、科研机构促进了丹麦风电产业的国际化发展,丹麦大学和科研机构知识交流与学习的国际化特色,也促进了产业的国际化发展②。

---

① 王溯:《基于公-私部门互动机制的丹麦国家创新体系》,《科技管理研究》2018 年第 6 期。
② 方文超、马怀礼:《三螺旋互动创新与产业集群升级研究——以丹麦风电产业为例》,《现代经济探讨》2013 年第 6 期。

五、丹麦卓有成效的绿色教育

丹佛斯中国区副总裁车巍认为,在丹麦的绿色转型之路上,系统有效的绿色教育起到了重要的作用。中国驻丹麦前大使甄建国也认为,"丹麦是一个小国,四万平方千米,没有很多自然资源,它的资源就是海、人、农业和教育。丹麦人有一种危机感,丹麦如何发展,如何生存?必须走自己的路,必须得靠教育来提高公众的素质,加以创新来发展。同时,要保护他们仅有的海洋、资源"①。

能源危机的爆发让每一个丹麦人反思自己的生活方式,举国上下都在思考如何实现绿色转型。在观念转变方面,平民教育体系发挥了重要作用。平民教育通过创造全民精神"正能量"而达到物质"正能源",从而完成向着更以人为本、更尊重自然的良性循环发展模式的"绿色升级"。丹麦人不断反思,从最初对国家能源安全的焦虑,进而深入可持续发展及人类未来生存环境的层级,观照自然环境、经济增长、财政分配等诸多综合因素,据此勾勒出丹麦的绿色发展战略,绘制出实现美好愿景的路线图,并且贯彻到国民教育中,使其成为丹麦人生活方式和思维方式的一部分。

丹麦政府和各类民间环保机构十分重视对公众节能环保意识的培养和全民参与积极性的调动。例如,森讷堡市开展了"零碳示范家庭"活动。自2009年以来,有100户"零碳示范家庭"把应对气候变化的节能减排解决方案引入家庭日常生活之中。仅不到一年的时间,这些家庭的用电量就减少30%,水消耗减少50%。

在绿色转型过程中,这种因全民教育而形成的全民参与,保证了政府在气候变化及可持续发展政策和立法的连贯性与一致性。在丹麦,政治家们不谈环保,可能就不能当选;哪个政党不谈低碳环保,肯定会输给其他政党。一定要把环境作为一个政治议题来看待。

第三节 丹麦企业文化的特色和优势

丹麦人自古以来就习惯于经商,这主要得益于丹麦独特的地理位置。丹麦

---

① 张海鹏、吴昊、张敬尧等:《中国驻丹麦前大使:"童话王国"书写环保传奇》,《世界环境》2015年第5期。

位于波罗的海和北海的出口处,被称为"西北欧桥梁"。丹麦向北是斯堪的纳维亚半岛,向南是德国,向西是英国,向东是俄罗斯和波兰。丹麦首都哥本哈根在丹麦语中的意思是商人的港口,它特殊的位置使得它成为北欧的交通枢纽。不过,虽然丹麦的贸易历史悠久,但是工业化进程却是在19世纪后半期起步的,此前,丹麦一直是传统的农业国。虽然工业化起步较晚,但是发展迅速。目前,以制造业为主的丹麦工业已经非常发达,工业产值约为农业产值的五倍,工业产品60%以上供出口,占出口总额的75%。主要工业部门有:食品加工、机械制造、石油开采、风力发电、造船、水泥、建筑、电子、化工、冶金、医药、家具、造纸和印刷设备等。丹麦的桥梁建设、医疗器械、船用主机、水泥设备、环保设备、光通信、音响、助听器、啤酒、酶制剂、胰岛素等技术和产品在世界上享有盛誉。丹麦造船技术先进,能生产世界上最大型的超级油轮。目前,世界海上航行船舶的主机多是由丹麦制造或用丹麦专利生产。丹麦工业企业的主要特点是以中小企业为主,创新研发能力强,不少技术世界领先。丹麦企业文化在企业发展中起到了重要的作用。

一、丹麦企业的文化内核:信任、创新和责任感

丹麦企业普遍具有的文化特质是专一、以人为本和公益精神。专一指的是对产品和服务的专注精神。很多丹麦企业都选择自己最擅长的领域、产品和服务来精细化发展,很少有企业在强大后兼营房地产和金融,放弃自己主营产品和业务的更少。以人为本主要体现在对待雇员方面,也扩大到对企业所辖的社区、市镇或者国家。丹麦企业并非因为政府的制度规定或害怕有惩罚性的措施才关心企业员工的利益,它们往往是发自内心地从员工的角度来为他们提供各种培训、晋升机会。绝大多数企业的员工都信任企业,工作的积极性很高,创新的活力很充沛。公益精神尤其在环保、可持续发展方面得到充分体现。丹麦企业把可持续发展当作一种机会,是研发新产品的创新之源。丹麦企业在全球可持续发展方面遥遥领先,在各行各业都提供了极佳的绿色解决方案。

丹麦的企业文化和其他国家的企业文化有显著的不同点。它表现在企业文化的主要作用并不是在费力引导员工对企业的忠诚和奉献,也不在于为了管理涣散的团队以便维护生产力。丹麦企业文化的整体层次更具理想性和责任性,它的目标不仅是企业,还有社区、国家和全球。为丹麦企业文化奠基的还是丹麦社会浓厚的信任氛围。

信任作为一种价值观，是一个共同体文化的重要组成部分。在一个有规律的、诚信的、相互合作的共同体内部，成员会基于共同认可的准则，对于其他成员有所期望，这种期望就是信任。信任是一种社会资本，对于社会的工业经济有着本质的影响。如果在同一行业中工作的人因为共同遵守的道德准则体系而相互信任，那么商业成本就要小很多，这种社会更能够在组织结构上实现创新，因为高度信任使各种社会关系得以形成。相反，对于不信任的人群只能通过正式的规则和规范进行合作，通过谈判、同意、诉讼、强制执行来达成合作。这一套措施不过是信任的替代品，经济学家称为"交易成本"。这种普遍不信任等于给各种经济行为增加了一种税①。

信任是丹麦国家核心价值观的一部分。它同样表现在丹麦的企业文化中，为丹麦企业的团结、创新提供基本的价值预设，让丹麦的企业文化不再致力于用设计好的口号来鼓舞和团结员工，企业管理者与员工之间的高度信任使得丹麦企业能够将企业文化的真正价值发挥出来，在创新和绿色发展方面取得骄人的成绩。

二、丹麦家族企业的传承：以基金会为核心的制度文化

丹麦企业的一个特点是中小企业多，家族企业多。在丹麦，延续百年以上的家族企业很常见。有调查显示，67%的家族企业领导认为，是家族企业的领导模式让企业渡过一个个难关并传承下去。家族财富持续传承有几个必要因素：一是基于家族背景的强烈的企业文化；二是家族成员的相互了解、信任和团结；三是对企业未来有着高度的责任感和热忱。在家族成员的共同努力下，企业会形成明确清晰的家庭价值观。这些价值观的主要内容包括对企业管理和产品质量、员工关怀、企业远景、客户关系等方面的处理原则。家族企业的传承并非取决于有无子女继承，而是要妥善处理好人与钱的问题②。丹麦企业的家族传承通过企业基金会制度很好地解决了家族企业传承中的难题。

企业基金会在丹麦企业的发展中作用重大，对于企业长期传承有着关键影响。

---

① ［美］弗朗西斯·福山：《信任：社会美德与创造经济繁荣》，郭华译，广西师范大学出版社 2016 年版，第 30 页。

② 金鹊财富：《传承的力量：欧洲顶级富豪何以富过五代？》，金鹊财富网，http://jqcaifu.com/news259/shownews_cn_575.html，最后浏览日期：2019 年 12 月 20 日。

嘉士伯(Carlsberg)啤酒集团创建于1847年，总部位于丹麦哥本哈根，嘉士伯是该公司主要的啤酒品牌。经过160多年的发展，嘉士伯列居当今世界第四大啤酒集团，在全球25个国家拥有75个生产基地，业务遍布150多个国家。嘉士伯是唯一一家由家族基金会管理的全球性啤酒集团。从1876年至今，嘉士伯集团在家族基金会的治理结构模式下运行了143年。1847年11月10日，丹麦啤酒商J.C.雅各布森在哥本哈根郊区建立了一家啤酒厂，以自己儿子的名字命名为嘉士伯牌啤酒。1876年，J.C.雅各布森设立嘉士伯基金会，将其公司"捐给"嘉士伯基金会。从那时起，嘉士伯集团便开始由基金会管理。直到1976年之前，嘉士伯基金会一直是嘉士伯集团的唯一股东。1976年，嘉士伯集团并购丹麦乐宝啤酒集团，并且成功上市，乐宝成为嘉士伯的第二大股东。不过，嘉士伯基金会仍然是嘉士伯集团最大的股东，拥有30.3%的可转换股份和75%的投票权。

嘉士伯在第四代家族继承人接管公司领导权时，结束了家族成员对公司的日常监控和管理，改由外部经理人管理公司。如今的嘉士伯集团虽然由职业经理人掌权，但嘉士伯家族的成员仍然拥有董事会75%的投票权和集团30%的股本，对于集团运作有重大决策权。原则上，嘉士伯家族的成员有一条底线：坚决不出售嘉士伯集团。其他时候，他们都会听从CEO等管理层的意见。目前，嘉士伯集团由一个全球性的酿酒集团、三个基金会（嘉士伯基金会、新嘉士伯基金会和乐宝基金会）、两个国际知名的博物馆（位于菲德烈堡宫的国家历史博物馆和新嘉士伯艺术博物馆）和一个开拓性的国际研究实验室嘉士伯实验室组成。

嘉士伯基金会至今已持续运行143年，实现了发起人的慈善目的，同时保证企业股权集中，让企业得以传承。J.C.雅各布森坚信"啤酒酿造由全国最卓越的精英带领，嘉士伯的未来发展一定会一帆风顺"。在集团创立之初，他便要求基金会一定要由丹麦皇家科学院的五位科学家来担任董事。这五位董事中，三位来自自然科学领域，两位来自人文科学领域，至今依然保持这种架构。这种多元化的董事会成员构成，使得嘉士伯集团始终具有很强的创新精神。虽然是基金会管理，但嘉士伯其实跟现代企业的管理架构没有太大区别，也有董事会、监事会，还要确保公司的管理层各司其职。董事会决定CEO的任命，CEO组建的管理团队都需要由董事会来表决。监事会则负责对公司进行监管，保证公司年度预算的合理性。嘉士伯基金会与其他企业的唯一区别是，嘉士伯基金会董事长同时兼任嘉士伯集团监事会主席，这是一个非执行的职位。在嘉士伯集团中，董事会有三分之一是科学家,三分之一是与嘉士伯无关的商界成功人士,三分之一是嘉士伯集团的高级管理层,这种董事会的三三制结构,保证了嘉士伯在进行重大决策时,能从各个维度进行考量,使企业的发展方向不违背初衷。J.C.雅各布森在集团创建之初写下的价值观"嘉士伯啤酒厂酿制啤酒的长远目标,不在于赚取短期的利润,而是将啤酒酿制艺术发展到十全十美的境界,使嘉士伯啤酒厂及其产品能树立一个优良的规范,把嘉士伯啤酒的酿制技术,保持在一个永远受人推崇的高超水准"被写在基金会的章程中,随着时代变迁被后继者代代传承[①]。

丹麦的企业文化给人印象深刻的是高度信任、专业且制度化。正是这些特征在形塑丹麦企业的创新精神和绿色发展理念方面发挥了基础性作用。这一切与丹麦的历史传统、教育体系都不无关系。

---

① 参见商榷:《财富传承设计,看嘉士伯集团在家族基金会的143年》,知乎专栏,https://zhuanlan.zhihu.com/p/79929571,最后浏览日期:2019年12月20日。

第六章　绿色王国：生态创新的丹麦样本

王瑞娟　王粲璨　刘春荣*

绿色发展和可持续发展贯穿于丹麦的方方面面，政治、外交、教育、经济、文化，甚至渗透到日常生活中。绿色发展的实现途径体现在节能、开发新的清洁能源、循环利用和空间使用等方面。

位于北欧的丹麦拥有约 580 万人口，是世界闻名的"童话王国"和"绿色王国"，也是全球最宜居国家之一。丹麦良好的生态状况是它成为全球幸福指数最高的国家不可忽略的重要因素：人与自然和谐地融为一体，市中心让人惊诧的田园风光，无视路人、悠然自得的水鸟，便捷的自行车道，公共场所无所不在的绿植，都让丹麦"绿色王国"的荣誉实至名归。

在丹麦，绿色发展是作为国家战略、政治目标来贯彻和实施的。丹麦人之间的信任度非常高，个人相互之间的信任、公众对政府的信任、企业对政府的信任促成社会发展的良性循环，也形成公私合作的基础。对于政府提出的绿色发展目标，全社会无论企业、基金会，还是社会组织、公民，都无条件支持。丹麦企业不会把绿色发展、节能减排作为负担，相反，它们以此作为商业机会和创新机遇，不断地对标政府提出的目标。企业的绿色发展举措也会为它们的形象和品牌加分。

绿色发展体现在丹麦社会生活的全方面。丹麦生态发展取得今天的成就不是一蹴而就的，有其自身的历史。丹麦绿色目标的实现在于开源节流、资源最大化利用，绿色发展的实现途径也是丹麦模式的重要组成部分。丹麦绿色转型的

---

* 王瑞娟，复旦大学国家文化创新研究中心副研究员。王粲璨，丹麦哥本哈根大学复旦-欧洲中国研究中心研究员，本章案例部分第一作者。刘春荣，丹麦哥本哈根大学复旦-欧洲中国研究中心执行主任、研究员，本章案例部分第二作者。

高速发展在于社会不同主体积极参与、共同协作,贡献他们的聪明才智并身体力行节能减排。绿色发展中的多元协作是丹麦特色,也是丹麦经验,具体的实施方法是合作——公私合作、国际合作。

本章从丹麦生态发展的基本状况、绿色发展的实现途径、绿色发展中多元主体的贡献和绿色发展的实施方法四个方面展开论述。

第一节 生态发展的基本状况

一、丹麦生态发展的历程、现状及目标

丹麦自然资源贫乏,除石油和天然气外,其他矿藏很少。石油探明剩余可采储量为11.6亿桶,居世界第38位。天然气探明剩余可采储量为1 010亿立方米,居世界第54位。探明褐煤储量9 000万立方米。森林覆盖面积48.6万公顷,覆盖率约11.4%。北海和波罗的海为近海重要渔场。自然资源贫乏是丹麦人极为珍爱自然环境的原因之一。此外,历史上的能源危机也使得丹麦人特别注重节能减耗。

在1970年以前,丹麦99%的能源依赖进口,其中,石油占据能源消费总量的90%。1973年爆发第一次世界石油危机后,油价涨幅达到三四倍。丹麦意识到单一能源供应体系和过高的能源对外依存度带来的严重问题。1979年,第二次世界石油危机爆发,石油提价严重加大了丹麦国际收支赤字。在经历了20世纪70年代的环境和能源危机的重创之后,丹麦开始觉醒,注重能源安全和能源多样性,努力实现能源消费结构从依赖型向自力型转变。

在能源生产方面,丹麦致力于提高能源自给率。石油危机前,丹麦就在北海发现了石油天然气资源,1972年在北海打造的第一口油井成功产油。此后,丹麦所属北海区域的石油和天然气产量不断增长,到21世纪初增加了近200倍,成为继英国、挪威后的欧洲第三大产油国。

在能源供应方面,丹麦重新启用煤炭资源,着力实现能源供应多元化。到20世纪90年代初期,丹麦能源消费中煤炭占比从石油危机前的7%一度攀升至41%,石油占比从石油危机前的91%降到46%。

在能源利用方面，丹麦一方面通过征收能源税和碳税，以价格杠杆提高居民的节能意识；另一方面，不断提高建筑的能效要求，加强废水利用、垃圾回收、区域采暖，以提高能效为主要目的的区域综合能源发展逐渐成为丹麦能源体系中的一大支柱。

2005年之后，北海油气田储量日趋枯竭，加上温室气体排放和气候变暖问题日趋严峻，丹麦决定实施以低碳为目标的第二次能源转型。2008年，丹麦政府专门设置了气候变化政策委员会，构建无化石能源体系设计总体方案，制定实施路线图：丹麦计划2020年将可再生能源的比例提高到35%，使风力发电占全国总用电量50%；到2030年，可再生能源在能源需求中占比达到55%，100%的清洁电力，节能达到32.5%；可持续能源在总能耗中占比55%，自1980年起节水率达到50%，生活垃圾回收率60%。2011年，丹麦发布《能源战略2050》，正式提出新的能源转型战略目标，对绿色能源的追求进一步升级，计划到2050年之前建成一个不含核能、完全摆脱对化石能源依赖的能源系统，成为世界上第一个提出完全不需要化石能源的国家。这被称为丹麦的"第二次能源革命"，丹麦能源从自立型迈向绿色型。

在此之后，丹麦对于清洁能源、可持续能源的追求并未止步，而是不断提出新的要求。2018年6月，丹麦新能源协议重申丹麦2030年的气候和能源目标，丹麦议会所有党派达成一致，履行联合国可持续发展目标的义务。要点包括：海上风电场建设，追加陆上风能和太阳能投资；加强能源与气候研究，增加资金投入。

保持经济增长与绿色政治目标的一致性是丹麦几十年来的发展特点。

丹麦发展模式，是指1970年以来，丹麦在GDP保持稳步增长的同时，能耗基本持平，这使得丹麦的能源消费总量基本没有增加，加之发展新能源取代传统能源，二氧化碳排放量未升反降。

为确保使用清洁能源、可持续能源，以及有健康的环境，1971年丹麦成立全球首个国家环境部；1976年成立能源署，出台丹麦首个国家能源计划；1985年丹麦议会投票放弃核能，发展风电，提高能源效率。

40年来，丹麦政府的节能政策催生出全球领先的能源产业，一大批丹麦企业响应政府号召，在开发新技术、新方案的过程中，创造了一条巨大的绿色产业链，这又反过来推动并促进丹麦绿色发展模式的形成。

20世纪70年代，可持续能源在总能耗中占比2%，节水率0%，生活垃圾回收率 0%。2019 年,丹麦实际国内生产总值比 1980 年增长 90%,总能耗增加 4%,二氧化碳排放量减少 40%,耗水量减少 42%。在 2017 年的丹麦能源消耗结构中,石油占 38%,天然气占 16%,煤炭占 9%,可再生能源占 32.7%。

当今全球面临的一个巨大挑战,是碳排放不断上升,对稳定的电力、供热、制冷和运输的需求增长。人口的持续增长和中等收入群体的扩大使全球能源格局发生了变化。如何在不阻碍经济发展的前提下保护自然环境,确保能源的可获得性和可负担性,是最为重要的一个问题。丹麦模式给我们提供了极大程度的借鉴意义。

二、丹麦的农业出口传统及现代化历程

在北欧各国中,丹麦有发展农业的较好地理条件。丹麦位置接近海上主要航线,西临北海,丹麦群岛将卡特加海峡与波罗的海分开,处于从波罗的海到各大洋、从北欧国家到中欧的海上必由之路的出入口。这一地理位置在丹麦现代化进程中起了重要作用:便于丹麦进口原料和出口产品,建立与国外的经济联系,接受现代化的动力价值。基于地缘政治、经济关系,丹麦传统上就向西欧,尤其是英国大量出口粮食。

丹麦经由农业合作社运动,在发展农业和农产品出口基础上逐渐实现现代化,到 20 世纪 50 年代前后,从一个农业国转型为现代化国家。农业合作社运动是由民众高等学校推动的,英美的现代性因素传到丹麦后,丹麦的集团主义的意义解释方式是广泛设立民众高等学校,以民众高等学校为载体发起现代性启蒙运动。丹麦现代性启蒙运动传播格隆维的启蒙思想,形成了格隆维式的"天赋人权"、"人人平等"、"自由结社"的社会理念。在群众性启蒙运动中,民众学习农业技术,习得发起和管理合作社的理念。群众在民众高等学校获教化和启发后,共同认可现代性的评价活动。丹麦社会达成如下共识:君主被视为代表民众意愿的传统主义文化,为民众高等学校的发展创造了良好的社会条件。由此,丹麦具备在现代化过程中接纳自身传统的特性。19 世纪 40 年代,丹麦政府开始拨款资助民众高等学校。民众高等学校发展成为一个强有力的全国性组织。乡村地区的所有青年人当时都在民众高等学校注册,接受继续教育。青年人学习历史、文学和应用农业,由此熟悉自己的历史和传统。现代性启蒙运动推动了农业合作社的发展,农业合作社走上工业化之路,丹麦现代化最终经由农业合作社运动完成。在由农场联合组成的农业合作社中,成员无论投入多少,在农场年度大会

上，都具有同等的投票权，民主决策制度由此建立。农业合作社由农场工人自我管理，负责生产、销售、购买，提高了效益①。农业出口国、民众高等学校的农业学习使得国民具有良好的种植教育基础，整体人文素质较高。区别于英美从城市、工业开启的现代化，丹麦的现代化从农村、农业开始。农业合作社是一种理性的劳动组织。丹麦现代化与农业合作社运动结合在一起，管理层和普通工人的阶层冲突很小，为现代丹麦相对和谐的工业关系奠定了基础。19世纪晚期丹麦的农业合作社运动是丹麦特定的现代化方式，比其他欧洲国家的工业化方式更民主。

丹麦以农业合作社运动，从农业、农村进入现代化的方式，在现代化的外部动力下以本民族文化传统为制约因素的发展模式，作为丹麦特殊的历史路径和选择，不仅体现在丹麦的民主、平等、团结的政治文化和社会文化中，更体现在丹麦绿色转型和绿色发展的全方面。从民众教育开始形成的丹麦特有的平民教育传统，使得普通公民环保自觉意识深入骨髓，由平等产生的信任使得公私合作非常普遍，这是丹麦绿色转型成功的重要经验。民主参与使得企业在绿色转型和绿色发展中，积极性和主动性非常强，走在最前面。由于有广泛的社会信任基础，政府的主导会得到社会各方的积极响应。此外，农业传统的深植和农业教育的普及使得丹麦人在绿色环保方面有着较深厚的知识素养和文化积淀，有利于绿色发展的推进。

由于各国面临的能源挑战类型不尽相同，向低碳经济转型应当采用与国情相符的能源模式。丹麦发展模式给了我们一些借鉴和启发。向低碳社会的转型标志着与能源相关的思考模式正在发生转变：脱碳减排与经济增长并非相互排斥，可持续发展与社会繁荣可以相得益彰。

丹麦的绿色转型给我们的启示在于：一是在农业现代化方面，不只是机械和技术的引进，农民知识水平的提升至关重要，同时，农民参与现代化合作农场的管理，会提高农业效益；二是在借鉴他国经验的同时，从自身传统出发，内生的制度性更具生命力，在绿色发展过程中要找准发力点，如绿色农产品的生产；三是农业转型升级与绿色发展过程中全民教育的重要性，在变革中，只有全面提高国民素质，才有真正的可持续发展，可持续发展才具有不竭动力。

---

① 肖宏德：《现代化的动力和制动：以丹麦特定现代化为例》，《符号与传媒》2019年第2期。

第二节　绿色发展的实现途径

正是有全民环保的坚实基础和民主参与的积极性、主动性，丹麦的绿色发展在节能、开源、循环利用方面都发挥了最大潜力，在以人为本的绿色空间建设方面也不遗余力，展现了全体丹麦人的聪明才智，也把低碳环保理念在各行各业发挥到极致。

一、建筑节能的推广

绿色增长的关键驱动力是节能技术，单单房屋和建筑一项就占据全球总能耗的40%。通过现有技术对房屋和建筑进行整修或改造，将能耗降低至少50%。投资能源改造工程不仅回报率高，而且回收期短，是一项极具前景的事业。

丹麦不仅拥有十分严格的建筑建材标准，还通过一系列措施大力推广节能建筑。丹麦政府规定，所有建筑必须具备两本证明建筑符合国家节能减排标准的证书，缺一不可，只有两证齐全的建筑才可以交付使用或投向市场交易。这项规定赋予大众检查城市建筑的节能减排规范是否得到执行与落实的权利。随着节能减排与大众生活联系日趋紧密，民众能明显感觉到城市建筑节能减排与自身生活成本、生活质量关系密切，因此，全体市民都成为城市建筑节能减排规范的利益相关者和执法参与者。丹麦绿色发展模式之所以立得住、行得通、持续久且成效大，原因就在于理念广泛植根于大众，与普通民众利益一致，能吸纳民众普遍参与。

丹麦建筑业从技术角度针对以往规划、设计、施工建造、维修等建筑环节，自成体系，各自分割，相互沟通协调不够造成的合作不通畅问题，提出数字化系统设计概念，即充分利用计算机信息技术，为建筑产业各环节间架设起一条信息高速公路。各方利用统一的信息交流平台进行技术交流与协作，以提高建设效率，保障建造质量，增加建筑产业的附加值。

丹麦拟定严格划分的建筑节能标准，一方面对已有建筑的节能改造提供补贴，另一方面要求新建筑必须遵循严格的能耗指标，而且这一指标在不断动态调整趋严。丹麦相应地采取了一系列节能措施,主要包括:要求开发商提供节能建筑标识,按照能耗高低将建筑分类分级管理,用户根据需要选择,能耗评级状况直接和房价挂钩;简化节能检测方法,重视和监管好门窗与墙壁的保温效能,使开发商无法偷工减料,确保节能效果;为既有建筑节能改造提供补助,例如窗户改换、外墙保暖可以得到政府财政补贴。丹麦通过大力推广建筑节能技术和对建筑设施能耗实行分类管理,大大降低了建筑能耗。与1972年相比,丹麦的建筑供热面积增长了50%,相应的能源消耗却减少了20%,相当于单位面积的建筑能耗降低了70%。

通过建筑节能提高标准和区域集中供热两方合力,丹麦能源消耗总量半个世纪以来几乎零增长,二氧化碳排放量有所下降。2017年,丹麦人均GDP为56 444美元,仅比美国低5%,但单位GDP能耗是美国的46%。能效这一"第一能源"成为丹麦两次能源转型顺利进行的撒手锏。

到2050年,全球人口将达到90亿,届时最大的挑战就是能源稀缺。只有推动循环经济,使能源效率和经济增长维持平衡,才能有力应对这一挑战。区域集中供暖系统就是丹麦高能效解决方案的典型例子,每个人都能从中受益。丹麦地处北欧,采暖期长,很多建筑一年四季需要供热。因此,丹麦积极发展以热电联产和集中供热(又称区域供热)为核心的建筑节能技术。

在丹麦,区域能源系统包括区域供冷、区域供热、区域供热水,是公共基础设施服务。研究建筑单体发现,很多技术对于建筑单体在技术可行性和经济可行性上不可以采用,换成若干个建筑或城市或区域的话能够落地,经济上可行,技术上可行,能够长期供应,节能减排。丹麦的所有供热设施被定义为公共基础设施服务,不能营利,利润部分要么以价格回报用户,要么做研究,要么建立垃圾焚烧场。盈利以种种可见的方式回报给用户,因而民众能够支持能源计划。

丹麦以热电联产和集中供热为核心的能源利用方式有着悠久的历史。自1979年通过首部《供热法案》以来,丹麦投资了数以十亿丹麦克朗来发展热电联产,已经建成八个互相关联的热电联产区域。除了国家层面集成的电力燃气系统,丹麦还大力发展社区层面的分布式综合能源系统。

丹麦最早的热电联产电厂于1903年建成。它是一座垃圾焚烧厂,可处理垃圾,同时为附近的医院提供电力和热量。1920—1930年,基于当地电力生产过程中过剩的热量,一个集体的区域供热系统发展起来。从此,来自热电联产的区域供热开始在丹麦较大的城市实行。到20世纪70年代,30%左右的家庭由区域供热系统供热。

1973年和1974年的能源危机说明，节约能源是减少对进口燃料的依赖、降低消费成本的关键。因此，丹麦决定，不仅是大城市，中小城市也要扩大高效的热电联产系统。

区域供热经过长期的规划。如今，63%的丹麦住户与区域供热息息相关，他们的供暖和生活用水都来自区域供热。当使用热电联产发热和发电时，整体能源效率要远高于分别发热和发电的方式。热电联产的效率高达85%—90%，与单独发热和发电相比，可节省约30%的燃料。区域供热和热电联产已经成为并将继续成为丹麦绿色转型的一个关键因素。

在技术方面，大量采用可再生能源技术进行集中供热。丹麦区域供热技术已经跨越第一代蒸汽供热系统和第二代高温加压热水系统，如今的第三代区域供热在热源上除了燃煤和天然气以外，还利用生物质燃料、工业余热和垃圾焚烧技术，在装备上辅以热存储设备和热交换站，可实现一定程度上的电热解耦，从而打破了传统上以热定电的运行方式，为丹麦在北欧电力现货交易中增加了灵活性。可再生能源的大量使用使得能源使用效率达到90%，促使可再生能源在丹麦的热力供应中的比重跃居首位。在哥本哈根，95%以上的住户都在享受区域统一供暖，其中一半的热能产生自可再生能源。

丹麦在区域供热节能上的技术创新从未止步。丹麦正致力于研究第四代区域供热技术，力争充分利用太阳能、地热能、风能、生物质能等可再生能源，完全摒弃化石燃料，通过加强供热管网的精细化控制形成分布式智能能源网，通过采用低温供热系统进一步提升供热效率。丹麦还开发了全球首座将聚光太阳能和生物质热电联产工厂集成在一起的供热项目，实现了创纪录的能源效率。生态技术创新是丹麦具有较高能源效率的重要因素之一，也是丹麦特色、丹麦经验。

区域供热的热源多样化，包括废热、余热和可再生能源。区域供热与热电联产可提高效率、降低能耗，这种方式如果能在中国得到应用，集中供暖和供冷，则可在极大程度上节约能源、提高效率。

在中国，一些城市对集中供热的需求不是没有，关键在于计划实施以后，怎么产生用户可见的社会效益。例如，有城市政府部门提出的需求是，怎样的供暖方案可以使某一特定区域的用户不投诉。用户投诉正是源于参与度低。假如能够使更多的企业、社会组织、民众参与到供暖方案中，那么社会获得感会明显提升。对于在房间过热、出了房间过冷的供暖或中央空调，可以结合数字化与人工智能,将其调整为不同天气及一天中不同时段的自动控温,节约能源。在中国,制冷目前主要是用空调,废热、余热如能用于集中供冷,则会在极大程度上提高能源利用率,提高社会效益。

二、可再生能源的开发

能源危机使丹麦认识到要在能源方面不再依赖进口、自给自足,必须立足本土资源,确立发展可再生能源的国家战略。

绿色能源是不给地球增加负担,不破坏地球环境的能源。绿色能源大致有两类:一是利用先进的科学技术去开发和使用的干净、无污染能源,也叫可再生能源,如太阳能、风能、海洋能(潮汐能)、氢能等;二是变废为宝,充分利用垃圾、淤泥等废弃物中蕴藏的能源。丹麦在这两个方面都作出努力并取得实效。

基于经济效益和碳排放量等方面的考虑,自1980年开始,丹麦根据资源优势,积极发展以风能和生物质能源为主的可再生能源。丹麦还着力发展分布式能源,利用生物质能源推动热电联产和集中供热。丹麦独领风电世界潮流,陆上风力发电已经成为丹麦价格最低的能源。绿色解决方案的回报期较短,这一优势对于城市建设和相关行业极具吸引力与成本效益,也得到大力推广。丹麦可再生能源在电力生产中的总份额从2017年的71%升至2019年的72%。煤炭发电的比例从2017年的20%降至2019年的约13%。生产1千瓦时电力所产生的二氧化碳也从2004年的450克降为2019年的157克[①]。

在绿色基础设施及技术上的投入,除了风能之外,还包括生物质能、太阳能和地热能。丹麦约九成的能源需求已实现自给自足。这不仅是为了供需安全,更是将其视为绿色发展的长远动力。

丹麦风能利用发达与政府的政策密切相关。

首先是在技术方面的支持。1891年,丹麦制造了第一部风力发电风轮,迈出风电第一步。20世纪70年代爆发的石油危机使丹麦油价飞涨,经济受到冲击,丹麦感到过度依赖石油的风险,政府因此制订了第一个能源计划,决定开发利用风能。到70年代中期,国家实验室的参与使风能开发能力如虎添翼。在80年代世界第一个风轮市场在美国加利福尼亚州出现时,丹麦是世界上唯一拥

---

① 《丹麦2019年绿色指数创历史新高》,绿色国度微信公众号,https://mp.weixin.qq.com/s/_ngosjAXm_5JjiHFMWIhCA。

有大规模发电风轮制造能力的国家。如今,世界上十大风轮生产厂家中有五家位于丹麦,世界60%以上的风机制造厂使用丹麦技术,丹麦涡轮机出口约占全球市场份额30%。丹麦已然成为当今世界最大的风电设备生产国之一。

其次是经济激励。近年来,温室效应的加剧、环境的恶化更使丹麦看到风能在实现可持续发展中的重大作用。政府对风力发电的售价、税收、安装风轮补贴等都实施优惠政策,还以风能消费花费中的20%—50%补贴风能的生产,刺激人们多产、多用风轮发电。如今,丹麦有5 700座风轮,功率最大的达到2 000千瓦。2018年,风电占丹麦总电力消费的41%。2019年,风能约占丹麦整体供电的46%,创下历史新高[①],这一数值在2020年上升到50%。随着电力价格的上涨,风力发电已成为丹麦电力供应中最重要的能源来源。

丹麦拥有建设海上风场的绝佳位置。丹麦有潜力建设更多海上风场,可生产更多电力来满足丹麦和其他国家的绿色能源需求。丹麦政府表示,未来大规模建设将建立在无补贴的基础上,有意将北海建成海上风电全球领先地区。

此外,丹麦带动欧盟充分开发海上风电,通过德国、波兰等与欧洲北部电网相连,试图将海上风电输送到整个欧洲。这一计划得到欧盟的支持,已经列入欧盟支持海上风电发展的示范项目。为此,丹麦力争在2020年将海上风电发展目标从30万千瓦提高到300万千瓦,并且开始向北欧电网大量供应风电。

丹麦的风电不仅可以满足本国用电需求,还可以满足其他国家的绿色能源需求,并且将带动欧盟海上风电开发,是丹麦绿色发展的典型案例,其经验值得借鉴。同样,丹麦在生物能源发展方面不断探索创新,在材料的使用和技术系统方面都有较大发展,生物能源的可储存性使丹麦在可再生能源中独具优势。

生物能源是储存在有机物质或生物质中的能源。生物质可以直接燃烧,也可以加工成各种类型的燃料,如木颗粒、沼气或生物乙醇。丹麦最常用的生物能源类型有如下几种。

燃烧:热电联产工厂使用固体生物质发电和产生热能。

沼气:沼气是由有机物质(如粪便、污水污泥和有机废物)的厌氧消化产生

---

① 《丹麦2019年绿色指数创历史新高》,绿色国度微信公众号,https://mp.weixin.qq.com/s/_ngosjAXm_5JjiHFMWIhCA。

的。它主要由甲烷组成，可以替代天然气。

气化：热气化是生物量的加热，可用氧气有限。生物质转化为可燃气体，可以燃烧或升级。

液体生物燃料：生物质作物和作物残渣可用于生产液体生物燃料。生物乙醇通过生物质的发酵和蒸馏生产，生物柴油通过加工植物油生产。

生物质能有助于减缓对大气的温室气体排放。对温室气体排放节约的时间及利用生物质能源造成的其他环境风险的讨论提高了对与可持续性有关的一系列问题的认识。丹麦能源协会和丹麦地区供热协会在自愿性工业协议中制定了生物质可持续性标准，包括用于热和电的木颗粒与木屑。20世纪80年代和90年代，固体生物量的使用主要由稻草、可生物降解废物和燃料木材构成，但2000年后，木材颗粒和木屑的使用显著增加。生物能源成为丹麦使用最广泛的可再生能源之一。遵循相关规定，一些大型热电厂和发电厂计划从化石燃料转化为木质生物质，生物能源的使用在沼气生产中越来越多，同时，沼气产量也在迅速增加，这一趋势可能会持续下去。

由于具有可储存性，生物能源在绿色转型中起着重要的作用。大多数可再生能源是波动的，太阳能电池板或风力涡轮机的生产取决于天气条件，到目前为止，不可能大量储存电力。然而，生物能源可以被储存，并且在能源需求高的时期被使用。因此，生物能源在确保可再生能源占很大比例的未来能源系统中的供应安全方面可能发挥关键作用。据丹麦能源机构估计，到2028年，绿色能源的生产将超过丹麦的总电力消耗[1]。

丹麦也在不断进行可再生能源使用方面的创新。2018年3月，世界上第一个可再生能源系统落户丹麦。用可再生能源代替天然气是丹麦绿色能源转型的一大趋势，大多数区域供热厂都将逐渐使用太阳能或生物质能。2019年3月，丹麦布隆德斯勒夫（Brønderslev）小镇建立了一个绿色能源项目，通过结合不同的能源技术，充分展现热电联产的可行性与创新性。

该系统是丹麦，也是全球首个集成太阳能集热和生物质锅炉，同时，利用有机朗肯循环将能源转化为区域供热和电力的热电联产工厂。区域热电厂通过对创新技术的利用，实现了创纪录的能源效率，并且提供的能源价格

---

[1] 《丹麦2019年绿色指数创历史新高》，绿色国度微信公众号，https://mp.weixin.qq.com/s/_ngosjAXm_5JjiHFMWIhCA。

更低,独立于化石燃料价格波动,面向未来的解决方案。丹麦可再生能源专家奥尔堡CSP公司为此项目提供了先进的太阳能系统,以生产可持续电力和热力①。生物质能与太阳能的结合,是技术的一大飞跃。多方面的不断尝试,使得丹麦绿色能源的生产逐渐呈供大于求的趋势。丹麦创新绿色能源设施正式投入使用,成功实现了为极具成本竞争力的可再生热能和电力生产设定新标准的愿景。

三、变废为宝:垃圾回收、发电和废水处理

1. 垃圾回收、发电

丹麦把国内的垃圾等废物变废为宝,通过垃圾回收利用产生能源,为国民提供热能和电能。"垃圾回收,环保立国"的理念,在丹麦已经深入人心。丹麦的垃圾回收起步较早。从1974年开始,丹麦对生活纸张、硬纸板和玻璃垃圾进行试验型回收。1982年至今,丹麦通过严格的国家立法、税收及民众的支持,使垃圾回收率连年上升。到1985年,8%的家庭垃圾可以被回收再利用。自1997年起,政府开始指导地方政府如何建立垃圾处理系统,生活垃圾回收率升至15%。2012年,43%的生活垃圾被回收再利用。2016年,69%的生活垃圾被回收再利用②,并且作为原材料和养料再次利用于工业与农业生产中。如今,丹麦27%的垃圾被焚烧用于供热和供电,4%的垃圾运往堆填区处理,1%的垃圾被特殊处理。丹麦已经远超欧盟制定的垃圾回收目标。尽管如此,丹麦提出了更严苛的要求,即到2022年,特定七种生活垃圾(纸张、玻璃、纸板、铁制品、塑料、木材、厨余垃圾)的回收利用率必须都达到50%③。

在丹麦,人人都有不乱扔废弃物的义务,这一义务已经被纳入丹麦法律,而且从小学开始就向学生强化环保教育,灌输"回收垃圾,变废为宝,循环利用,科学环保"的思想。

垃圾回收有整体流程的设计,从源头做起,在分类阶段,非常细化、具体、易操作。丹麦在不断探索垃圾分类的方法,努力使市民的生活更便捷。2017年3月20日,在霍尔斯特布罗(Holstebro)开放的丹麦第一个全自动垃圾处理场,应用

---

① 《世界上第一个可再生能源系统落户丹麦》,绿色国度官网,http://stateofgreen.cn/合作伙伴/csp/新闻中心/世界上第一个可再生能源系统落户丹麦/。
②③ 《绿色解决方案|看丹麦如何进行垃圾分类》,绿色国度微信公众号,https://mp.weixin.qq.com/s/21NU8C_27RQiFWxYTfhYfw。

自动化垃圾分类机器人。这些机器人能分类所有感应器可识别的垃圾类型,还能从宝贵的金属中分出危险的化学品。市民们可以将所有干燥的垃圾(不包括有机垃圾),如玻璃、塑料、金属和木制品扔到一个垃圾箱中,而不再需要手动为垃圾分类[①]。这种垃圾管理理念的应用,使得垃圾分类更容易,资源利用率也进一步得到提高。

2018年年底,丹麦地方政府陆续向居民分发新版垃圾分类手册。同时,丹麦地方政府向每个家庭发放一个厨用垃圾盒和两卷绿色、透明、可降解的垃圾袋,用完后可以再领。独门独户的家庭则另外收到两个标准垃圾桶。两个垃圾桶内各自分格,一个用来装纸张或纸盒、玻璃、金属或塑料废品,用于再利用;另一个用来装食品垃圾和残余废物,大部分经处理后可转换为电能或热能。

丹麦垃圾分类采取"谁产生垃圾,谁分类并买单"的原则。丹麦饮料瓶回收率达到99%以上,平均每个瓶子重复使用30次左右。丹麦超市设立饮料瓶回收机,用后放入回收机,机器会自动打出退瓶单。

随着政府从2018年9月开始实施循环经济战略,创建一个更大、功能更好的垃圾回收市场是一个清晰的目标。在此背景下,政府与激进自由党和丹麦人民党达成政治协议,制定生活垃圾分类收集的行业共同标准[②]。

垃圾分类仅仅是垃圾产业链中的第一步。此外,政府还要做整体设计,考虑运输和多种处理办法,如有毒物处理、焚烧、填埋等,因为这直接关系到垃圾终端处理的质量和效果。这不仅需要多种知识和专业技术,还需要民众有效配合。垃圾回收之后的处理,由专业公司进行管理。

垃圾管理公司通常也是垃圾焚烧供热发电厂,它们不仅有垃圾处理设施,还因为新颖独到的外观设计,成为当地的标志性建筑,因自身建筑环保,成为绿色发展样板。丹麦垃圾焚烧始于1903年,焚烧产生的余热用于集中供热,焚烧产生的灰渣用来筑路。

韦斯特弗布赖丁公司是最著名的垃圾管理公司,它先进的垃圾回收和处理系统让人叹为观止,平均每年会有200多万人前去观摩和学习。这个垃圾管理

---

① 《垃圾分类原来可以这么简单》,绿色国度微信公众号,https://mp.weixin.qq.com/s/zAA2EHGorbWmI0eydfiPWw。
② 参见 https://mst.dk/service/nyheder/nyhedsarkiv/2019/jan/ny-national-affaldsplan-skal-sikre-mere-og-bedre-genanvendelse/。

公司首先是一个垃圾分类回收处理工厂,工厂犹如一座花园,一年四季绿意盎然①。

罗斯基勒自治市的一座焚烧厂建造得非常漂亮,这座垃圾焚烧厂被誉为"世界上最美的垃圾焚烧厂"——丹麦的能源之塔。能源之塔的外墙采用特别的多孔设计,这让它看起来极具观赏性,特别是到了夜晚,人们还能透过这些孔看到炉内发出的光。能源之塔通过燃烧垃圾的方式发电,从周边九个市及国外运来垃圾,年处理垃圾能力达到 350 000 吨,占丹麦垃圾焚烧量的 8%。其能源利用率高达 95%,它能够同时提供电能和热能两种形式的能源。该发电厂大约可为 6.5 万户人家供电,为近 4 万户人家供暖②。

阿迈厄(Amager)垃圾处理厂(见图 6.1)是一家大型环保垃圾处理厂,位于哥本哈根市区,负责处理哥本哈根的民用和工业垃圾,再通过焚烧垃圾生产电与

图 6.1 阿迈厄垃圾处理厂

(资料来源:本书课题组)

---

① 《丹麦:垃圾回收 环保立国》,环卫科技网,http://www.cn-hw.net/html/guoji/200901/8499.html。

② 《全球最美的垃圾焚烧厂——丹麦"能源之塔"》,搜狐网,http://www.sohu.com/a/207223974_804257。

热。从1970年开始,该能源厂就通过处理垃圾供热,1990年起利用垃圾供应电力。全新优化后于2017年重新运营,它的能源效率和废物回收利用率在欧洲位列前茅。每年转换约40万吨废物为热能和电能,可为16万户居民提供区域供热,为6万多户居民供电。2017年将约36万吨的废物转化为79万千瓦时热能和10.4万千瓦时电能。焚烧后的矿渣每年可提炼出1万吨金属,90%可循环利用。能源厂烟囱排放的烟气,能够达到100%无害的水平。该资源中心还拥有人工滑雪场、休闲区和绿地,其建筑本身极具设计性和能源效率。其建筑本身也很奇特,85米的高度使其成为哥本哈根地区的一个制高点。建筑自房顶顺势而下建造成一个长450米的人工滑雪场,滑雪道材料为性能良好的特殊绿色塑料,该材料能够提供最真实的滑雪体验。85米高的攀岩,约3 000平方米的"房顶公园",供居民们跑步、散步和玩乐[1]。

同样作为垃圾供暖发电工厂,维斯特拉负责处理哥本哈根居民和企业的废弃物,从收集、分类、焚烧、填埋到有毒物处理,整个过程必须确保使用最新的环保技术,不能有任何污染泄漏。对此,不仅有内部监测,更有独立的第三方从外部监测,每四年发放一次运营合格证书。

在颁发合格证书前,当地政府还会在报纸上刊登广告,告知垃圾厂现在已获许可,公众、周围社区、NGO和企业都有机会对垃圾厂作出评估、提出质疑,看是否很好地执行了有关规定[2]。丹麦的垃圾处理工作开展得有条不紊,回收的分类和焚烧过程的环保,以及剩余物的处理都经得起监督,让公众满意,使公民受惠,因而也得到民众的支持。

2. 废水处理

丹麦在循环经济和能源效率方面有着超前的意识,不仅是垃圾处理,在废水处理方面也走在世界前列。在全球范围内,仅不到一半的废水得到收集,仅不到五分之一的废水得到处理。这一现状已经导致世界上许多内陆水域与海域环境严重恶化。越来越紧缺的水资源与人口增长进一步凸显废水处理与废水价值认知的重要性,因此,丹麦的废水处理具有全球性借鉴意义。

丹麦一直专注于节水和用水利益问题。预计到2030年,全球水资源消耗率将达到30%。如今,丹麦已成功地将水资源消耗总量,相较于1980年减少

---

[1] 《一座能滑雪的垃圾处理厂》,绿色国度微信公众号,https://mp.weixin.qq.com/s/Dz9pt2aKbFwrcZfHzOBsRA。

[2] 何晓鲁、刘思:《绿色丹麦》,中国福利会出版社2010年版,第103页。

40%，通过建立良好的水资源管理体系，将水渗透量严格控制在10%以内。废水处理厂已提升为能源回收厂，改进污水收集系统。如今，海港里海水的清澈程度足以让人们畅游其中。

在丹麦，废水得到最大程度的利用，不仅水资源本身，而且废水包含的热能、有机物质都得到有效利用。这些功能的实现，最直接的是依托废水处理厂，更依托丹麦灵活的废水解决方案，采取在源头处理工业废水等措施。丹麦的绿色产业链由此可见一斑，与绿色相关的任何一个环节，都被视为机会，而非负担。

在20世纪70年代，与世界上其他所有城市的工业化过程一样，丹麦首都哥本哈根的城市污水经过下水道被直接排放到海港中，海水受到严重污染，在哥本哈根的海边游泳曾经被视为高危行为。为了解决这一饱受诟病的环境难题，丹麦政府痛下决心，投巨资建设覆盖哥本哈根全城的现代化污水处理系统来解决这一问题。丹麦在1976年建成第一个污水处理厂，目前，全国已有约1 000家现代化污水处理厂，这些处理厂从家庭、企事业单位获取废水。境内所有污水都经过物理、生物和化学等多种方式净化，去除对水生环境有害的物质后，返流回大自然。经过废水处理厂处理过的水可以用来养鱼，甚至直接饮用。

不仅如此，丹麦的废水处理厂还可以产生能源。世界上大约2%的总能源被用于收集与处理废水。在丹麦，全国2%—3%的总能源消耗与废水相关，因此，大多数丹麦废水处理厂都积极投入资金，用于评定各种降低能耗的方法，同时越来越注重能源产出。一些水务公司采取进一步行动，着力于在废水被排放前回收其中的热能，还可以降低对接收水域的气温影响。

将废水视为资源是一种相对新颖的观点，不过，如今人们已经广泛认识到废水中的有机成分可作为一项生产能源的宝贵资源，废水中的磷可用于肥料生产，这相比在农地里施用污泥有更多优势。经过处理的废水最后也能得以净化到一定的高标准，用来满足如冲厕、洗衣或灌溉庄稼等用途。

丹麦在废水处理中灵活使用集中化与分散化解决方案，确保一个地区的废水基建设计的成本效益最大化。对于人口密集的地区，最理想的方案是集中化的处理厂；对于没有中央排水系统的农村地区，分散化解决方案通常更具吸引力。

废水处理由多部门协作管理。管理水部门的责任由丹麦能源、公共事业和气候部，以及丹麦环境和食品部分担。自2015年以来，能源、公共事业和气候部一直负责供水公司的经济监管和组织的立法，以及饮用水和废水服务的消费者付款与交付条款；丹麦环境和食品部负责有关环境、饮用水供应与废水处理的立法。

丹麦的饮用水和废水部门是自然垄断的。因此，这两个部门都按照自给原则进行监管，公司可以按该原则收取与必要成本相对应的价格。为了确保对各部门的高效管理，丹麦议会于2009年通过立法。根据这项立法，最大的供水公司和市政供水公司须遵守有关经济的若干要求。

《水部门改革法》于2009年生效，随后进行了评估。大约300家公司受《丹麦水部门法》涵盖的法规约束。该法规定，供水公司应将它的收入保持在规定的限额（收入上限）内，并且规定了效率要求的规则。丹麦供水公司的经济监管由供水秘书处执行。

丹麦的大多数消费者都与供水公司和废水公司的系统相连。丹麦关于饮用水和废水服务付款的立法规定了供水公司如何支付它们向消费者提供的服务的费用。

废水供应公司也在为适应气候变化提供资金。如果发生云暴，许多下水道可能会容量超载。废水公司负责为其排放系统内的气候变化适应提供资金。此外，根据《废水供应公司付款规则法》，废水公司还可以共同资助其气候变化适应项目，具有双重目的，即市政和私有财产的云暴适应。

四、以基础设施建设为起点的绿色交通

绿色出行，是丹麦国民的生活方式。丹麦人对自行车很偏爱，约580万人口的丹麦，竟有420万辆自行车，与私人汽车数量相差不多。在1988年汉城奥运会上，丹麦人共获两枚金牌，其中一枚就产生于自行车项目。世界自行车联盟曾将世界首个"自行车之城"的荣誉郑重授予哥本哈根，以表彰它在发展低碳交通方面作出的杰出贡献。

据统计，2019年，52%的哥本哈根人骑自行车通勤。骑车族覆盖各个年龄层和不同阶层，包括高官、富豪和名流，首相骑单车去接见外国政要也是常事。在哥本哈根市区随处可见骑车族穿梭于大街小巷之中，无处不在的自行车车流成为这座城市的景观之一。自行车与汽车同领现代代步工具之风骚，是丹麦有别于其他西方国家的特色之一。

哥本哈根是"自行车之城"，57万哥本哈根人共拥有65万辆自行车（和12.5万辆汽车）。哥本哈根的自行车种类非常多，实用与时尚兼顾。其中有一种"倒

骑驴"家庭式自行车（前面有车斗，可坐人），家长带小孩常常会选择这种车。很多哥本哈根的小孩还不会说话，就已经在用助步车学车，练习平衡感。哥本哈根还有公用城市自行车，可以自助租赁（带触摸屏与GPS），免费骑行。当然，这么多人选择自行车出行，与哥本哈根的城市规划中对绿色交通的侧重密不可分。

哥本哈根在城市规划方面以交通管理为重心。哥本哈根倡导绿色交通，以自行车和步行作为优先出行方式，已然成为一种时尚和潮流。丹麦建筑师和空间规划学家扬·盖尔(Jan Gehl)倡导"人民优先"的路径，即通过渐进的、以人为本的方式来创新空间形态。这种空间概念帮助哥本哈根在市中心形成一个步行系统，使哥本哈根从一个汽车主导的城市转型为行人友好、包容性强的宜居空间①。

蜚声国际的哥本哈根的城市自行车交通系统，通过在城市中共享公共空间，铸造了绿色宜居城市的经典案例。市政规划在1960年把哥本哈根设计成一只手，手掌是市中心，大拇指与瑞典连接，手指之间是绿化带，手指部分是公共交通线，沿线分布着不同的商业中心。为了吸引更多市民使用自行车和公共交通，市政建设实现地铁站与自行车道的网络畅通连接、无缝对接，人们乘地铁出站就能换自行车。按照规划，所有商业新建筑离轨道交通不能超过500米。同时，市中心的汽车行驶道不断被压缩，将路面让给自行车。汽车的停车越来越难。丹麦的"自行车运动"，正在绿色交通中重新释放生命力。

不仅如此，哥本哈根政府还给自行车设立贯穿全城的专行道，确保每天上午前往市中心的道路不会遇到红灯。自行车道从高度上与机动车道、人行道分开，一目了然，安全可靠。第一条自行车道早在1896年建成（当时的争议在于自行车道与马道的冲突），但到20世纪80年代早期，交通建设中并没有优先考虑自行车，而且汽车使用的不断增加让人们打消了骑自行车的念头。第一个完整的自行车道规划于20世纪80年代早期产生，一直发展至今。现今建有专用自行车道、自行车优先快道、自行车专用桥、专用天桥等，各种各样的立体停车库及出租自行车和自行车停车手册，设计周到，体贴入微。专行道贯穿全城，最高车速可达到每小时20千米。城市实行交通管制，确保每天早晨6时30分到中午12时前往市中心和中午12时至晚上6时从市中心返回城外的道路不会遇到红灯。

哥本哈根2018年度自行车报告以哥本哈根的"自行车蛇桥"为例，展现自

---

① 刘春荣：《营造可持续发展的城市：对北欧方案的解析》，《城乡规划》2019年第4期。

行车基础建设的社会经济效益。"自行车蛇桥"具有灵活性高、节省时间的双重优势。其社会经济回报达到 9%，与哥本哈根地铁建设相比，高出两到三倍。"自行车蛇桥"每天能节约 380 小时，减少哥本哈根每年 87 吨的二氧化碳排放量，项目投资回报率相当于 660 万美元，周期超过 20 年。哥本哈根的自行车桥为实现世界一流的自行车友好城市与 2025 年实现碳中和这两个目标作出巨大的贡献，通过极具环境价值的方式提高通勤效率，大大节省市民的通勤时间[1]。

城市骑车出行带来的好处主要表现在三个方面。在环境方面，减少噪声、空气污染和二氧化碳排放（每年可减少 9 万吨排放量）。在社会方面，市民健康水平的提高可降低医疗卫生成本，每骑自行车一千米就能节约一美元左右；88%的人选择骑自行车，因为这是去上班最快速、最方便的交通方式。在经济方面，自行车代步是低成本的交通方式，并且能减少出行时间，缓解交通拥堵，由此增加经济生产力[2]。

第三节　绿色发展中的多元协作

一、以政府为主导

在丹麦，绿色发展首先是作为政治目标提出的，以政府为主导推进。在平等、信任的社会基础上，政府采用"胡萝卜加大棒"的方式，通过税收、立法和经济激励推动节能减排，成效显著。

丹麦政府很早就认识到，由一个强有力的政府部门牵头主管能源非常必要。为此，丹麦能源署于 1976 年应运而生。该部门最初是为解决能源安全问题，后来，从国家利益高度出发，调动各方面资源，统筹制定国家能源发展战略并组织监督实施，管理重点逐渐涵盖国内能源生产、能源供应和分销及节能领域。该部门坚持节流与开源并举原则，节能优先，积极开发各种可再生能源，大力开发优

---

[1][2]《哥本哈根自行车桥创造高社会经济效益》，绿色国度官网，http://stateofgreen.cn/合作伙伴/绿色国度/新闻中心/哥本哈根自行车桥创造高社会经济效益/。

质资源，引导能源消费方式及结构调整。

由于全民公投反对，丹麦政府放弃了最初准备开发核能的计划，从长计议，迅速厘清风能和生物质能等符合丹麦国情的新能源政策。随后，成功实现能源结构绿色转型升级，经济总量与能耗和碳排放脱钩。2008年，丹麦政府专门设置丹麦气候变化政策委员会，为国家彻底结束对化石燃料依赖、构建无化石能源体系设计总体方案，并且就如何实施制定路线图。

2015年6月28日，丹麦成立能源、公共事业和气候部，将公共事业领域添加到气候和能源部的职责范围。该部协助丹麦政府加大努力，确保能源和公共事业领域的安全与效率，促进建成一个更加绿色和可持续的社会。这些努力包括：政府的目标是到2050年丹麦将独立于化石燃料，确保丹麦为减少二氧化碳排放的全球努力作出贡献。该部负责管理关于能源供应和使用、电信通信、水和废物领域某些问题、丹麦和格陵兰国家地质调查、气象问题的立法[1]。

此外，根据绿色目标，丹麦还不断调整它的政治体系，建立相应的管理部门或由政府指定相应计划。丹麦议会于2019年12月6日通过丹麦首个气候法案，制定丹麦到2030年实现温室气体减排70％的目标，以确保丹麦在绿色转型中的领导地位，并且激励全球采取气候行动。丹麦政府为达到减排目标，对政治体系做了相应的调整：建立绿色转型委员会，以确保每个重大的政治决策都将气候因素纳入考虑范围之内[2]。

为实现2025年哥本哈根成为世界上首个零碳排放城市的目标，哥本哈根市政府制订50个具体的行动计划，包括鼓励市民绿色出行、发展风能等绿色能源、建造绿色环保建筑等。丹麦议会也相应地制订了《2020能源计划》，提出到2020年全国将有35％的能源需求通过可再生能源来满足（此目标已提前完成），而碳排放量则要在1990年的基础上降低70％。从目前的发展状况看，哥本哈根确实已经在书写"绿色童话"道路上迈出坚实的步伐：2014年，已经有96％的哥本哈根居民步行15分钟就能看到绿化或海景；2019年，52％的哥本哈根市民出行使用自行车。

在政府主导的基础上，为推动零碳经济，丹麦政府采取了一系列政策措施，

---

[1] 《丹麦能源、公共事业和气候部》，绿色国度官网，https://stateofgreen.com/en/partners/danish-ministry-of-energy-utilities-and-climate/。

[2] 《2030减排70%——丹麦通过首个气候法案》，绿色国度微信公众号，https://mp.weixin.qq.com/s/41oB_l1b3p6qjtj6JKABpg。

进行经济激励。例如，利用财政补贴和价格激励，推动可再生能源进入市场，包括对绿色用电和近海风电的定价优惠，对生物质能发电采取财政补贴激励。丹麦采用固定风电价格，以保证风能投资者的利益。风能发电进入电网可获得优惠价格，在卖给消费者前，国家对所有电能增加一个溢价，保证消费者买的电价都是统一的。

丹麦政府在建筑领域引入节能账户机制。建筑所有者每年向节能账户支付一笔资金，金额根据建筑能效标准乘以取暖面积计算，分为几个等级，如达到最优等级则不必支付资金。经过能效改造的建筑可重新评级，作为减少或免除向节能账户支付资金的依据。

在船舶制造和使用方面，也采取了类似的激励政策。丹麦港口实施绿色船舶税收优惠政策，自 2020 年 1 月 1 日起，奥胡斯港成为丹麦第一个为绿色船舶提供税收优惠政策的港口，即船舶的可持续性越高，在奥胡斯港支付的费用就越少[①]。

在丹麦的绿色转型过程中，立法机构和政府监管部门扮演着重要角色。丹麦政府从立法入手，通过经济调控和税收政策，使丹麦逐渐成为欧盟第一个真正进行绿色税收改革的国家。自 1993 年通过环境税收改革决议以来，丹麦逐渐形成以能源税为核心，包括水、垃圾、废水、塑料袋等 16 种税收的环境税体系；能源税的具体举措包括从 2008 年开始提高现有的二氧化碳税，从 2010 年开始实施新的氮氧化物税标准等。丹麦政府于 20 世纪 70 年代中后期相继颁布《供电法案》和《供热法案》，80 年代又先后通过《可再生能源利用法案》和《住房节能法案》，2000 年推出的《能源节约法》于 2004 年 12 月进行修订，要求到 2025 年能耗水平需维持目前状态。丹麦是世界上第一个颁布《环境保护法》的国家。以该法律为基础，丹麦授权能源部和环保署制定一系列更为明晰的环保条例，包括《海洋环境法》、《工业空气污染控制指南》、《废弃物处理法》等。这些具体的法律条款规定的环保举措非常详细。例如，为了减少氮的流失，在冬天要保证 65％的耕地用于种植绿色植物；由 14 个地方行政部门规划出特定的地下水保护区域，对保护区内的地下水质量和容量予以监控。这些环境保护条例有助于约束公众和企业的行为，有效避免破坏生态环境的现象出现[②]。

---

① 参见 https://weibo.com/stateofgreen?refer_flag=1005055013_&_is_hot=1。
② 周长城、徐鹏：《"新绿色革命"与城市治理体系的创新——丹麦可持续发展经验对中国的启示》，《学术前沿》2014 年第 11 期(下)。

在各个税种中,丹麦对化石能源的课税最高。例如,电费就包含高达57%的税额,如果用户不采取节能方式,就要付出更高昂的代价。再如丹麦的汽车购置使用税,消费者需要支付的税种主要有增值税和牌照注册费,税费加起来相当于汽车价格的200%,因此,丹麦小汽车保有量30年来并未迅猛增长。如果买的车比较贵,通常意味着排量更高、碳排放量更大,那么,购置税的税额也会按比例增加。碳税、购置税无疑能让人在买车时再三思量,即使不得不购置,也自然而然地倾向能耗低的车,或者干脆使用生物能源等绿色能源汽车。同时,丹麦政府对节能环保产业与行为进行税收减免。例如,为了鼓励对风电的投资,丹麦政府在20世纪80年代初到90年代中期对风机发电所得的收入一直没有征税。在运输领域,对电动汽车实行免税。这种税收优惠与减免政策起到很好的导向作用,对排碳量少的新能源收税低,促使更多人自觉通过经济调节,选择价格和污染相对较低的能源形式①。

丹麦是世界上最早对垃圾分类处理进行立法定规的国家,对于垃圾处理实施极为严苛的规定。例如,垃圾首先要送到回收站进行分类;只有经过回收再利用流程后剩余的垃圾,才能被送到垃圾焚烧厂;只有焚烧余烬或无法焚烧的垃圾,才允许填埋。丹麦税收部门根据不同的垃圾处理方式,征收不同税率的环境税,以此来敦促与鼓励民众实施垃圾分类。如今,丹麦民众分类投放垃圾已经成为一种自觉,甚至是一种被社会尊崇的行为风尚。

丹麦从1990年开始征收二氧化碳税,以限制二氧化碳的排放。国际能源局在2007年年底发布的预测指出,到2030年,全球温室气体排放将比现在增加57%,这将使地球表面温度提高3摄氏度。温室气体主要包括二氧化碳、甲烷等。相比欧洲其他国家,丹麦的碳税覆盖最广,汽油、天然气和所有生物燃料以外的碳排放都要纳税,每吨二氧化碳要缴税100丹麦克朗(约合140元人民币)。

丹麦的保护绿地政策非常严格,政府规定每家房子周围,超过50%以上的面积必须都是绿地。对于树木,也进行严格的保护。即使是砍死去的树木,必须到市政单位去申请,不批准就不能砍。

丹麦政府出台有利于自行车出行的道路安全与公交接轨等优惠政策和具体措施,在自行车成为丹麦民众日常出行的首选这一行为中功不可没。

---

① 车巍:《"丹麦绿色发展模式"对我国能源转型和城镇可持续发展的现实借鉴意义》,《风能产业》2017年9月。

二、以企业为先锋

丹麦的企业,在可持续发展和生态保护方面都走在最前面,甚至比政府还要靠前。企业的核心战略是推动社会更好地发展,不少企业及其创办的基金会在可持续发展和生态保护方面都作了巨大的努力。

以水泵企业格兰富为例,它的核心战略是可持续发展,提供清洁能源。它解决社会问题,在丹麦本土之外,气候变化和可持续发展也是它关注的重点。格兰富不只在丹麦,在全世界都是因可持续发展的投入、企业责任心而闻名。作为家族企业,这是遗传下来的家族财富。格兰富总裁尼尔斯·杜·耶森是可持续发展方面的引领者。1964年,他作了一个有力的决定:要么可持续发展,要么就不存在。可持续发展,涵盖的不只是环境,还有对员工的关怀和所在区域的可持续投入,以及对政府合作的可持续,推动它们在这个方面的发展。

格兰富最看重的价值是产品、理念如何更好地推动社会进步,希望为生态发展提供更好的解决方案。在塞尔维亚的一些案例中,生产的废水可以继续循环利用到生产中。在另外一个案例中,工厂剩余的热水可以增加到供热系统中,增加区域供热来源。这些展示了格兰富在可持续发展方面的决心。此外,格兰富的企业基金会是绿色国度的合作伙伴,在清洁水和可再生能源、可持续发展方面投入较大。格兰富已经创立75年,不仅深耕本地市场,而且不断拓展海外市场,希望产品更好地为社会服务。

格兰富的新战略将推出一项水务目标,内容包括:到2030年,将向3亿多人口提供清洁用水,并且通过节水和水处理节省500亿立方米淡水。格兰富首席执行官马哲思指出:"我们能够对水务议程产生巨大影响。这就要求我们加快发展速度,提高我们创建和交付新型数字化解决方案并拓展业务的能力。""这不仅能够造福全社会,还将带来巨大的商机,因为水务市场拥有巨大潜力。"在这项战略中,可持续性和企业公民意识不仅体现在水资源方面,格兰富还希望作出长期贡献来应对气候挑战,以及为公司运营所在的当地社区和合作伙伴创造最佳条件。

格兰富的产品及方案正致力于解决水资源短缺问题和水资源污染问题,包括洪涝灾害。在这个主题中,可持续和创新是紧密结合的。格兰富寻找新的解决方案。从中丹关系的角度来看,格兰富在中国的运作,秉持为中国的理念，产品在中国生产，为中国市场。无论产品在工业领域的运用，还是洪涝的预防，都要与合作伙伴，与在地市场，一起寻找解决方案。这就是丹麦企业的做法，把绿色发展作为商业机会，而非负担，主动实现绿色发展目标。

在丹麦，企业把绿色发展当作商业机会和创新机会，这与政治决策有关。政府先作政治承诺，也许企业最初不知道怎么办，但是只要知道要实现什么目标，全社会都开始行动起来。

作为新颁布的可持续发展项目"迈向零目标"的一部分，嘉士伯集团承诺在2030年前旗下酒厂碳排放及水消耗减半。其中，短期内采取的措施包括在2020年前旗下酒厂采用可再生电力。

"迈向零目标"是在全球面临各种挑战，如气候变化、水匮乏及公共健康事件背景下颁布的，满足消费者对可持续发展产品不断增长的需求。这一项目是嘉士伯集团"扬帆22"战略的组成部分，主要由四项目标组成——零碳足迹、零水耗浪费、非理性饮酒零目标和零事故文化，每项目标均有单独的可衡量指标。这一项目概括了嘉士伯集团的业务宗旨：酿造一个美好现在和更美好的未来。这一基于科学方法得出的目标，与联合国可持续发展目标相吻合。

三、NGO在行动

丹麦的社会组织发展程度较高，在平等、团结的扁平化社会里，公众拥有较高的话语权，社会组织也非常活跃，在绿色发展、可持续发展的社会议程中也发展较快。

"绿色国度"在全球是独一无二的机构，它是集政府、企业于一体的非营利性组织，分享知识和经验，搭建伙伴关系。在2009年哥本哈根气候大会之前，2008年，丹麦政府和商业机构讨论，为向参会者展示作为绿色国家的丹麦，决定组建"绿色国度"这一机构，接待媒体。

绿色国度是对话与合作的代表，是丹麦政府与丹麦四大主要商业协会——丹麦工业联合会、丹麦能源协会、丹麦农业与食品委员会和丹麦风能工业协会——共同成立的公私合作的非营利性组织。绿色国度旨在把需求者与所有致力于推动全球向可持续、低碳、资源节约型社会转型的丹麦领军企业联系起来。从可再生能源、能源效率、水资源管理、废物管理、气候适应，到综合城市解决方案,均可通过绿色国度寻找潜在的合作伙伴和匹配的解决方案。绿色国度展示的解决方案,从水、能源、循环经济、智慧城市这四个全球性挑战出发。感兴趣的用户可以通过注册丹麦绿色之旅,到丹麦实地考察。绿色国度提供了展示各种解决方案的平台和搭建伙伴关系的桥梁,已经成为丹麦绿色发展的一张名片。

非营利性组织在环境和生态保护方面发挥了极大的作用,它们提供了展示自然精神的平台,也对国家决策有着巨大的影响力。

丹麦生态理事会就是其中之一。它栖身在一座旧楼房里,已有20多年的历史,有1 000多名会员,但全职工作人员只有6名,其他的全都是志愿者。他们出版环保杂志和宣传册,组织建筑节能研讨会,邀请经济学家、建筑专家、政府代表和学生共同探讨如何破解节能减排的难题。他们曾经通过对交通造成的空气污染的调查,预计欧洲各国国民的寿命。它的会员每年都要交纳会费、订阅杂志。除此之外,他们的活动经费主要来自私人基金赞助,以及各种环保项目经费。他们拒绝在功利的状况下生存,只是以地球人公共责任为信仰和动力[1]。

"绿色皮划艇"组织是一个非常有趣的民间组织,它发动游客参加垃圾清理活动。这个创意是由哥本哈根环保运动倡导者安德鲁提出的。安德鲁作为志愿者,每天和团队成员划着皮划艇往返于不同水道,打捞垃圾的同时向游客宣传环保知识。在哥本哈根这座水道丰富的城市,皮划艇作为游览水道的便捷交通工具很受欢迎,但其昂贵的租金又让很多游客止步。安德鲁设想让游客免费乘船游览水道,顺便将沿途的垃圾打捞清理干净,双方各取所需,一举两得。皮划艇上配备船桨、救生衣、垃圾抓取器和垃圾桶等物品,大一些的艇上还加装方向盘、电动机和餐桌、靠垫等设施,让游客在轻松游玩水道的同时,顺道将漂浮垃圾打捞运回。"绿色皮划艇"组织成立至今,至少有超过10吨的漂浮垃圾被打捞处理。"免费皮划艇"计划已由一个普通的哥本哈根组织,发展成为连锁的国际大组织,其影响力辐射至丹麦奥胡斯、德国汉堡、爱尔兰都柏林、挪威卑尔根等欧洲水道城市[2]。

民间团体也参与一些大型环保活动,成为其中重要的力量。绿色出行周活

---

[1] 何晓鲁、刘思:《绿色丹麦》,中国福利会出版社2010年版,第146页。
[2] 索惠玲:《丹麦水道上的免费"清洁工"》,《思维与智慧》2019年第21期。

动是丹麦政府自2000年起开始举办的。这一活动分阶级解决城市交通和环保中存在的问题,以社区为依托,把环保与老百姓的日常出行紧密结合起来。政府高度重视,宣传力度极大。如今,绿色出行周已经成为丹麦一年一度、深入人心的一项活动,它使丹麦的城市环保攀上更高的水平。绿色出行周活动由六家全国性的民间团体参与,包括丹麦自行车者协会、丹麦体育公司联合会、丹麦体育联盟、丹麦自然保护社团、丹麦体操与运动协会和无车出行组织的成员之一绿色向导社。此外,还有许多环保社团、商业会社、地方21世纪议程执行组织和公司都积极投入绿色出行周活动中。

民间组织在节约食物、平衡饮食方面也发挥了极大的作用。"停止食物浪费运动"组织是丹麦最大的反对食物浪费志愿组织。它们发动反食物浪费行动。自2008年该组织建立后,很多食物浪费行为得到控制。大概有6万丹麦人及很多政界人物、知名人士都在推动这项运动的发展。该组织横跨国界,展开项目,减少浪费,帮助他人[1]。社会组织在理念的宣传上起到不可替代的作用,与政府相关部门(丹麦环境和食品部)和大学研究机构(如奥胡斯大学的"丹麦食品和农业中心")的研究相结合,在反对食物浪费方面卓有成效。

MAD是由丹麦noma餐厅的主理人、著名厨师René Redzepi于2011年创立的非营利性组织。MAD以一种神农尝百草的精神,探索造物者赐给人类的可用食材,呼吁人类不要仰赖单一食材,让环境恢复平衡与再生的能力。例如,在采集过程中发现取代大蒜味道的香料,提倡打猎而非圈养来取得肉类食材,展现自然与人道的精神[2]。探索可用食材,呼吁饮食多样性,保护环境平衡能力,有免费App、课程和觅食研讨会,MAD的活动既有科学性,又有强烈的环保关怀,同时不忘寻找各种替代性食材,兼具趣味性和理想化,带有强烈的Hygge文化熏陶出来的丹麦特色。

丹麦的志愿组织"无孔不入",涉及多个行业、领域,渗透于生活的方方面面,开展丰富多样的活动,发动一切可发动的力量,兼具科学性和趣味性。这与社会赋予公民的自由度有关,与高度发达社会的人们对经济的依赖程度较低有关,更与公民的环保自觉意识有关。

---

[1] 丹麦"停止食物浪费运动"组织官网,https://stopwastingfoodmovement.org/our-projects/。
[2] 《你还在高级餐厅排队,而世界上最好的大厨们却在野外觅食》,搜狐网,https://www.sohu.com/a/204236153_495134。

四、公民的绿色发展意识

丹麦绿色发展模式的成功，依靠的是公民的自觉意识，根源于全民终身草根启蒙式的平民教育。通过唤醒国民的绿色发展意识，从而完成向更以人为本、更尊重自然的良性循环发展模式的循环经济和绿色发展模式转变。自20世纪70—80年代两次世界性能源危机以来，丹麦人不断反思，从最初对国家能源安全的焦虑，进而深入可持续发展及人类未来生存环境的层级，考虑自然环境、经济增长、财政分配等诸多综合因素，据此勾勒出丹麦的绿色发展战略，绘制出实现美好愿景的路线图，并且贯彻到国民教育中，使其成为丹麦人生活方式和思维方式的一部分。

在丹麦，绿色发展意识早已深入人心，体现在丹麦人的一举一动和衣食住行的每一个细节之中。例如，人们在家具的选择上更注重实用、耐久而不是奢华。在使用家用电器时习惯性地选择节能模式，在使用完毕后注意关闭待机电源。选择日常用品时，产品本身的质量是标准之一，环保指标也是重要标准，拒绝购买不符合环保要求的产品。坚持户外锻炼，尽量少用器械。在出行方式上，丹麦人首选自行车或徒步。丹麦的木制家具很少刷油漆，一般使用自然的上蜡工艺，少了光鲜亮丽，多了回归自然的亲近感。有些丹麦人家铺的地板是用亚麻籽油、松香、米粉、黄麻等天然原料做的环保产品，据说从不需要打蜡，打扫时省时省力，将来还能降解再利用。

丹麦人格外珍视每一寸种植粮食的土地。在丹麦，进行过采矿、铸钢等生产活动的土地，不消毒就没资格另作他用。种菜之前，农民会采用高温、水冲洗或生物分解的方法，把脏土彻底清洁一遍，消除污染隐患。丹麦人发明了一种辨别仪器，能快速检测出食品中是否残留化肥成分。

在丹麦，没有人养鸟，鸟儿只是遵循生态规律繁衍生长。无论走到哪里，都能看到人们爱鸟护鸟的风尚。

在丹麦，民众在社交软件上聊的也是联合国可持续发展目标。在社交软件上标注关注联合国可持续发展目标，会吸引更多的关注，有更多的交友机会。这也从侧面反映了绿色发展观念在日常生活中的渗透。

在丹麦，除了政府和各类民间环保机构外，社会公共机构也十分重视对公众节能环保意识的培养。例如，动物园有特殊部门——教育部门，它一方面给工作人员上课，推广关于可持续发展、绿色发展的理念，例如用瓷杯而不是塑料杯；另一方面,还有对外课堂,接待孩子们,给他们讲授绿色知识,带他们参观绿色屋顶,告诉他们为什么要在屋顶种绿植,怎样把绿色资源循环起来。到动物园的每个人都可以领取"Go Green Denmark"免费小册子,正面是地图,还有一些公园等休闲点、免费骑自行车、采摘草莓、海港游泳及各种可持续生活标志的提醒(回收中心、免费饮水点、绿色自行车道等),反面是一些可持续发展的小贴士,例如提倡买电车而非小汽车,提倡购买带有环保标志的产品,以及对回收中心的使用指南等。可持续发展的教育无形之中渗透于方方面面,包括餐饮、玩具、设计、百货商店等。

哥本哈根动物园在绿色宣传中做了很多具体的工作。整个动物园遵循严格的绿色政策,动物园新的建筑都要遵循绿色标准;能源是太阳能,水是收集雨水,公共设施使用绿色能源风能;取消塑料制品,包括小吃部的小碗等。

教育兴农是丹麦农业高效益的重要条件,举国上下都高度重视。农业启蒙教育从小学到中学一直进行,通过课堂教学和实地参观来实现。有志于务农的青年人,通过政府举办的为期三个月的"农业预备训练班",考核合格后方可进入正式农业学校学习。这样的农业学校全部是寄宿学校,每个学校都有一个实习农场。学生在农业学校接受四年半的基础专业教育,在完成规定的课程和实习后,考评合格者获得农业毕业证书,即"绿色证书"。持有"绿色证书"者才有资格开办农场并得到政府的资助,还可以到农学院接受深造,结业后获得农业技术员称号,之后才能成为农业技术顾问、园艺师和农场经理等。从农学院毕业的学生或完成大学预科课程的普通学校的学生,可以考入皇家兽医农业大学,接受高等教育。农业在丹麦是一个需要较高文化程度和较强专业知识的行业,任何没有受到农业基础教育和务农实践及没获得"绿色证书"者,没有资格当农民。在丹麦,已经没有传统意义上的农民,而是农业工人或者农业科技人员,农业劳动力已经形成一支以知识分子为主体的科技队伍,工农差别早已不存在。丹麦特别重视农民的继续教育,合作社组织给予良好的全过程服务。农闲季节,青年农民到遍及各地的近百所民众高等学校学习。每年大约有6 000—7 000名农民参加"一周农校课程",由专家们讲授有关课程,教育的重点是普及推广最新的农业技术业务。丹麦几乎所有农家都有书房,藏书门类广、数量多①。教育覆盖从小学生到成为农民的全过程,必须接受

---

① 王鹤:《丹麦》,社会科学文献出版社2006年版,第2188—2205页。

一定的教育考核合格后才能取得相应的资质,而且在成为农民之后,继续教育和自我学习也从不停止。作为知识分子的农业从业者,生产出不用洗就可以吃的水果也就不足为奇。

丹麦农民在取得绿色能源的收益之后也自动加入绿色教育的行列。在开展新能源实验的萨姆索岛,经济情况好转之后,岛民们建立了新能源学校,普及环保知识,清除推广环保技术的障碍。新能源学校是免费的能源咨询服务和新技术实验基地。能源学校本身就是一座绿色环保建筑,实现零排放。屋顶上的太阳能电板只用120平方米,产生的能源恰好相当于整座建筑的平均用电量。太阳好的时候,多余的电送进电网;没有日光的时候,就从电网"借"一点,平衡下来,基本做到电力自给。这所房子的墙壁中,充填的隔温材料是切碎的旧报纸,为居民提供绿色房屋的样本,是实物教育的典范[①]。

在绿色转型过程中,因全民教育而形成的全民参与,保证政府在气候变化及可持续发展政策和立法的连贯性与一致性。丹麦是多党制的民主政体,许多政治议题观点多元、纷争不断,政府更迭频繁,但对于绿色发展和"零碳转型"领域形成的共识,历届政府和民间的态度则是一直不变的[②]。

第四节　绿色发展的丹麦经验

可持续能源的生产、消费和管理,确保水资源安全,迈向循环经济,打造智能绿色的宜居城市,在实现绿色转型中十分关键。仅靠单一的技术或部门无法实现这种转变。在丹麦,公私部门之间的合作非常普遍,其中,最具典型性的是绿色国度。

作为展示丹麦绿色发展的组织,绿色国度是独特的公私实体,其主要目的是推销丹麦的绿色解决方案,主要秘诀在于私人部门与公共部门之间的信任。基于35年致力于绿色转型的工作经验,绿色国度认为,在制定综合的、可负担的可持续解决方案方面,跨部门和跨国界的整体分析与合作至关重要。例如,丹麦的

[①] 何晓鲁、刘思:《绿色丹麦》,中国福利会出版社2010年版,第35页。
[②] 车巍:《"丹麦绿色发展模式"对我国能源转型和城镇可持续发展的现实借鉴意义》,《风能产业》2017年9月。

水和电力部门之间开展合作,将污水处理厂的污泥用于能源生产。再例如,利用余热加区域供暖系统中的水,是热电联产过程中产生的协同效应;城市居民的垃圾可被用来产生热量和电力。同时,气候适应解决方案可以减少城市洪涝现象,创造更绿色、更宜居的城市。丹麦与邻国的电力贸易是它能源系统安全供应和可再生能源高度一体化的关键因素。因此,丹麦正积极发展北欧和欧洲一体化电力市场。

全面和综合的绿色转型方案让丹麦不断受到世界银行和国际能源署等国际机构的青睐。在丹麦的能源系统中,绿色能源的比重高,能源安全性高,能源价格极具竞争力。这些因素让丹麦逐渐成为绿色数据中心,为苹果(Apple)和谷歌(Google)等大型跨国投资者提供了极具吸引力的商业环境。作为欧盟一员,丹麦被要求减少的温室气体排放量远远超过其他欧盟成员国。

由于公共部门的需求,私人部门已经开发出新的解决方案,这些解决方案在全球范围具有真正的竞争力,因为它们领先于行业。

一、公私合作是丹麦绿色发展战略成功的秘诀

丹麦绿色发展战略的基础是公私部门和社会各界之间的有效合作。自20世纪70年代以来,丹麦一直保持在议会所有政党的支持下就能源和环境政策问题制定协议的传统。政治稳定对于确保长期投资和制定长期目标至关重要。在针对不同的可持续发展挑战设计应对解决方案时,公私合作已被证明是一种极为成功的模式。这种有效的伙伴关系,在制定丹麦的绿色转型政策时发挥了重要作用。它允许政府在行业的支持下制定法规和计划,确保政策成功实施。

长期规划、框架立法和广泛接受的政治协议这三方面相辅相成,是全球绿色转型的核心要素。实现2050年目标,丹麦需要在未来几年进行能源政策上的真正转变。现如今,水和能源效率的概念已经在丹麦有广泛的接受度,如何在可再生能源基础上充分发挥电气化的潜力,促进国际能源系统一体化,创造高效、基于市场的解决方案都需要被充分考虑。丹麦将绿色转型视为对未来经济增长、市场机会和就业机会增长的机遇。

奥胡斯、桑德堡和哥本哈根共同被视为中国绿色城市发展的相关丹麦样板。奥胡斯市政府领导对于绿色和可持续转型有着雄心勃勃的计划,2030年奥胡斯将实现零碳。桑德堡也有相应的野心,将在2029年实现零碳。两个城

市为实现目标都已经启动一系列举措。桑德堡的项目由 2007 年成立的公共-私人公司零碳项目公司(Project Zero)承担①。奥胡斯和桑德堡都非常重视促进商业关系,但两位市长都强调创造公共价值的重要性,包括维持福利社会,在全球推广这些城市,它们是提供以公私合作为基础且实用的国际绿色解决方案的供应商②。

在风电发展中,公私合作同样功不可没。丹麦风电发展的制度设计中独特的一点是基于社区和合作社的组织运营模式。这在一定程度上是因为在丹麦风电发展早期,技术的开发(如叶片)和风电站的建设,有很多是出于个人兴趣和爱好而完成的,并非像美国那样是由专门生产飞机发动机的大型高技术企业来开发技术。因而基于个人兴趣和小企业家的投资促成丹麦风电发展大都与当地投资者(主要是合作者及农场主)拥有的独特组织运营模式有关。基于社会公司型的制度结构,使得丹麦风电的发展必须依靠基层组织运营和政府的积极协调才能获得良好发展。而丹麦政府在风电产业发展过程中的政策变化,转向以市场导向为原则的制度安排,则阻断了行动者在原有制度结构下的行动,因而未能获得成功③。

国家和地区在发展绿色大型项目时,要融合自上而下的政策和自下而上的解决方案,有效促进领先企业、投资人和公共组织在绿色经济增长中取长补短,更高效地实现公益目标。这种合作形式广泛存在于国家和地区的大型绿色项目中,丹麦南部松德堡地区的"松德堡市零碳项目规划"便是一个比较成功的公私合作典型案例。

丹麦松德堡市在 21 世纪初诞生了一个名为"南丹麦未来智囊团"的类智库组织。该组织由政府部门、企业界和能源供应公司等 80 多方共同组成,获得包括松德堡市政府和丹佛斯集团、丹麦国家能源公司等知名企业在内的五大基金的支持。组织成立后,行动活跃,积极出谋划策,于 2007 年 6 月 24 日推出"松德堡市零碳项目规划",计划在 2029 年前将拥有 750 年历史的老城转变为零碳城。该项目由公共领域的市政和私人领域的公司进行商业合作,资金流向完全透明。2010 年,"松德堡市零碳项目规划"获得欧盟委员会颁发的"最佳可持续性能源

---

① ② [丹]卡米拉·T.N.索伦森、[丹]约恩·德尔曼:《寻找世界新秩序:丹麦的中国研究》,王宇辰译,上海社会科学院出版社 2018 年版。
③ 曹瑄玮、刘洪涛:《基于制度主义视角的低碳创新:丹麦、德国和美国发展风电产业的启示》,《管理学家(学术版)》2010 年第 1 期。

奖",松德堡市因此被纳入克林顿全球气候友好发展计划的18个合作伙伴城市之一。

在低碳社区的建设中,地方政府、社区组织和普通民众通力合作。低碳社区作为丹麦低碳城市发展的典型缩影,从减少碳排放、构筑低碳生活的目标出发,努力发挥地方政府、社区组织与普通民众在节能实践中的先锋作用,并且逐渐加深三者的沟通与合作。在政府、社会与公众的努力中,大多数丹麦低碳社区均为低碳化节能示范性项目,受到国内国际社会的广泛赞誉。

丹麦日德兰半岛居民自主设计、创建低碳社区就是较为典型的例子。日德兰半岛的贝德(Beder)镇竣工于1980年的太阳风社区,是全世界最早构想并实现低碳发展的社区之一,更是当地居民百分之百参与低碳建设的硕果。该社区完全由本地30户居民自发组织、建设和维护,共同探讨、商议低碳构想,自始至终投入社区的规划设计、建设全过程,从设计方案的审批到募集资金,再到具体建造和日常管理维护等,均有居民的心血和努力。民众不仅主导工程建设的各个环节,还邀请专家、政府相关部门和施工队共同讨论,解决具体问题,这是丹麦民众积极参与低碳发展的典型案例。

公私合作一直在延续,丹麦政府也认识到其重要性,并且对企业在绿色转型中的作用予以肯定。2019年11月,丹麦政府与13个企业形成气候伙伴关系,这13个合作伙伴涵盖丹麦所有企业类型。首相办公室发布的通讯稿中提到:"丹麦商界在绿色转型中发挥着核心作用,通过气候伙伴关系,政府希望与商界密切合作,为解决气候挑战作出贡献。"①

首相梅特·弗雷德里克森指出:"我们必须共同应对气候挑战。对于我们独特的、强大的丹麦社会模式,社会的每一个部分都必须为实现政府宏伟的气候目标作出贡献。我认为,不同立场的各方如果有意愿合作,是可以找到共同的解决方案的。这是企业和组织每天都在展示的公共精神,他们对自己所在的领域负责。我对我们提出的13个气候伙伴关系感到高兴和自豪,每一个伙伴关系都有强大且能干的商界领袖领导。我们可以一起向世界表明,丹麦是绿色的、有竞争

---

① 《丹麦政府与商界建立气候伙伴关系》,绿色国度微信公众号,https://mp.weixin.qq.com/s?_biz=MzIzMzM0NjgyOA==&mid=2247484813&idx=1&sn=765a43031bdde8bc6cb1298ca1b717eb&chksm=e88647eedff1cef8652daabfac53a05d1de8a9d3e315ec84a422574a5bfa8c5ca946a281cd6c&scene=21#wechat_redirect.

力的、团结的。"①为确保解决方案的实施,由多位部长、13个气候伙伴关系的主席及工会代表和其他专家参与的绿色商业论坛成立,以便追踪气候伙伴关系路线图和建议的实施情况。

实际上,在气候问题上,企业比政府走得更快。丹麦首相和她的三位部长在一篇政府专题文章中提到,丹麦商界正在深入参与解决气候问题。我们一直致力于为丹麦设定更高的气候目标,即到2030年减排70%,绿色转型已经在各个工作场所全面展开。沃旭能源、维斯塔斯、格兰富、丹佛斯、威卢克斯和更多丹麦公司正在向全球提供可持续的解决方案。丹麦的公司和雇员需要一个有野心的政府予以它们支持。政府必须在绿色技术上有更多的投入,并且证明无论是在应对气候挑战方面,还是在自然保护方面,伙伴关系都是最佳解决方案。首相和部长们的言论显示了政府对于企业在绿色转型中所作出的贡献的肯定,同时也表明对于公私合作这一方式的高度认可。

吸引私人投资,也是公私合作的一项重要任务。2019年6月,新一届丹麦政府上任,把清洁能源放在更重要的位置。此外,政府成立新的绿色转型委员会,同时聚焦绿色转型工作。政策要得到实施,政府必须和私人部门合作,要大规模吸引私人投资进行绿色转型才能够实现目标。因此,需要与对投资友好的、稳定的、有助于实现应对气候变化的私人部门合作。丹麦养老金基金等都可以进行这方面的投资,现在已经投入一千亿资金,投资海上风能。在联合国气候峰会期间,丹麦养老基金宣布它们在2030年之前投资700亿人民币,投资绿色能源的转型②。

二、国际合作助力绿色发展

基于多年的经验和实践积累,丹麦在低碳道路上正迈向更宏伟的目标,丹麦的节能技术、产品、服务在全球多个国家都积累了大量成功实践案例和经验,成为欧盟国家中"绿色技术"的最大输出国。

丹麦政府十分重视通过开展国际环保合作,将自身的环保举措对外推广,将具有丹麦特色的环保理念介绍到世界其他国家,这反过来也有利于国际社会对丹麦

---

① 《丹麦政府与商界建立气候伙伴关系》,绿色国度微信公众号,https://mp.weixin.qq.com/s?_biz=MzIzMzM0NjgyOA==&mid=2247484813&idx=1&sn=765a43031bdde8bc6cb1298ca1b717eb&chksm=e88647eedff1cef8652daabfac53a05d1de8a9d3e315ec84a422574a5bfa8c5ca946a281cd6c&scene=21#wechat_redirect。

② 中国储能网新闻中心:《丹麦能源署副署长:希望和中方继续开展绿色转型方面的良好合作》,中国储能网,http://www.escn.com.cn/news/show-776427.html。

的环保工作予以积极的监督,进而形成丹麦与世界其他国家的反馈式环保合作。20世纪末,丹麦就曾加入《北欧环境策略1996—2000》,积极促进北欧五国的环保合作。丹麦议会为了响应1992年在巴西举行的环境发展大会精神,于1994年成立一个专门资助世界环保行动的经济机构,同时执行三个具体的行动计划——"北极环保计划"、"发展中国家环保支援计划"、成立"东欧环境支持基金会",从而将丹麦的环境保护经验输出到世界各国,提升丹麦在环境保护领域的世界影响力。在与其他国家的环保合作过程中,丹麦根据每个国家的实际因地制宜地帮助制订行动计划,这个过程本身也提高了丹麦自身制订合理环保计划的能力[①]。

丹麦政府十分重视区域合作的力量,尤其在发展风电系统方面。1999年,丹麦通过与邻国电网的对接,形成"丹麦-瑞典-挪威-芬兰"四国电力交易市场,实现除冰岛外北欧国家电力的互输流通,从而保障各国的能源安全,提升能源使用效益。例如,在风力匮乏时,丹麦会从挪威进口水电;当风力发电产能过剩时,丹麦则将富余的风电通过北欧电力交易市场转卖给别国,以此盈利。

丹麦电力和天然气市场借四国电力交易市场(位于挪威首都奥斯陆)开放,以国际市场需求为导向,根据市场情况变化灵活开展跨境能源交易,通过电力进出口调节供需,实现国家能源利益的保障兼增值。丹麦还将市场触角伸向整个欧盟市场,向欧盟及海外大量输出丹麦海上风电的优势技术,这让丹麦低碳经济技术出口增速迅猛。

第五节 案例:绿色出行的青少年
——如何发起一场创意可持续之旅

一、丹麦的可持续发展教育

丹麦教师从20世纪60年代开始便带领学生积极参与丹麦环境问题的讨论与行动。60年代后期,学校经常紧跟公共媒体上对环境污染的报道,在学校的

[①] 周长城、徐鹏:《"新绿色革命"与城市治理体系的创新——丹麦可持续发展经验对中国的启示》,《学术前沿》2014年第11期(下)。

专题周或生物学和"定向"等学科中纳入环境的话题。当时,丹麦媒体将重点放在污染上,主要是想引起人们对环境问题的政治意识,但这些问题通常单单被视为与清洁废水和管理固体废物有关的技术问题,许多教师也因此对环境污染问题的种种拖延举措感到沮丧。

由于丹麦教师总体上属于公民社会中较为活跃的群体,因此,在 20 世纪 60 年代末期,许多与环境问题有关的学校活动实际上都带有宣传动机,其目的是唤起学生及其父母对环境问题的重视。例如,成立于 1971 年的丹麦生物学教师组织生物学协会(Biologiforbundet),除了支持生物学教师教学之外,也致力于在丹麦建立一个更清洁的环境。

虽然环境教育在丹麦起步较早,但真正在丹麦教育者中树立起统一的环境教育概念却非易事。在环境教育开展的早期,对于许多教师而言,环境教育是关于污染的教育,重点在于与污染相关的自然活动中所涉及的科学问题。在这样的教学中,学生很难把科学研究与社会环境联系起来,从而对污染的社会政治根源进行想象。1976 年,更为进步的针对初中与小学的学校法在丹麦生效,并且针对学校科目制定了新的且在当时来说相当先进的教学大纲,在中小学的一些科目中正式确立对环境问题的关注。特别是在生物学中,学校法规定,"教学应有助于学生了解人们的生活条件与生存机会,并以此作为决定当地和全球环境问题的基础"①。1977 年,丹麦初中开设"当代研究"主题课程,着眼于"重要的本土、国家和全球当代问题",其中,环境问题是显而易见的选择。"当代研究"主题课程力图为环境问题的理解提供更广泛的研究方法,开辟环境教育的新篇章。不过,在实践中,这些课程通常更着重环境常识,而不太关注环境问题出现的理论背景。

从丹麦政府层面来看,环境教育在当时不是一个明确的优先事项。从 20 世纪 70 年代末到 80 年代初,环境教育一直是专门从事环境问题的教师的领域。这种情况一直持续到 1984 年,在受到丹麦多个学校与环境保护 NGO 的批评之后,环境部长于 1984 年与教育部联合主办关于丹麦环境教育的状况与未来的会议。这次会议中首次正式引入关于环境问题的重要观点,即环境问题是由利益冲突构成的社会问题。会议引用的一项调查表明,当时只有两到三个科目的教

---

① Søren Breiting & Per Wickenberg," The Progressive Development of Environmental Education in Sweden and Denmark", *Environmental Education Research*,2010,16(1),pp.9-37.

师真正活跃于环境教育中。会议报告强调,环境教育应该是所有教师的责任。

以此为契机,各学校的教师开始通过在职教师培训,一起合作推动新一代的环境教育。在这一时期,有多个学校项目都为这一发展作出贡献,这些项目的共通之处在于对学生参与和一般技能的发展。在20世纪90年代推出了QUARK项目后,丹麦可持续发展教育的重点开始转向学生的行动能力。值得一提的是,1993年起任教育部部长的奥勒·维格·詹森(Ole Vig Jensen),在同年通过的初级教育法案的基础上,大力推动丹麦教育的"绿色转向"。通过帮助学生发展行动能力,丹麦的可持续发展教育避免从道德主义的方法对学生进行环境教育,其核心是让学生意识到,寻找解决环境问题的方法将是一项持续的挑战。由于环境问题本身包含价值观与不同的客观利益,因此,没有人拥有所谓最终正确的解决方案。学生的批判性思维被看作是行动能力方法中的关键要素。从培养学生行动能力的这种方法来看,环境教育中的许多方面实际上可以融为一体。这一方法也因此被看作是丹麦环境教育概念的一种范式转变,被看作是丹麦"新一代环境教育"的概念。

1977年,在第比利斯召开的会议上,北欧部长理事会学校教育委员会作出一项重要决定,邀请五个北欧国家共同为学校开展环境教育提供框架,即MUVIN计划。这一框架提议,学校项目应尝试将环境问题概念化为自然资源使用中的利益冲突。此外,学校还应在环境教育中优先考虑道德问题和审美素质。MUVIN计划为北欧学校与环境教育相关活动提供了框架,为丹麦在职教师培训、开发新一代环境教育的行动能力方法发挥了很大作用,它将环境教育的重点放在对社会行动的深入理解上,而不是教师发起的学习活动。MUVIN计划至今仍然是对丹麦环境教育影响最为深远的政策框架之一。

2005年,丹麦教育部颁布教育部门落实联合国可持续发展教育的十年战略(2005—2014)。该战略由丹麦教育部和联合国教科文组织丹麦委员会合作制定,确保儿童、年轻人和成年人了解可持续发展的概念,并且通过知识和技能学习来胜任环境保护的职责。从2015年开始,丹麦环境教育与联合国可持续发展2030目标挂钩,将环境教育发展的目标进一步向全球环境议程靠拢。

总体而言,丹麦中小学的环境教育从1960年开始,以教师为主导,着重学生对环境问题的自然与社会的理解,并且以此为基础,发展学生在环境问题上的社会行动能力。这也意味着,中小学生虽然还处于环境教育的起步阶段,但是对环境议题不乏广泛接触,从而产生较强的环保意识并发展出一定的社会行动能力,他们构成丹麦公民参与环境行动的有生力量。

二、丹麦国家铁路公司及其可持续发展

丹麦国家铁路公司(DSB)是丹麦和北欧地区最大的火车运营公司。该公司成立于1885年,由当时丹麦两家国有区域火车运营公司——日德兰-菲英岛铁路公司和西兰岛铁路公司合并而来。自1999年以来,丹麦国家铁路公司成为当时丹麦运输和能源部下属的独立的国有公营公司。2006年,为了适应竞争和国际化的需要,丹麦的政治决策者达成共识,启动对该公司的私有化进程。如今,丹麦国家铁路公司基于与运输和能源部的合同仍然保留一部分公共服务承诺,但它仍以盈利为基础运营。

通过每天运送超过50万名乘客,丹麦国家铁路公司将推动可持续的集体出行方式作为公司至关重要的社会责任。

2019年,为助力丹麦的可持续发展战略,DSB发布四个可持续发展目标:在2030年之前实现碳中和;火车引擎颗粒零排放;回收至少90%的废物;将能源消耗减少50%。DSB首席执行官弗莱明·延森(Flemming Jensen)强调,火车是气候友好型的出行选择,是未来可持续出行的重要方式。

公司除了要解决在日常运营中日益严重的交通拥堵问题,也非常强调营造可持续之旅的重要性,而乘客、员工和合作伙伴互相协作是其中的关键。

在DSB的可持续之旅中,公司一方面强调整个公司的协调发展;另一方面,设立特殊部门,专门对公司气候、环境和经济三个层面的可持续发展的道路进行探索。其中一个重要的部门是于2016年成立的DSB数字实验室。建立DSB数字实验室的初衷是为了加快公司内的数字化转型,开发新的解决方案。DSB数字实验室以未来为导向,通过原型设计、设计思维、用户参与等方式尽力迎合客户的需求。

作为一家百年老店,丹麦国家铁路公司对可持续发展之旅的探索却刚刚开始,虽然壮志凌云,但前路也充满各种未知的机遇与挑战。2018年年末,一封来自丹麦高中师生的邀请函无意间敲开公司的大门,推动了DSB在可持续发展战略上的实践进程。

三、可持续游学创意马拉松

1. 合作的机缘

2018年年末,DSB收到圣安娜高中(Skt. Annæ Gymnasium)的一个倡议,

这个高中的师生希望与 DSB 合作,打造一辆"穿越欧洲的火车"。"穿越欧洲的火车"是圣安娜高中的师生为了在交通领域的碳减排构思的项目。

经过一段时间的慎重考虑,2019 年年初,DSB 决定由 DSB 数字实验室与圣安娜高中的 10 名师生一起进行为期 5 天的设计冲刺。当 DSB 数字实验室接手这一项目的时候,圣安娜高中已经动员另外 4 所丹麦高中一起加入这一行动。此时,可持续发展已风生水起,成为 2019 年春季丹麦议会选举的主要议题之一。

图 6.2　可持续游学创意马拉松活动照片

(资料来源:https://politiken.dk/rejser/art7457025/Unge-udvikler-togstudierejser-sammen-med-DSB)

由于参与学校的增加及选举带来的政治气候的变化,DSB 数字实验室决定重新改变活动计划,以适应更为多元的合作伙伴和不断变化的政治环境。

从公司决策层的角度来看,丹麦国家铁路公司作为公共机构,是公众的公司,归所有丹麦市民所有,与乘客及合作伙伴合作是公司应有的职责。同时,公司董事会也认为,通过与客户群体的积极合作,DSB 也能在解决问题上掌握更大的主动权。的确,与其让客户在不了解问题的情况下,联合起来指责铁路公司,提出不切实际的要求,不如主动寻机和客户一起探讨问题所在,共同寻找解决方案。

圣安娜高中的老师们也有自己的担忧。这些担忧包括：工会关于教师与外部机构合作的规则；DSB 如何为项目提供资金，如何作决定；在某些高中有了固定的合作伙伴之后，丹麦国家铁路公司是否可以成为这些高中新的合作伙伴。这些问题的浮现，让 DSB 数字实验室意识到，这五所高中也有自己的资源局限，需要在这些局限的框架内共同商定合作内容。

为了能让 DSB 和五所高中都找到适合自己的合作方式，DSB 数字实验室提议，由双方共同设置合作框架与边界。在这一过程中，双方的沟通与公共关系的建立必不可少。

有时也会有双方无法在目标上取得共识的情况。在这种情况下，DSB 数字实验室会抱着一种开放的态度，询问其他参与方式的可能性。例如，某些机构是否愿意以专家顾问的形式参与到活动中来。

2. 多元参与

最终，可持续游学创意马拉松的参与者由丹麦国家铁路公司的管理层与员工、五所高中的学生与老师、九个丹麦国家铁路公司外部合作伙伴的代表组成[①]。

DSB 数字实验室并不要求学生一定是可持续发展方面的专家，但考虑到背景、年龄、专业的多样性，实验室要求高中尽量挑选愿意以开放的方式一起参与合作的学生。在实践中，DSB 数字实验室对高中生具体的参与表现持开放的态度，仔细观察他们在合作中的表现，对他们进行更合适的分组。

DSB 数字实验室特意将可持续游学创意马拉松的时间定在 DSB 常规活动时间之外，由此确保公司 IT 部门的人尽可能参与。DSB 数字实验室还从销售、客户服务、列车运行计划等部门选择一些不同背景的员工，以确保公司不同背景、不同部门的人都可以参与到创意马拉松中来。DSB 数字实验室还邀请一位之前赢得 DSB 可持续竞赛的火车司机一起参与活动。

在来自外部合作伙伴的参与者中，DSB 数字实验室更关注与铁路公司有合作意向的外部合作伙伴，考虑他们作为演讲者来参与活动。这些外部合作伙伴中有旅行社、致力于简化欧洲境内火车出行的初创公司与代理商。

---

① 五所高中包括：Tårnby、Skt. Annæ、Det Fri、Kbhs. Åbne、Frederiksberg。九个合作伙伴包括：Concito、medtog.dk、Alfatravel、the Youth Bureau、the Youth Climate Council、Suhrs College、Kilroy、Travellit、togrejse.dk。

作为参与主体,可持续游学创意马拉松的高中生参与者有一个鲜明的特点:年龄和知识差距。在活动筹备的最初阶段,DSB 数字实验室主要有两个关注点:一个是高中学生在参与之前是否需要对可持续发展的概念进行专题学习和培训,另一个是如何让高中学生平等地参与到活动筹备中来。DSB 数字实验室选择相信高中学生的能力。在活动筹备开始之前,DSB 数字实验室先和有意参与的高中学生开了一个预备会,通过焦点小组的形式倾听他们的想法。在这场会议中,高中学生基于自己过去学习的经验,提出一系列对可持续概念的深刻见解。他们还提出一个很重要的想法:创意马拉松活动本身也应该是可持续的。

DSB 数字实验室也对成年人会如何与高中生合作感到担忧。例如,成年人会不会摆出百事通的姿态指使年轻人去做他们不想做的事情?成年人,包括专家,会和这些年轻人精诚合作吗?在创意马拉松中,有一些丹麦国家铁路公司的老员工虽然资历很深,但仍然积极要求加入高中生的小组,共同探讨问题。DSB 数字实验室也帮助学生加入不同的小组,让各个讨论小组的参与者更为多元化。

3. 共建共享

2019 年 10 月 24—31 日,圣安娜高中与其他四所丹麦高中和丹麦国家铁路公司共同举办了"可持续游学创意马拉松"活动。这场创意马拉松吸引了五所高中、丹麦国家铁路公司、旅游公司、研究机构、非政府组织共约 90 人,40—50 位演讲者、主持人、裁判和其他访客。

10 月 24 日是可持续游学创意马拉松的第一天:问题探索日。在这一天,不同领域的发言者从自己的角度谈论与可持续相关的问题。例如,丹麦旅行社 Kilroy 的董事提出,过度旅游在今天是出行中很大的一个问题,每个人旅行都去往同一个目的地,则会过度利用当地的旅游资源。他将旅行与联合国可持续发展目标相联系,提出要尽可能关心旅游地当地人的生活质量。由此,与会者拓展了可持续发展的概念,指出可持续发展不仅指交通的可持续,更扩展到人们在交通中的行为,在火车上的时间利用,人们在一次旅行中目的地的数量,以及在旅行目的地的行为等。一些非政府组织和年轻的社会活动家也作为发言人参与到活动中来。其中一位年轻的社会活动家和大家分享了她如何从上高中时便开始社会活动,如何获得社会资助并吸引人们加入她的社会活动。

演讲之后,DSB 数字实验室从不同的发言人中摘录不同的主题,并且对它们进行介绍。参与者可以根据自己喜欢的主题更换自己所在的团队。实际上,所谓小组工作的方式并不是很严格,站在一个桌子周围的就是一个小组,而桌子就是这个小组工作的地方。

此后的两天里,每天都由小型讲座开场,激发参与者的灵感与以专题为主的小组工作。这两天,也有专门的辅助人员在场帮助小组解决问题。第三天,所有小组都做一个简短的演讲,来表达和测试他们的想法。在同一个房间里有这么多如此多样化的小组的好处是,如果有人想测试高中老师是否觉得某个主题有趣,那么这个小组就可以去一张有高中老师的桌子做演讲。

在讨论过程中,为了便于大家了解各自不同的背景,主办方特意为每个人都制作了徽章,徽章上写着参与者的名字和"你可以问我关于……",其他参与者可根据徽章上写的问题提问。例如,一个高中生可能会写"你可以问我关于年轻人的沟通方式"。主办方希望通过这种方式建立一种印象,即不论年龄与专业背景,每个人都可以是某个领域的专家。

在最后一天,在 12 个小组的创意中,由评审委员会评出三个最佳创意。丹麦国家铁路公司的董事对这三个创意给予公开的认可。这三个创意也会转化为测试项目,让高中生踏上他们自己设计的游学旅行并对各方面的结果进行测量。有一些游学计划甚至不需要在丹麦国家铁路公司内部完成,铁路公司的外部合作伙伴,如旅行社,也可以给高中生提供符合可持续概念的个性化服务包,让高中生直接从旅行社购买出行方案。

丹麦国家铁路公司视自己为市民的铁路公司,创意马拉松中的获胜创意都通过官方网站对外开放。通过与公众分享这些想法,丹麦国家铁路公司希望社会上其他行动者能够受到启发,更多地以火车为主要出行方式。

4. 活动的影响

创意马拉松也触发了丹麦国家铁路公司内其他创新项目。2020 年,DSB 数字实验室与自由中学(Det Frie Gymnasium)建立伙伴关系。该中学在环境教育领域是一个先锋力量,学校提倡学生民主。在学校的日常运营中,学生基本上决定一切。自由中学的学生决定在游学旅行时不坐飞机,老师必须尊重学生的决定。虽然这种组织文化对学校来说有其极端之处,但对于 DSB 数字实验室来说,却是一个新观念的来源。按计划,DSB 数字实验室会对 2020 年春季自由中学两个乘火车游学的班级进行调研,包括在出行之前跟老师一起策划旅行计划,并且用一天的时间和师生一起创造一个可以传播到其他高中的概念。

这种动员高中生来策划环保出行和可持续发展的策略,对 DSB 而言是一种新的探索。过去,公司的担忧主要来自乘客提出降价或换新车这样的需求;现在,借助与高中这样的外部合作伙伴合作的方式,丹麦国家铁路公司可以在有限的资源范围内,吸引更多人乘火车出行。

通过创意马拉松,DSB 也进一步了解了乘客的需求。丹麦国家铁路公司从网站介绍的文字沟通上做出一些调整,例如添加介绍如何订票的内容,降低乘客订票的难度,由此精细化地提高人们乘火车出行的意愿。

通过创意马拉松,丹麦国家铁路公司和五所高中的师生重新定义了可持续的概念,尤其将丹麦国家铁路公司的四个可持续发展目标在游学这一背景下进行操作化。

创意马拉松也为年轻人参与改变社会的方式提供新的思路。创意马拉松这种方式使青少年认识到,通过更有建设性的活动方式或许能对社会产生更大的影响。

四、总结与讨论

本节描述了一场由丹麦高中与丹麦国家铁路局携手同行的可持续发展之旅:一边是积极参与环境教育和社会行动的丹麦高中师生,另一边是计划通过与不同行业、业务和职业的客户一起合作实现可持续目标的丹麦国家铁路公司,两者都以可持续发展为目标,不断寻找适合自己的合作方式。

跨界合作的挑战是巨大的,潜在目标的相似和交集并不意味着合作能够自动实现。丹麦高中师生从最初提出可持续游学之旅的概念,到与公共机构的第一次谈判中碰壁,再到不断摸索和谈判,直到成功运作创意马拉松项目,这个过程体现出丹麦师生的环境意识与组织社会运动的能力。在一年的时间里,圣安娜高中及其他四所高中,经由议会联系丹麦国家铁路公司的董事会,历经挫折之后再通过 DSB 数字实验室重建机构联系,把可持续发展的观念付诸实践。

DSB 也在这场旅程中经历了认知的变化,从最开始拒绝来自外界的压力,到重新思考公司在社会可持续发展中的角色,再到主动配合高中师生,寻找可行的合作方式。在这个反思性的转型中,公司发展出作为公共机构与高中生及其他客户群体合作的模式。在与丹麦五所高中的合作中,作为公共机构的 DSB 将高中教师和学生视为市民所有者,充分地让他们参与到合作项目的概念化、筹备与运营当中。在一系列策略互动中,双方彼此加强对各自的资源禀赋及局限的认识,在相互理解和信任的基础上开展未曾被设想的协作。协作围绕三个方面进行:一是丹麦高中和丹麦国家铁路公司的合作范畴,包括可持续发展世界目标、双方的现有资源、其他利益相关者的参与，以及与时间、工会规定等有关的实际限制；二是可持续发展在绿色出行中的具体表现，比如运输的可持续性、旅客在旅途中的行为、旅客在目的地的行为、活动本身筹备的可持续性等；三是不同利益相关方在实现可持续出行中的角色定位。

在这个过程中，DSB 数字实验室发挥了革新和引领作用。实验室作为 DSB 内部转型的代理人和催化剂，将公司转型的战略作为一场长期旅程。在具体事务的组织中，对外协调与不同利益相关方的合作模式，对内确保公司内部的参与，逐渐引领公司在可持续发展文化上的迁移，这对于其他需要向可持续发展转型的公共机构而言具有借鉴意义。

案例也表明，绿色与可持续发展创新是一种长期的观念变迁的结晶，受到一定的组织制度结构的塑造。如果没有丹麦在环境教育方面的长期投入及其所造就的气候，如果没有政治与社会环境中的扁平结构和开放性，这场特别的创新之旅也许无从谈起。高中生成为社会变迁的力量，能够在这场微观创新中发挥主体性，不仅有赖于组织者的行动意识与策略能力，从长远来看，也离不开国家在绿色发展领域的顶层设计。

第七章　显性基因：丹麦诞生的世界级创新型企业

裴增雨[*]

打开《财富》世界 500 强榜单，在全球最大企业排行中，丹麦，乃至整个北欧五国的企业在规模和公众知名度上与美国、欧洲、日本等知名强国和地区不可同日而语，但如果细分到行业，其首位度和影响力却非常靠前。例如，提及乐高，很多人第一时间会联想到各种创意积木，然后才是生产这一产品的丹麦企业——乐高集团。提及格兰富，估计绝大多数中国人闻所未闻，但它是世界上最主要的泵类产品制造商，是世界上最大的循环泵生产企业，在全球高端泵市场上极具实力和口碑。马士基公司位居世界十大著名船公司之首，是全球最大的集装箱运输公司，服务网络遍及全球。致力于助听器领域的奥迪康公司经过百年发展，已经成为集声学、听力学、电子学、脑神经科学等诸多领域世界顶尖技术为一体的科技企业。

深入研究和剖析这些丹麦企业，探究它们深入骨髓的以科技为核心的创新精神和融入企业文化的以人为本的发展理念，梳理其中值得借鉴、学习的成功之道，既可以管中窥豹，反观整个丹麦的创新与绿色发展，也可以作为他山之石，为中国企业转型升级和高质量发展提供模式示范与经验借鉴。

---

[*] 裴增雨，复旦大学国家文化创新研究中心研究员。

第一节 格兰富集团：从铁匠铺到
世界泵业杰出领袖

格兰富集团是世界泵业巨头，是世界上最主要的泵类产品制造商之一，也是世界上最大的循环泵生产制造厂。目前，公司主要生产和销售循环泵、潜水泵、离心泵三大类产品，广泛应用于建筑、工业、供水与供热等领域，在世界市场上极具实力和口碑。

格兰富集团以"责任-远见-创新"为核心理念。具体而言，负责任是格兰富做事的基础，格兰富清楚地知道，无论是对格兰富公司，对格兰富精神，还是对周围的环境，格兰富都有一份责任，无论做什么，格兰富都确保有一个坚定的信念作基础。有远见才能有创新，格兰富提倡每个员工都运用它们的判断力和远见来为公司建言献策与处理事务。格兰富认为，做每件事都寻求新的方法能获得最佳的解决方案。格兰富注重先思考，再行动。创新是格兰富的灵魂，格兰富从不惧怕新的尝试，不断创造出新的解决方案来满足日益变化的水泵市场的需要。

格兰富集团在水泵业务快速发展的同时，社会责任与可持续发展也同步跟进，在全球节能、节水和绿色水务方面也作了突出贡献。

一、公司发展概况

通过格兰富的企业文化，我们可以大致了解格兰富的企业发展及其定位[①]。

格兰富的企业价值主要包括：可持续发展，格兰富以负责任、更可持续的方式开展业务；开放与信誉，格兰富说到做到，与企业周围和世界之间的交流是开放与诚实的；专注于人，格兰富注重对员工的培养，确保每个人都受到尊重和重视；独立，格兰富现在和将来的主要股东都是保罗·杜·耶森基金会，在基金会的管理下，利润是手段而不是目标，能确保格兰富更好地发展；合伙，格兰富与客户、供应商及其他利益相关者共同创造价值；有抱负，格兰富永不停止挑战自己，以更快更好地在每项工作中提供优质的服务和解决方案。

---

① 参见 https://www.grundfos.com/about-us/Our%20company/our-values-and-purpose.html。

格兰富的宗旨是"我们为解决世界的水和气候挑战提供先驱方案，提高人们的生活质量"。"我们"是指格兰富及其伙伴，被视为一个强大的集体；"解决世界的水和气候挑战"是指格兰富可以并将会通过能源效率和智能水解决方案应对世界问题；"先驱方案"是指格兰富可以做别人不能做或不敢做的事情；"提高人们的生活质量"是指格兰富从根本上关心人们。

格兰富不仅把自己看成是一个与合作伙伴协作共赢的水泵企业，更把自己看作解决世界水和气候问题的先驱者，这也是格兰富在企业发展过程中积极履行社会责任的重要原因。

1. 格兰富集团

格兰富公司成立于1945年。成立当年，公司接到当地一家物业公司的特殊订单：生产一套小型自动供水系统。在当时专为供水系统配置一套水泵根本不可能实现的情况下，公司创始人保罗·杜·耶森决定自己组建一台水泵，即后来被命名为"FOSS"的水泵（"猪"型水泵）。"FOSS"组建成功，不但解决了这单特殊的业务，也由此开启了格兰富的水泵神话。

自创立开始，格兰富公司数次易名，从"边昂布模具铸造与机械厂"到"边昂布水泵制造厂"，再到1968年最终确定并延续至今的"格兰富集团"。格兰富的业务领域随着集团的更名不断调整和快速发展，伴随工厂规模扩大的还有格兰富集团的产品、技术、工作方式及架构、员工管理及社会责任等诸多方面的大幅调整。

目前，格兰富集团在北欧、东欧、南欧和中东、亚洲和太平洋地区、北美、南美等区域共56个国家设有80多家分公司，水泵年产量超过1 700万台，循环泵产品更是覆盖全球大约50%的市场。

根据格兰富发布的2019年上半年业绩报告，2019年格兰富集团绝大多数市场都实现销售增长，按当地货币计算的有机销售增长率为1.9%（按丹麦克朗计算为2.8%），净营业额达132亿丹麦克朗，息税前利润为11.77亿丹麦克朗，同比增长22.1%[①]。

除了快速发展企业自身，在为客户和消费者带来各种优质的水泵产品的基础上，格兰富还希望成为为全球面临的环境和能源挑战提供优质解决方案的一

---

① 格兰富中国：《息税前利润同比增长22.1%，格兰富发布2019年上半年业绩报告》，http://www.zgbfw.com/info/pump-news-1665831.html，最后浏览日期：2019年12月18日。

分子。为了提高水及能源效率,1982年,格兰富生产了第一个太阳能泵系统。数十年来,格兰富始终没有放弃为全球环境和资源事业作出贡献。2009年,格兰富开始提供生命线可持续用水解决方案,以使发展中国家面临挑战的社区能够可靠地获得安全、负担得起的水。格兰富还积极提供对落后地区的援助,尤其是为发展中国家提供整个水处理周期的优化解决方案和供水解决方案,从清洁和循环用水到向缺水地区供水等全方位的人道主义援助。格兰富在全世界的种种履责受到世界的认可,例如2019年格兰富集团荣获全球水和污水泵市场年度最佳公司。

格兰富集团能够始终处于业内世界前列,除了产品优质和积极履责外,积极创新是重要的手段。将科技赋予水泵之中,提供更具科技和智能化的产品是格兰富的产品竞争力来源。例如,格兰富推出的可供水下应用的深井泵,使其成为第一家将软件集成到产品中的水泵制造企业。另外,创新也让格兰富集团在可持续的环保之路上越走越轻盈,在打造企业自身影响力的同时,实现对全球履责的同步增长。

2. 格兰富中国

格兰富自1995年进入中国,已深耕中国市场20余年,先后参与建设"水立方"、"鸟巢"、人民大会堂、国家大剧院、中国尊、北京大兴国际机场等标志性项目。20年内,格兰富在中国市场的销售额曾连续数年实现30%的年增长率。2018年年初,格兰富将市场划分为五个区域,分别是西欧、东欧西亚和非洲、美洲、亚太地区、中国。格兰富集团把中国市场视为"第二本土市场"。目前,格兰富在中国苏州、无锡、上海和青岛共设有四个生产基地与一个技术中心,此外,还设有培训中心和物流中心。为了贴近客户,格兰富还在中国各地(西藏除外)都设有分公司、办事处或联络处,公司业务遍布全国,与中国民众生活息息相关。依托于在中国市场的深耕和加大布局,近年来,格兰富在中国市场的营业额已实现年均超过30亿元[①]。

除了水泵业务外,格兰富中国积极投身节能环保和绿色生态的研发中。近十年来,格兰富中国加大研发力度,配合政府、开发商、承包商及其他设备供应商等推广先进的节能产品、技术和理念,立足中国本土实际情况,开发适合中国本地市场的环保产品和方案,为中国工业、建筑领域的水泵技术进步贡献力量。

---

① 张伟:《格兰富:中国市场的C位秘密》,《中国经济周刊》2019年第12期。

2018年，格兰富中国针对中国"十一五"规划、"十二五"规划和"十三五"规划中对水务方面的治理要求，制定三大战略发展方向，分别是水质提升、智慧管理和"海绵城市"建设。通过这三大战略，格兰富中国将中国当前对水质关注的重大问题纳入公司发展中，并且成功研发、交付了一批立足本土、富含科技含量的产品和方案。例如，2018年5月，格兰富水泵（上海）有限公司向福州"海绵城市"建设项目之一——福州市固态中心区水系综合整治项目，交付融合数字化智能理念的一体化泵闸，这是中国首次将基于数字化智能理念设计的一体化泵闸系统应用于水污染的治理。将这种泵闸系统安装在河道内，在不占用地面面积的前提下，采用数字化监控和远程控制，动态评估福州市内相连河流水位和压力，将收集到的数据上传至云端，各河流上的泵闸根据云端数据自动协调，优化水流与排水，打通福州水系的连通补水，增强基础水动力和流动性，进而完成老旧城区黑臭水体整治的目标，从而有效地去除有害气味，改善城市数百万居民的生活质量①。

总的来说，无论是格兰富集团还是格兰富中国，两者都将企业发展融入社会发展的方方面面，通过"与世界共命运"的企业运转方式，实现企业盈利和口碑双丰收。

二、格兰富的成功之道

1. 基金会管理模式

1975年，以格兰富集团创始人保罗·杜·耶森的名字命名的基金会成立。基金会的宗旨是保证企业朝着正确的轨道发展，保证利润更好地投入企业的研究中，而不是更多地把现金分给股东。

保罗·杜·耶森基金会下设董事会，对格兰富董事会进行管理。在格兰富的股权结构中，基金会持股约88%，余下由创始人家族和员工持股。基金会成员共12位，其中，创始人家族成员4位，外部人员4位，员工代表4位。每年基金会把股权盈利的50%投入企业发展中②。

在基金会的具体管理工作中，创始人家族在基金会中占15%的股份，在决策中有很大的话语权。日常工作主要由管理层去做，日常工作之上的则由董事

---

① 汪茵：《格兰富水务：专注三大战略发展，继续加大中国市场投入》，中国水网，http://www.h2o-china.com/news/276515.html，最后浏览日期：2019年12月19日。
② 张伟：《格兰富：中国市场的C位秘密》，《中国经济周刊》2019年第12期。

会主席决策,董事会的所有决策需向基金会汇报。

基金会对企业在员工满意度、客户满意度、研发投入、全球市场增长等方面都有明确的要求。总而言之,基金会把持集团发展的所有决策方面。另外,不同于外部投资者制定短期盈利目标,基金会制定目标通常是高瞻远瞩的,一般是长达十年、二十年的长期规划。

借助基金会管理模式,格兰富集团能够始终确保在巩固和扩张时获得持续不断的经济基础与支持。基金会的目标是能够充分实现利润的再投资转化,对于公司发展极具现实意义。格兰富今天的成功证明,基金会对集团的控股是正确且明智的决定。

2. 智能化创新升级

格兰富的产品研发和升级始终伴随公司的发展。从第一台活塞泵到核心技术离心泵,再到近年来投入绿色降耗的太阳能、风能潜水泵、污水处理泵和节能泵等,格兰富始终保持2—3年进行一次技术和产品迭代(见表7.1)。技术的不断更新和迭代,使得格兰富最终成为世界泵业巨头。

表7.1 格兰富研发产品列举

时间	产　品	时间	产　品
1945年	第一台活塞泵——"猪"	1978年	多级离心泵 CH
1947年	深水活塞泵——DYBFOSS	1978年	"干转"循环泵 UMT/UPT
1952年	多级离心泵 CP	1980年	潜水泵 SP SOLAR
1953年	第一台钻杆泵 BP	1982年	单级离心泵 LM/LP
1957年	喷射泵 CPE	1982年	冷却润滑泵 SPK
1959年	第一台循环泵 VP	1984年	地下室泵 KP
1962年	循环泵 VP35	1990年	微型变频器 X99
1965年	第一台不锈钢潜水泵 SP	1991年	内置变频器循环泵 UPE
1971年	世界上第一台多级管道泵 CR	1991年	环境采样泵 MP1
1971年	第一台潜水电机 MS	1992年	内置变频器的3英寸潜水泵 JS
1972年	第一台循环泵/200系列 UM/UP	1993年	内置变频器的标准电机 MGE
1975年	两档转速的循环泵 UPS	1993年	SPA 泵 WPU
1976年	标准电机 MG	1995年	变频泵远程遥控器 R100
1976年	注射泵 JP4-45	1995年	排水泵 AP

续　表

时间	产　　品	时间	产　　品
1998 年	新一代 3 英寸潜水泵 SQ/SQE	2003 年	污水处理泵 SE1/SEV
2000 年	第一台数字计量泵 DME	2005 年	第一台获得认证的节能泵 ALPHA PRO
2001 年	大型循环泵 UPE		
2002 年	太阳能和风能潜水泵 SQFLEX		……

资料来源：笔者整理。

从表 7.1 可以清楚地看到格兰富的创新能力之强大，但格兰富的技术升级和创新并不仅仅体现在泵上，还充分体现在水上，尤其是以数字化应用来推动节水、水质管理等方面。

首先是产品创新方面的数字化应用。格兰富在水环境管理、水生态修复、水资源保护等方面，为全世界客户提供一系列环保、智能的产品和解决方案。例如，位于丹麦首都哥本哈根附近的马尔比约格（Marbjerg）水厂是一座现代化、数字化的自来水厂。这座水厂借助数字化技术和系统，既可以做到按需供水，又可以减少水在输送过程中的损耗，还能远程分析、解决水厂供水、送水问题，乃至预判相关设备的故障都能实现。每天早晚 6 点至 8 点是哥本哈根市民的用水高峰期，在此期间，水泵会马力全开地运行；而在用水低谷期，部分水泵则会自行调节至低频运行或者休眠状态。智能设备和系统，使得马尔比约格水厂生产每立方米水只需要消耗 0.117 千瓦时的电，能源消耗量要低于丹麦许多同类水厂[1]。

此外，还有全球首家试点全面处理医院污水的污水处理厂——哥本哈根赫勒福医院污水处理项目。一般情况下，将医疗污水直接与生活污水一起送到普通的污水处理厂会面临两大问题：一是很难将其中的危险物质全部清除，尤其是药物和病原体等物质；二是成本较高。按照以往哥本哈根把医疗污水与市政污水一起处理的做法，污水处理费是 27 丹麦克朗/吨，而使用格兰富开发的一体化生物膜污水处理技术，不但能有效将含有药物、病原体和抗生素等有害物质的医院污水处理至直接饮用标准，还能将污水处理费降至 6—7 丹麦克朗/吨。

其次，格兰富的创新技术还体现在智能化产品助力环境保护与节能减排方面。目前，格兰富拥有全球最先进的水泵解决方案及节水技术。例如被视为格

---

[1] 张伟：《格兰富：中国市场的 C 位秘密》，《中国经济周刊》2019 年第 12 期。

兰富最为先进的产品之一MAGNA3,该类泵具备高效、节能的特性,内含差压和温度传感器、智能控制装置,具有通信、自适应、变流量等功能,可根据需求变化不断调整运行模式,带来最佳的舒适度和最小的能量消耗。

格兰富的创新技术是格兰富保持竞争力的关键,这种创新对全球资源的保护也是大家有目共睹的。基于创新的格兰富,成功是理所应当的。

3. 团队与关系运营

在格兰富的企业价值体系中,格兰富从客户、员工和社会三个方面提出自己的理想:对于客户,格兰富希望"客户认同我们是性能卓越、重视环保的高质量水泵的生产商与合作伙伴";对于员工,格兰富希望"员工认同我们提供的就业机会和工作环境,为他们的专业和自身发展提供令人满意的机会与尊重个人意愿的工作环境";对于社会,格兰富希望"社会认同我们提供的负责任的产品,遵守法律,信仰民主,尊重传统,保护环境,同时与所有的人或物维持良好的关系"。事实上,格兰富在维护客户、员工和社会关系的时候,的确始终朝着这一理想而努力。

(1) 集团关系维护战略

过去十年间,格兰富已经将公司的管理打造成一个矩阵式模式。在这个模式中,先进的后勤管理系统组织和协调海量信息,然后快速、有效地将它们在格兰富工厂、技术中心、客户、原材料供应商及其他大量相关的商业网络之间传递。例如,格兰富集团发布的《2018年可持续发展报告》中对企业的客户、员工、供应商、全球及本地合作伙伴、当地社区、非政府组织、开发银行和倡导组织、政府分别制定了明确的沟通方法与沟通议题。

(2) 员工培养和团队建设

格兰富的宗旨不仅是做世界上最好的产品,还要保证员工有很强的动力。为确保员工能胜任工作并激发员工的积极性,格兰富非常重视员工培训,拥有一系列职场发展项目。保罗·杜·耶森学院于2001年在丹麦成立,旨在为格兰富全球员工提供教育支持和学习机会,帮助员工掌握新技能。在过去几年中,格兰富已经建立全球培训网络,辐射新加坡、中国、俄罗斯、印度和北美。格兰富全球人才项目鼓励员工与来自不同背景的同事进行跨文化、跨部门的交流,并且为员工提供全球轮岗的机会,帮助员工拓宽视野,激发创新[1]。

---

[1] 格兰富:《格兰富荣膺"中国杰出雇主2020"认证》,格兰富官网,https://cn.grundfos.com/about-us/news-and-press/news/-2020.html,最后浏览日期:2019年12月20日。

每年公司管理层会与人事部门一起进行一次人才评估,有潜力的员工将在一至五年内承担更广泛或更重大的工作。管理层特别关注这些员工未来的发展,对所有员工进行强制年度发展评估,以确保他们有机会更专业地发展自己,从而成为合格的领导者。

格兰富为员工开展一系列体育活动,还经常举行一些大型员工活动,比如每年的圣诞节庆祝活动和每四年举办一场的国际性体育比赛等,让来自世界各地格兰富公司的参赛员工聚集在集团总部边昂布,在各个不同体育项目中竞技比赛,从而彼此熟悉并相互了解。这些活动的开展对于凝聚团队、尊重文化差异具有非常重要的意义。

(3) 女性职场规划扶持

格兰富在员工培养和团队建设工作中,另一个优秀的做法是为女性职工的发展提供机会和帮助。2017年,格兰富制定助推女性领导力的三年目标(2018—2020),计划到2020年,集团扩大管理层的女性比例从2018年的6%提升至15%,女性在管理岗位的占比从2018年的21%提升至25%。针对上述目标,格兰富在全球范围内展开一系列行动,包括开设关于职场偏见的课程、为最高管理层提供指导项目等,借助不同手段赋能女性领导人才,使女性的能力得到充分施展①。

(4) 低就业能力员工扶持

2018年,在格兰富集团全球职工中,低就业能力的员工占所有员工的3.1%,这一比例较2016年的2.2%和2017年的2.6%仍保持上升趋势。事实上,格兰富早在1968年就在丹麦设立第一家特殊的关怀车间,支持因为健康原因导致工作能力减退的人士就业,成为首家提供这项关怀政策的私人企业。目前,格兰富仍不遗余力地为特殊能力人群提供适合且富有价值的工作,在打造多元包容的就业环境的同时,展现企业的人文关怀,长期给予员工安全感和归属感。

4. 全球性社会责任

1957年3月,格兰富集团创始人保罗·杜·耶森邀请公司员工及其家属到格兰富参加一个应"匈牙利的呼吁"而组织的慈善晚会。这次为匈牙利难民进行

---

① 格兰富:《格兰富荣膺"中国杰出雇主2020"认证》,格兰富官网,https://cn.grundfos.com/about-us/news-and-press/news/-2020.html,最后浏览日期:2019年12月20日。

募捐的慈善晚会,成为格兰富集团企业社会责任的起点,并且延续至今。如今的格兰富履行社会责任已经从金钱捐助难民转移到水上。

由于人口的迅速增长,水资源的可获得性预计到 2025 年将下降 35%。根据世界卫生组织和联合国儿童基金会 2017 年的一份新报告,当前全世界共有 21 亿人仍缺乏安全管理的饮用水服务,45 亿人缺乏安全管理的卫生服务。

为了解决水获得和水安全的问题,2008 年,格兰富通过一项倡议,为世界范围的弱势地区筹集资金,为它们提供清洁用水。截至目前,这项由员工发起、由员工驱动的 Water 2 Life 已经成为一个全球性的融资项目,共有来自 35 个国家的格兰富员工参与其中。

为确保每一个项目的成功,格兰富还积极与非政府组织进行合作,如肯尼亚红十字会、越南 Thrive Network、洪都拉斯 Water Mission 等,尤其是与世界宣明会的伙伴关系,合作目标是到 2020 年为 200 万人提供清洁水。2016 年,该伙伴关系已经影响超过 322 000 人;次年,它又帮助 8 个国家共 384 500 人,包括肯尼亚、坦桑尼亚、乌干达、埃塞俄比亚和赞比亚等。2018 年,格兰富已经为 18 个国家提供生命线解决方案:与丹麦难民理事会合作,为乌干达比迪比迪难民营提供大约 380 万升的安全水;与世界宣明会合作,为 95.8 万人提供清洁用水;与 ADRA 国际合作,在莫桑比克的莫库巴安装第一个水亭;在洪都拉斯筹集 6 万美元改善科隆托克阿的一所公立医院的供水设施,服务包括每年 8 万名游客等①。

格兰富履行社会责任并不仅仅体现在改造、捐赠方面,事实上,改造和捐赠在一定程度上只是对现状的暂时性救助,对于不发达的贫困缺水地区而言,不具有可持续性,格兰富也清晰地认识到这一点。为使发展中国家面临水资源和水安全挑战的地区能够可靠地获得安全与负担得起的水,格兰富提供从源头到水龙头的生命线可持续水解决方案。与确保项目成功一样,格兰富的生命线解决方案的理念也建立在跨部门合作的基础上,格兰富的团队在重点市场与当地的非政府组织、公共事业和水服务公司建立合作关系,通过培训、知识共享为每一个单独的水项目确定与提供正确的可持续解决方案的协作方法。通过将太阳能水泵、水处理系统和自动柜员机与在线监测和专业服务支持相结合,当地的水服务提供商可以在偏远的农村或非正式的城市环境中建立基于地面或地表水的水

---

① 参见 https://www.grundfos.com。

亭。支持在缺乏基础设施的社区,也能实现更智能的水管理、生命线解决方案,从而实现可持续供水。

综合来看,在格兰富履行社会责任的工作中,一个重要的表现是始终与人民、社区和组织建立伙伴关系,因为格兰富相信,通过合作,格兰富可以对世界产生更大的积极影响;通过加强全球合作伙伴网络,可以实现在任何地方向任何人提供安全、可靠和可持续的供水的目标。

5. 绿色可持续发展

(1) 环境、用水的可持续发展

绿色是格兰富对地球和可持续发展目标的承诺,格兰富通过提供泵和水解决方案,使用尽可能少的能源,在绿色转型中发挥切实作用。

目前,全球在绿色和水资源的可持续发展中仍面临以下问题:全球排放的二氧化碳自1990年以来增长近50%,从2000年到2010年,排放量的增长速度比过去30年都要快;估计每10个水泵中就有9个运行效率低下;十分之三的人无法获得安全管理的饮用水服务;人类活动产生的80%以上的废水未经处理就排入河流或海洋;洪水和其他与水有关的灾害死亡人数占所有自然灾害死亡人数的70%。

格兰富深信,利用一系列广泛的技术措施和改变行为,可以有效应对这些问题,从而实现绿色可持续。例如,改进水泵技术和节能降耗,将全球平均气温升幅限制在比工业化前水平高出2摄氏度以内仍是可能的;通过提升水泵的工作效能,帮助减少世界总用电量的5%;增加清洁水泵和污水处理泵的研发与供应,可持续地提供用水,改善水质和管理。

(2) 员工的可持续发展

格兰富关注员工的可持续发展主要体现在两个方面。

第一,确保员工的工作安全。负责是格兰富的核心理念之一,是格兰富对19 000多名员工的承诺,为员工提供一个安全、健康和包容的工作场所是格兰富对员工可持续发展目标的关注。格兰富认为,员工的健康和安全是公司的首要任务,公司坚持不懈地作出努力,以减少在工作场所发生的伤害,消除可能导致伤害的危险。例如,消除使用工具、设备的操作等构成的潜在危险,消除与工作场所设计、运输物流和人体工程学相关的风险等。格兰富为所有生产场地制定清晰的程序和要求,定期评估场地的表现,并且在每月的管理会议上跟进表现,力求一丝不苟地消除这些风险。格兰富还通过技术手段,打造一个应用程序解决方案,为员工提供一种简单的方法来详细描述任何危险观察或报告受伤及近距离脱险情况(已经全面投入使用)。该系统可以通过智能手机和电脑访问,并且与格兰富的内部系统集成,帮助员工借助数据分析,提前预警危险。截至 2018 年年底,该系统已经有 17 000 个独立用户访问。此外,还有包括风险意识培训、演练等活动,也能有效帮助员工安全生产和减少危险发生。

第二,为员工提供可持续发展的培训。格兰富为员工提供良好的成长和发展机会,通过个人目标和发展规划,关心每个员工的技能,为员工提供最佳学习条件。格兰富的全球学习和发展功能平台能确保公司在全球范围内实施新的运营模式,这意味着可以让员工通过平台参与进来,并且将他们培养到比以前更高的水平。格兰富还在 Poul Due Jensen 学院提供大量的特定培训。该学院拥有广泛的商业、技术、领导力和通用培训。另外,基于新的学习原则和注重加强格兰富学习文化的学习理念,格兰富还建立一个新的学习与发展组织模式。这种模式也将确保员工保持竞争力。

2018 年,格兰富的全球培训平台共提供 285 个培训机会,其中近一半是网上培训的,全球学习与发展部门为 40 项培训提供便利,主要包括:继续关注领导力培训,约 400 人参加,包括一线经理和经理中的经理,在丹麦和各地区参加面对面的课程;内部培训,专注于提高全球销售和技术培训师的技能,约有 70 名教员参加基本训练;提供一些教程,比如行为准则、一般数据保护规则、风险意识教程和 26 个水务教程等;行业领导力培训,全球约有 470 名运营中的领导者接受过行业领导力培训。

无论是对环境可持续的关注,还是对员工可持续发展的关注,格兰富都是值得赞扬的企业。

第二节 乐高集团
——木匠作坊创新搭建的童话王国

LEGO,中文名乐高,创立于 1932 年。经过近 90 年的发展,乐高早已从一个小木匠作坊发展成为一家现代化全球企业。乐高已然成为全球最大的玩具制造商之一。2018年12月,乐高入围2018世界品牌500强。2019年10月,在Interbrand发布的全球品牌百强榜中,乐高排名第75名。

根据乐高集团公布的2019年上半年财务数据,2019年与同期相比,乐高收入增长4%,达148亿丹麦克朗,全球零售额较2018年上半年增长5%。正如乐高集团首席执行官尼尔斯·B.克里斯蒂安森(Niels B. Christiansen)所言,目前全球玩具业正处于不断变革和重塑的过程中,在玩具行业整体下滑的趋势中,乐高还能保持逆势增长,足以证明乐高集团在全球市场的产品和品牌影响力。

一、公司发展概况

乐高创立于1932年,公司位于丹麦,创始人是奥利·柯克·克里斯蒂安森(Ole Krik Kristiansen)。其商标"LEGO"的使用从1932年开始,源自丹麦语,意为玩得快乐;在拉丁语中,意为搭建与堆砌,与其经典玩具乐高积木的拼接特点极其匹配。

乐高积木是乐高集团最重要的产品,也是乐高玩具的基础,其影响力覆盖全球。这种利用管道连锁原理创造的玩具,为无数孩子提供了无限的想象力和建筑可能性。

乐高集团的发展大致经历了五个阶段。

1. 初始诞生期(1932—1958)

1932年,乐高创立。公司在创立之初是生产木头产品的家族企业,除了生产木制玩具外,还生产梯子、熨衣板、凳子等产品,业务相对广泛。

1935年,乐高生产第一个乐高木鸭和第一个建筑玩具"柯克的沙盘",对于乐高玩具生产而言,奠定了早期基础。

1955年,乐高第一次实现真正意义上的产品出口,第一个产品出口国家是瑞典。

1958年,乐高经典的"凸起管"系统问世,并且获得乐高螺栓和耦合系统的专利。这种耦合系统也是乐高模型稳定的关键,通过积木的凸起和小孔间的摩擦力实现拼接的紧密性与灵活性。

2. 发展转型期(1959—1977)

1960年,乐高集团的木制玩具仓库因意外被大火焚毁。这不是第一次出现类似的情况,第一次被焚毁发生在1942年,但乐高很快就恢复了玩具仓库。不同于1942年乐高工厂被焚毁后快速恢复的木制玩具生产,这次意外后,乐高完全停止生产木制玩具,在清理木制积木存货后,公司开始转型将塑料积木作为核心产品。事实证明,这次转型对后续公司发展意义重大。

1959—1977 年,乐高集团迎来企业的快速发展和在欧洲市场的全面布局,乐高法国、英国乐高有限公司、乐高比利时、乐高瑞典、乐高芬兰、乐高荷兰等公司均建立起来。

1961 年,公司通过与 SAMSONITE 公司合作,开始海外销售,主要销售国家为北美的美国和加拿大,而后快速扩展至新加坡、澳大利亚、摩洛哥、日本等。至此,全球市场快速拓展。

3. 快速成长期(1978—1993)

依托于全球市场的铺开,乐高获得长达 15 年的黄金发展期,公司从 1978 年的 1.42 亿美元,增至 1994 年的 12 亿美元,年均增长率达 14%。在此期间,公司还积极发展企业文化,拓展企业产品和业务,利用多栖业务打造乐高帝国。

1990 年,乐高集团成功成为世界十大玩具制造商中欧洲唯一的玩具制造商(其他公司均是美国和日本的企业)。

4. 颓势衰落期(1994—2003)

立足于公司的多元化战略,乐高集团进入教育、媒体、电脑游戏、服饰等诸多领域。但是,在这个阶段,乐高几乎放弃了热爱积木的忠实粉丝们,转而迎合不喜欢积木但热衷于电子游戏和潮流文化的孩子。多元化发展的结果是乐高失去了核心竞争力,也背离了创始人奥利先生给乐高品牌注入的拼接灵魂。公司销量放缓,利润也一路下滑。

1998 年,囿于多元业务投入与利润不成正比,乐高首次出现亏损,亏损达 1.94 亿丹麦克朗。

2003 年年底,连年亏损使得乐高发展触底,产品销量同比下降 30%,负债近 8 亿美元。乐高不仅要面对连年亏损的情况,还要面对债务违约的危险,随时都有破产的可能。

5. 重生崛起期(2004 年至今)

2004 年,第三代掌门人克努·德斯托普上任。克努·德斯托普通过断臂求生的方式,果断砍掉利润低于 13.5% 的生产线以降低内耗,包括多元化战略下的分项业务,还卖掉乐高大楼、乐高乐园等资产以回笼资金。在产品上,克努·德斯托普回归乐高积木的灵魂,确定聚焦核心产品的发展战略。

2005 年,经过克努·德斯托普的改革,乐高公司重新盈利,产品销量同比增加20%,税前利润达到1.17亿美元。

2014年,乐高销售额已经超过20亿美元,并且于该年首次超过美国的玩具生产商巨头孩之宝(Hasbro)和美泰(Mattel)。

2019年,在经历电子化的冲击和增速放缓后,在世界范围内玩具市场普遍不景气的情况下,乐高公司还能始终保持盈利状态,并且进一步着手扩大潜力市场布局,如中国。2019年,乐高在中国30个城市共设立140家门店,较2018年17个城市60家门店翻了一番多。

二、乐高的成功之道

乐高玩具的成功奥秘藏在它的品牌价值中。乐高善于将品牌价值赋予产品中,从而建立与消费者之间的联系,包括对儿童成长的关注及对儿童玩具的意义探究。乐高的品牌价值包括:

想象力——想象力是实现梦想的第一步;

创造力——将逻辑和推理与趣味性和想象力结合在一起;

趣味性——能力与面临的挑战保持平衡,朝着一个目标前进时所体验的快乐;

学习性——扩展思维和行动,帮助培养新的洞察力和技能;

有关怀——为孩子、同事、伴侣和我们生活的世界带来积极改变;

质量——不断改进,以提供最好的给所有人。

具体到公司层面,乐高成功的因素则相对系统且全面,既包含对产品和品牌价值的追求,也包括企业管理、社会责任、可持续发展等多方面的成功探索,其中,创新和绿色可持续是发展的必要策略。

1. 坚守精工品质

高品质是乐高玩具的显著特点。曾有乐高粉丝对乐高玩具汽车轮胎的质量做过实验,发现乐高玩具汽车轮胎的质量甚至能赶上真汽车轮胎的质量。乐高玩具汽车轮胎达到30 000转时才开始冒烟烧胎,相较于其他塑料玩具,乐高玩具的品质可见一二。

乐高注重品质从公司创立时就成为公司的重要基因。1936年,创始人的儿子戈特弗雷德将父亲的座右铭削减并悬挂在工厂里——"只有最好才足够好",这条格言直到今天仍然是乐高公司的第一准则。

乐高的高品质主要体现在精工细造上。首先是材料的选取。乐高选用高标准的塑胶原料(ABS 塑料),这种原料具有耐化学腐蚀、耐热、高弹性、高韧性、质硬等特点,不仅符合玩具级的安全标准,甚至符合食品包装级的标准。为了确保原材料的质量标准和使用规范,乐高集团将相关标准严格写进高级产品安全手册中,并且不断更新。集团还在丹麦总部设立塑胶材料研发实验室及测试实验室,通过科学的操作来保证挑选的原材料性能符合要求和标准。

其次,乐高玩具以耦合结构进行拼接,其拼接技术最能代表乐高玩具的质量层次。乐高玩具生产元件以 1/1 000 mm 为计量单位精确制造,允许误差是 5/1 000 mm,即 5 微米,不到一根头发丝的宽度,这种精准度带来的结合力是乐高积木拼接的质量保证。基于这种精工生产,超过 2 400 种不同形状、不同年代的乐高元件能够完美拼接,50 年前的乐高积木能与当下,甚至未来 20 年的乐高元件完美拼接。对于积木爱好者而言,乐高积木的完美契合度和咬合力就是积木的灵魂所在,这种恰到好处的"咔嚓"声就是积木拼接的完美标准。

乐高积木的品质标准除了严格限制在生产阶段,还包括对成品的测试和追踪服务。每个乐高积木的元件在出厂前都有严格的多重质量测试,只有通过测试的元件才能成为乐高玩具的一分子。这些测试主要包括针对原材料及表面涂层的化学测试、物理及机械测试、咬力测试、扭力测试、压力及拉力等各种受力测试,还要检测产品是否有可能伤害到消费者的裂缝或利边。只有通过如此繁复的测试后的元件才能用于批量生产,并且在生产中还要不断进行各种受力测试,以确保每一个元件都是精品。

乐高集团采用全球统一的生产、质量及安全标准,从而确保不同制造基地生产的零件和产品都能达到统一的精品标准。虽然乐高针对不同的市场建立遍布全世界的生产线,但总部直接控制生产的采购程序,所有乐高制造商和供应商都必须严格遵守《乐高集团产品安全手册》《乐高集团产品质量手册》,并且接受乐高集团全球质量控制体系的控制,所有零部件和成品都必须通过国际通用的质量和安全标准。

经过层层把关最终确定的产品的品质,为乐高的精品产品奠定了业界及消费者口碑,其直接结果是,2009 年至今,乐高在全球市场从未发生一起产品召回事件,由此足见产品质量水准之高。

2. 注重全面创新

"乐高教授"戴维·罗伯逊(David Robertson)在《乐高:创新者的世界》一书中,明确将"乐高集团的兴衰:成也创新,败也创新"作为第一部分的总标题。虽然在集团发展过程中,乐高确有因过度或者说超前创新而一度面临破产的风险,但这不能否认,甚至恰好证明创新始终伴随乐高集团的发展。试错的成本虽然较大,但也让乐高真正认识到集团的灵魂所在——拼接。

乐高的创新主要包括两个方面:产品创新、集团管理和发展创新。

(1) 产品创新

每年在售乐高产品中约有 50% 以上的新品发布,6 块"2×4"乐高积木打造出超过 9.15 亿种组合方式的产品形式为乐高提供源源不断的创新可能。每年乐高的新品创新研发既包括对经典主题的续作,例如已发布近 700 款的乐高星球大战系列,还包括新开主题,例如 2018 年的飞天小女警系列(见图 7.1)。

建筑系列	好朋友	我的世界	怪奇物语
方头仔	哈利·波特	小人仔	机械组
城市	创意	未来骑士团	乐高®蝙蝠侠大电影
经典	小拼砌师	幻影忍者	THE LEGO® MOVIE 2™
Creator 3 合 1	侏罗纪世界	守望先锋	THE LEGO® NINJAGO® MOVIE™
创意百变高手系列	乐高®蝙蝠侠	动力组件	玩具总动员 4
DC超级英雄	乐高® Originals 新品	Powered UP 新品	乐高®魔发精灵:世界之旅 新品
迪士尼	乐高® 蜘蛛侠	飞天小女警	独角猫
得宝™	乐高®漫威	超级赛车	
神奇动物在哪里	MINDSTORMS®	星球大战	

图 7.1　乐高官方网站在售主题(2018)

(资料来源:乐高中国官方网站)

(2) 集团管理和发展创新

戴维·罗伯逊在谈到乐高创新发展时提出已受商界广泛认可的创新七法则,分别是:创建创新型企业文化;以客户为中心;探索全方位创新;培养开放式创新;实践破坏性创新;驶向蓝海市场;吸纳具有不同文化背景的创新人才。

创新七法则并非万能公式,只有在认清集团发展定位和方向时才能行之有效,这一点在布拉格曼(由第三代总裁克伊尔德·柯克·克里斯蒂安森任命主持日产工作,职位相当于首席运营官)时期和职业经理人克努德斯托普(接替布拉格曼主持乐高日产工作)时期的差距尤其明显。两者使用创新七法则的主要手段如表 7.2 所示。

表 7.2　布拉格曼和克努德斯托普应用创新七法则的对比

创新七法则	布拉格曼的应用	克努德斯托普的应用
创建创新型企业文化	用新品牌取代老品牌	在保留核心产品的基础上引入FMC生产模式
以客户为中心	从积木生产转向客户关注的电子玩具生产	乐高积木与电子玩具生产共存兼容
探索全方位创新	成立概念发展小组，推进乐高乐园等平台和场地建设	立足核心产品的全方位创新，包括产品创新、业务模式创新、宣传创新和程序创新等
培养开放式创新	拓宽产品，给粉丝提供个性定制化生产的途径	拓宽客户，开放产品从玩具领域走向成年人关注的艺术品领域
实践破坏性创新	制定"达尔文计划"，打造3D数码积木	开发乐高网游《宇宙世界》（以失败告终）
驶向蓝海市场	电子玩具、教育领域、电影玩具	专注家庭市场，开发亲子互动的棋盘游戏
吸纳具有不同文化背景的创新人才	高薪吸引伦敦、米兰、东京、巴塞罗那等辐射全球大都市的顶级人才	为创意人员制定目标和引导机制

资料来源：[美]戴维·罗伯逊、比尔·布林：《乐高：创新者的世界》，田琴华译，中信出版社2014年版。

布拉格曼加入乐高评估集团层面的问题时，发现集团内部人员背景单一，企业文化孤立僵硬，领导层和设计师均为丹麦男性且经验丰富。因此，他运用创新七法则，积极拓展创新业务，鼓励新员工招聘多元化等。从处置行为上来说，布拉格曼的举措和决定都是正当且必要的，但实际结果是，经过数年的创新发展，却将乐高带入几近破产的边缘。其原因大致如下。第一，创新布局速度过快，导致成本飙升。布拉格曼在创新发展过程中，投资大批乐高乐园、3D电子化积木等项目，还在米兰、伦敦高薪聘请顶级人才，这些举措都是大肆投资但回报周期过长，甚至无法获得等值回报的风险行为。第二，布拉格曼认为，乐高应积极拓展多元化产品，实践全方位、突破性创新。结果是，由于在多个领域同步发力，公司发展失焦，贸然进入新的领域不但分散原有主营业务的精力和资金，还无法迅速获得在新领域的主导权。第三，很多创新是破坏式创新。例如，布拉格曼在创新改革中推行的直营销售品牌店，这对于乐高传统分销商模式是颠覆性的破坏，也成为导致乐高营收直线下滑的直接原因。2003年，乐高的负现金流达到1.8亿美元，公司销量下跌30%，每年还要消耗2.5亿美元的运营成本，公司几近破产。

克努德斯托普在接手布拉格曼留下的烂摊子时,同样运用创新七法则,其结果是不但帮助乐高摆脱困境,还带领乐高重回巅峰。2004 年,约尔根·维格·克努德斯托普作为第一位非创始家族成员执掌乐高。在评估布拉格曼遗留的问题后,克努德斯托普果断修正一些重大问题,启动新的创新发展模式。其中,最为明显的区别体现在对客户和对产品两个层面的创新方向上。

在对客户的创新上,布拉格曼认为,随着电子化的发展,孩子们会逐渐抛弃乐高这种传统积木游戏,转而投入电子游戏中,因此,创新产品应当以电子游戏为主。克努德斯托普却认为,乐高的孩子们并不会因为玩电子游戏而抛弃乐高,他们既可以玩电子游戏,又可以玩乐高,这意味着孩子们仍然认可乐高积木带来的想象力和创造力,这正是需要被强化的一点。克努德斯托普认为,乐高应该回归传统,并且力求精益求精的产品。反馈到生产上,就是放弃无谓的资金投入,转回核心产品的生产。20 世纪 80 年代,乐高开始遵循 FMC(完全生产成本值)生产模式,其核心是通用积木尽可能地创造更多的产品,而不是盲目开发新的产品。这些产品要保证 13.5% 的利润回报率,平均每个产品中要有 70% 的零件由标准的通用积木组成。

在全方位创新方面,布拉格曼试图打造多维度的乐高帝国,着重开放在非积木玩具方面的投资,如乐高乐园等。克努德斯托普则认为,全方位创新应该是服务于产品的全方位创新,在立足产品质量的前提下,从生产到销售到服务的全方位。例如,对于布拉格曼时期为数不多的市场成功产品之一"生化战士"的创新,克努德斯托普围绕"生化战士"进行全方位、跨纬度的创新,在产品创新上,对人物选取球窝式接头,使四肢可以自由旋转;在业务模式上,将定价降低到孩子日常零花钱能够购买的价格;在宣传模式上,建立专门的网站,直接让消费者参与互动,并且实时根据反馈修改故事的主线;在销售渠道上,采取小包装的形式,让消费者可以在自动售货机上购买,也可以通过加油站、便利店等方式购买;在程序上,采取新的开发程序,让市场部和设计师直接沟通,从而让产品更适应市场需求;在合作伙伴上,通过衍生周边产品、各种授权,与合作伙伴形成共赢的局面。

基于立足核心产品和战略正确,克努德斯托普利用创新七法则实现对乐高集团的自救。这证明,对于公司发展,把握舵头方向后创新七法则的正确性和可行性。

3. 重视团队建设

乐高集团同格兰富集团一样,也是以家族+企业基金会的形式管理。目前,乐高集团由 KIRKBI A/S(75%)和乐高基金会(25%)拥有，KIRKBI 是柯克·克里斯蒂安森家族的私人控股和投资公司，为家族企业。这种控股方式决定了创始人家族对乐高拥有绝对的话语权。但 2004 年，在家族企业即将断代的紧要关头，乐高第三代主动聘请非创始家族成员执掌乐高。事实证明，乐高家族对人才的重视和及时放权完成了自救，克努德斯托普也把乐高"拼成"了大厦。

克努德斯托普对乐高的自救打破了家族企业的封闭性。随着企业的发展，乐高在团队建设和员工发展方面逐渐形成一套完整的管理系统与办法，并且制定了个性多元化政策、健康安全政策、人文政策和责任与人权政策等。

(1) 个性多元化

多样性被乐高集团确定为未来发展的四个主要组织重点领域之一。为此，乐高集团为所有员工提供平等的机会，确保任何员工不会因背景、种族、宗教、年龄、残疾、性取向或性别而受到歧视，乐高集团将这一保证作为建立个性多元化方法的基础。

乐高集团希望给有才华的女性提供乐高集团的管理职位，从而最大限度地增加乐高集团中有才华女性领导者的数量，最终实现各级领导中的性别平等，进而建立一个更加多样化的组织。2013 年，乐高集团开始对关键的人力资源流程和概念进行系统的分析与评估。为了确保在人员聘用和选拔上符合乐高多元化议程，乐高将人力资源划分为五个重点领域：招聘与吸引环节，领导与人才发展环节，人员审查过程，奖励、绩效管理和晋升，人力资源数据与措施。

在这五个重点领域中，乐高集团通过职位设计与呈现、确立研讨会、给予女性更多的机会等方式，调整企业的性别差异。乐高也意识到个性多元化战略不能单靠上述五个环节的控制，集团还积极推行公司管理人员和集团女性高管的反向指导关系，由此更加真实地反映和呈现个性多元化推行过程中的相关问题，从而覆盖企业全体员工和部分盲点问题。

(2) 员工健康安全

确保员工健康安全是乐高注重团队建设和员工关怀的第二个重要举措。乐高从安全、健康、工作计划和工作环境四个方面实现对员工的关怀。

第一，工作安全。使所有员工能以安全的方式计划和执行所有工作，通过持续的工作场所评估，努力消除所有可能存在和不可能存在的危害，最大限度地减少对员工的有害影响。

第二，员工健康。为员工提供健康的生活环境和机会，通过健康促进行动，为发展和维持健康的工作条件提供框架。

第三,工作计划。以一种平衡需求和资源的方式参与和计划个人的工作,对每个员工绩效的要求与现有资源相匹配,从而减少员工之间的压力。

第四,改进绩效。不断改善工作环境,通过职业健康和安全管理系统与最佳实践来改进绩效指标,合理评估不同员工的工作标准。

这项举措最重要且成功的一点是所有员工有权利和义务反馈他们认为不合理或对个人及公司有害的情况,从而保持个人及群体的健康和安全的工作环境。

(3) 人文政策

乐高希望为每一位员工提供施展才能的平台和机会,让员工能够发挥和实现个人最大价值,在工作中明确自己的责任,同时不断提升和完善自我。

第一,公平。为所有员工提供平等的机会,保障他们享有公正和有利的工作条件。所有员工都有同等的权利受到尊重,也有义务尊重和尊严地对待彼此。任何雇员不得因种族、宗教、性别、年龄、残疾或性取向而受到歧视。

第二,绩效。乐高的员工应发挥各自的能力,不断努力做得更好。集团对所有员工的表现进行客观的评估,提供相应的奖励,以肯定每位认真负责的员工做的努力。

第三,问责制。员工应努力实现对集团的承诺,努力为客户、消费者和公司创造有价值的工作,同时以诚信和负责任的方式行事。

第四,发展。让每一位员工都能在工作中学习,发挥自己的才能。乐高相信,创造一个令人满意和振奋的环境是领导者与员工共同的责任。

第五,改进。乐高集团不断改进工作标准,通过内部和外部的调查与测试,不断对取得的结果进行评估,并且确定新的改进目标。

(4) 责任与人权政策

乐高品牌框架支持对利益相关者的责任和人权承诺。

第一,对儿童的承诺。乐高承诺为儿童提供游戏材料,将儿童的最大利益视作乐高价值观的核心。在所有活动中,尊重儿童的权利对乐高来说至关重要,这意味着乐高永远不会损害产品的质量和安全,并且保护直接接触玩具的儿童。此外,乐高认识到在积极支持某些儿童权利方面的独特立场,即产品研发的主要重点是关注儿童的发展和玩耍。

第二,对员工的承诺。乐高集团致力于确保所有乐高员工得到平等的尊重和尊严,享受体面的工作条件。乐高的目标是保持一个高标准的工作场所,高度重视和实现员工的国际劳工权利。

第三,对合作伙伴的承诺。乐高提倡负责任地采购,供应商和密切合作伙伴签署乐高提供的供应商行为准则,彼此进行对话,并且根据风险评估进行第三方审计,以监测其执行情况,在此基础上,同步增加乐高在供应链中的影响力。

第四,对当地社区的承诺。乐高努力减少负面影响,为全球和受乐高的运作及存在影响的当地社区带来积极影响。尊重利益相关者的对话是乐高工作的基础,确保乐高建设性地、公开地与受影响的利益相关者接触。

4. 卓越社会责任

近年来,乐高集团在社会责任领域连续排在前列。

2017年,声誉管理咨询公司对15个最大经济体的170 000家公司进行综合评定后认为,乐高集团符合产品/服务、创新、工作环境、管理、员工权利、领导力和绩效七个维度的综合标准,在公司运作中符合道德伦理、公平经营、透明运作和保护环境等要求,总得分74.4分,从2016年的第五名跃居第一。2018—2019年,乐高集团连续两年位于第二名。

根据乐高集团发布的2018年责任报告,乐高集团积极活跃在全球人道主义的援助领域。乐高基金会全年共向芝麻工作室捐助累计1亿美元的资金,用于帮助数百万受罗兴亚和叙利亚危机影响的儿童。乐高集团还与国际发展组织、国际救援委员会和纽约大学全球儿童关系组织合作,积极援助孟加拉国、约旦和黎巴嫩的难民儿童。

乐高基金会对难民儿童履行社会责任的重要意义不仅在于为难民提供充足的食物,而且通过向处于危机中的儿童提供基于游戏的学习,帮助减少流离失所对儿童造成的心理创伤和长期影响,为难民儿童提供更好的未来。对于这方面的援助,乐高有清晰的认知:"玩耍不仅是孩子们的乐趣之源,而且是一种学习和发展的手段,它的价值被严重低估,这源于我们的一种误解,即玩耍是我们在学习和发展领域所做的事情,是'拥有很好',而不仅仅是'需要拥有'。"

除了提供资金扶助外,乐高还针对难民儿童提供专项援助,包括提供直接学习材料、课程,制作媒体内容以供学习传播。例如,建立人道主义游戏实验室网络,以满足0—6岁难民儿童的发展需要;为学龄前儿童提供符合年龄、符合文化要求的游戏材料、以游戏为基础的课程和安全的玩耍实体空间;利用芝麻街布偶的力量,制作专注于玩乐的视频、电视剧等内容,通过难民社区分享给难民儿童,丰富难民儿童的精神生活。

对于非难民儿童，乐高基金会每年会拿出产品销售利润的一部分，用于支持世界各地儿童通过游戏活动和学习。例如，乐高集团 2018 年开展的"为爱拼搭"（Build To Give）活动，为 52 万儿童免费提供乐高玩具；通过乐高商店分享活动，每创建或分享一件产品，乐高都向 20 个国家的当地慈善合作伙伴捐赠一套乐高积木；为 3 000 名小学生提供学习编码和机器人技术等新技术的机会等。

近年来，乐高将对儿童的关注提高到与公司同呼吸、共命运的程度。在产品生产上，积极与儿童进行互动，聆听儿童的声音；在社区活动上，建立以儿童为主导的社区和组织，为不同地区的儿童提供线上和线下的活动；在人文关怀上，乐高注意到玩耍对于儿童的意义，积极进行财力物力援助，帮助儿童创造美好童年，以确保他们未来人生的可能。

5. 环境保护与可持续

在 2018 年第二届中国国际进口博览会上，乐高选择一套拥有 3 036 个元件的积木套装——树屋作为参展商品。乐高集团环境责任副总裁蒂姆·布鲁克斯介绍这款产品时说："当我第一次看到树屋模型时，我被深深震撼了，不仅因为它看起来令人惊叹，更因为它与我们的初衷紧密相连。我们投入大量的时间和精力来寻找全新的可持续材料，就是为了保护自然资源，实现我们对地球的承诺。我们的目标是采用可持续材料制造所有乐高积木颗粒，而这套树屋无疑是重要的一步。"①

蒂姆·布鲁克斯的"震撼"传达了一个重要的概念，即这件商品除了是迄今为止最大的乐高 IDEAS 套装之一的亮点外，更重要的是，这款产品是由可持续材料制作的环保玩具。自 2015 年乐高在官网宣布将投资 10 亿丹麦克朗建立可持续材料中心后，乐高集团一直在积极寻找替代 ABS 的更环保和更可持续的材料，而树屋展品使用的材料是自 2018 年起开始使用的植物基聚乙烯生产植物颗粒，包括树木、树叶和灌木等，这些原材料均来自可持续采购的甘蔗。

根据乐高官网，乐高保护环境与可持续发展的主要工作包括：减少对资源的影响，产品和包装中使用可持续性材料；减少废物和水的消耗；应对气候变化，投资能效和可再生资源。

---

① 任翀：《最大的乐高 IDEAS 套装确定亮相进博会，乐高集团还说：好戏在后头》，上观新闻，https://www.jfdaily.com/news/detail?id=180115，最后浏览日期：2019 年 12 月 27 日。

乐高期望到 2020 年将废物效率提高 10%，保持 100% 的可再生能源成就，将碳效率提高 10%；2025 年在包装中使用可持续材料；2030 年在产品中使用可持续材料。

目前，乐高节能减排和环境可持续方面的工作在生产方面主要体现在开展节水生产、安装太阳能板、减少二氧化碳排放等。其中，最显著的成果是，乐高已经实现在可再生能源方面的 100% 平衡，这源于乐高集团在德国和英国海上风力发电场的投入使用。

在注重环境保护和可持续发展的行动中，乐高不但率先做出表率，还积极影响供应商和合作伙伴。在乐高合作的参与承诺减排计划的供应商中，有 50% 的供应商已经制定企业减排的能源目标，其中，75% 的供应商已经开始实施自己的节能项目。

除了在公司生产线和能耗方面作出努力，乐高还主动将环保和可持续理念注入产品中，具体从两个方面开展工作：其一是产品的生产材料，其二是产品的包装材料。

（1）产品生产的环境保护与可持续

在产品生产原材料上，乐高认为，具备环境保护和可持续的原材料应该满足以下要求：与以前使用的材料相比，应减少对环境的影响；是可持续的化学原材料；有可持续的原料来源；在价值链创造中最小的浪费；符合乐高质量、安全和耐久性标准；能使产品发挥最大价值。

为了更加便利地继续研究、投资和开发新的可持续材料，乐高积极与世界自然基金会、生物塑料原料联盟等组织建立合作伙伴关系。为了确保材料中使用的化学物质符合可持续发展和安全标准，乐高还成立乐高可持续材料化学咨询委员会，由领先的独立化学专家团队组成，以确保新的可持续材料满足客户和消费者的期望。乐高已经研发超过 80 种植物原材料用于生产。

乐高在立足产品原材料可持续的基础上，还将环境保护意识赋予产品之中，以此将保护环境的观念传给世界各地的消费者、合作商和孩子们。仅 2018 年，乐高就累计邀请数以百万的建筑商参加新植物元素的庆祝活动，通过呼吁孩子们将新的植物元素与他们家中现有的乐高积木结合起来，共同建造属于他们自己的乐高可持续发展超级英雄"Plantus Maximus"。从产品层面，将每一个孩子的环境保护意识和英雄主义进行结合，为孩子传授保护地球的正当性、正义性和必然性（见图 7.2）。

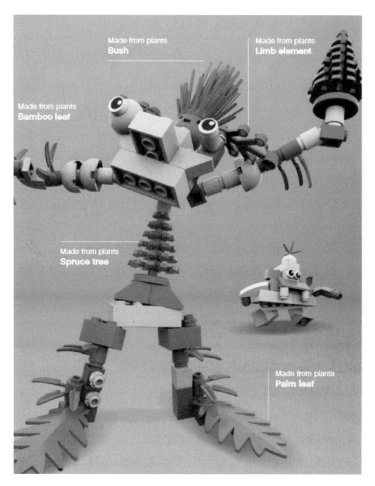

图7.2 植物材料制作环保积木

(资料来源:乐高官网)

(2)产品包装的环境保护与可持续

乐高的环境保护与可持续材料研发使用在产品包装上也下了大量的功夫,虽然目前在产品包装方面还没能找到完美的替代材料,但乐高已经为这种替代材料制定相应的选取标准。

可再生,即除去所有包装中的一次性塑料,所有乐高盒子、袋子及其他包装都使用可再生材料或可持续来源的生物材料。

高效,即尽可能优化和减少复杂包装,减少用户和消费者层的环境污染。

可回收,即研发设计新包装,赋予包装回收价值,使消费者能够通过回收渠道处理产品包装。

乐高集团推行一系列举措实现产品包装的环境保护与可持续，例如用纸浆托盘代替一次性木托盘和塑料托盘，增加对垃圾的回收和再利用等。目前，乐高的垃圾回收率达到93%，产品生产过程中的塑料回收率更是达到100%。

第三节　奥迪康公司：牙科医生的爱心跨界传奇

丹麦在听力领域的科技创新能力走在全球前列，在声学、听力学及与听力密切相关的电子学等领域位居世界科技顶端位置。奥迪康（Oticon）公司作为丹麦的百年企业，是全球历史最悠久的听力装置制造商，也是世界级的先进助听器提供者，不仅积聚声学、听力学、电子学相关领域的高新技术，近年来更是将视野拓展到神经科学，向全球顶尖科研机构寻求合作创新与技术突破，期望进一步向前沿科技迈进。

奥迪康公司为了追求科技领先，保持产品在全球的领先地位，在科技研发上投入巨大的财力和人力，重视程度令人惊叹。公司早在1977年便成立相对独立的艾瑞克斯姆研究中心，拥有最先进、最大规模的听力学研究实验室，世界上最大的听力学图书馆，以及全球唯一的、展品最全的助听器博物馆。

奥迪康公司在管理和运营模式上同样卓有建树。早在1957年，奥迪康公司创始人汉斯·戴蒙特之子威廉和妻子便设立威廉·戴蒙特&爱米丽慈善基金（奥迪康基金），是世界上历史最悠久的慈善基金之一。奥迪康基金规定将所有收入用于支持听力损失人士和团体的需求，为研究人员、听力康复顾问和普通公众提供诸多支持。奥迪康基金作为奥迪康公司的主要股东，收入主要来自康迪康公司的股份收益，从而实现奥迪康基金、奥迪康公司、听力损失人士及相关人员的正向激励和良性发展。

奥迪康在解决全世界听力障碍问题方面作出突出贡献，不但为企业创造利润，更利用自身产品的研发优势，为无数听力障碍患者提供有效的解决方案，通过科技创新，为全人类谋福祉。

一、公司发展概况

在奥迪康的企业LOGO上，有显著的"PEOPLE FIRST"两个单词。事实上,"以人为本"不仅仅是奥迪康的标语,也是奥迪康思考、工作和研发产品的基本,奥迪康的创立就是基于"以人为本"这一概念。

奥迪康公司创立于1904年,创始人为汉斯·戴蒙特(Hans Demants)。奥迪康的创立源于汉斯·戴蒙特为了帮助他的有听力障碍的妻子获得听力。彼时丹麦并没有助听器市场和助听器产品。1904年,汉斯·戴蒙特主动与通用声学公司(General Acousticon)展开合作,在丹麦进口和分销第一批助听器 De elektriske Acousticon,作为助听器分销商的奥迪康的雏形由此诞生。

1910年,汉斯·戴蒙特的儿子威廉·戴蒙特(William Demants)接替去世的汉斯继承了生意,继续从事助听器的分销与维修业务。然而,1929年,受第一次世界大战和华尔街金融危机的影响,助听器进口变得困难。威廉开始进口不带电线或电池的半成品,然后在丹麦本土生产,不过这种生产方式仍然是一种低技术含量的拼装工作。第二次世界大战期间,助听器进口再次受战争影响,连元器件进口都变得困难起来。为了使公司能够生存下去,威廉决定在丹麦自产适用于分销产品Acousticon的组件。1940年,威廉成功地生产了第一个授权丹麦本土的自产助听器。虽然只是Acousticon的模型副本,但这标志着奥迪康助听器开始自主生产的第一步。

1946年,在与通用声学公司产生分歧后,威廉·戴蒙特选择解除分销合作的业务,而与美国助听器制造商查尔斯·雷曼(Charles Lehman)建立合作关系,共同创立总部位于哥本哈根的美国丹麦奥迪康公司。

1954年,经过50年的发展,奥迪康从一家丹麦助听器分销商成为丹麦助听器的领先供应商。此后,奥迪康开始走向全球的发展之路,从瑞士、挪威、德国、苏格兰再到日本、新西兰和中国,奥迪康以丹麦为中心,逐渐辐射全球助听器市场。

2004年,奥迪康经过100年的砥砺前行,已然成为全球范围内第二大助听器制造商。及至今日,奥迪康初心不变,仍在积极运用科技创新,为更多听力障碍人群提供更加智能、轻巧和便捷的助听器产品。

目前,奥迪康在全球拥有3 000多名员工,业务遍及全球100多个国家,旗下产品通过24个国家和地区的销售办事处及全球约80个独立分销商进行销售。

二、奥迪康的成功之道

作为解决人类身体系统问题,尤其是日常交互中重要的听力问题的产品,奥迪康的产品具备必需性,这决定了助听器领域的产品研发会带来足够的影响力。相较于其他企业或产品,奥迪康更能得益于丹麦的优势外部条件:丹麦是全球最大的听力王国,声学、听力学等领域走在世界科技前端。

奥迪康公司的成功不仅依托丹麦在声学、听力学方面的成熟技术,更多依靠自身对消费者的关注及对产品的创新研发,也包括公司的创新管理。

1. 立足技术研发

奥迪康有每年研发投入超过10亿元人民币的研发中心,产品开发速度以每两年一款新产品的速度周转。据奥迪康诊疗器械部主管阿恩·博耶·尼尔森(Arne Boye Nielsen)所言,29年前,他刚来奥迪康公司的时候,10万元人民币开发出来的产品能够持续销售10年,而现在6亿元人民币研发出来的产品最多只能销售两年就要换代①。

巨大的人力和财力投入,成就了奥迪康旗下最大的听力研究中心——艾瑞克斯姆研究中心。这个研究中心成立于1977年,建立之初就是用于建立一个更多关注听力,而不仅仅是技术本身的独立机构。这个研究中心的成立完美契合和实现了奥迪康的使命:帮助有听力障碍的人在拥有自己选择的生活的同时,充分发挥自己的潜力——拥有自己的听力。奥迪康并不仅仅关注助听器产品本身,更关注需要助听器的消费者和用户的生活与需求。目前,艾瑞克斯姆研究中心拥有全球唯一、展品最全的助听器博物馆,以及世界上最大的听力学图书馆和最先进的听力学实验室,这些机构系统地呈现助听器的发展和助听器的研究全过程。

立足于先进的研发和创新水平,目前,奥迪康在助听器领域已经形成独有的产品优势,其中,最为突出的优势主要有如下两种。

(1) Opn技术

助听器的工作原理是将声音的信号经麦克风转化后,变成电信号,然后再通过放大器将电信号放大,最后将放大的电信号转化成声音信号传到人的耳朵中。传统助听器的工作原理大多是单一的信号接收—转化—处理—再转化的过程,为了确保工作效率,传统助听器通常会自动过滤庞杂的噪声,在功能上,仅能为听力障碍者提供单一声源的解读功能。奥迪康开发的Opn技术则是对传统助听器的技术性突破,这种技术能够实现持续360度自然声音的扫描,可以使有听力障

---

① 罗湛贤:《奥迪康:无数次"极限挑战"炼出最优品质》,《南方日报》2019年10月10日。

碍的人能够像正常人一样参与对话,即使在嘈杂的环境中也能交流。相较于传统的助听器技术,Opn技术实现了对听力障碍者的全方位听力解放(见图7.3)。

传统技术

在复杂环境中处理声源时,为了更好地聆听,传统技术会聚焦单一方向,环境越复杂,聚焦的角度越小。通过衰减除单一方向言语声之外的所有声音,给用户带来单一狭隘的听觉感受。

奥迪康Opn技术

奥迪康Opn通过不断地分析整个声音场景,分离语音并减少其他噪声,从而提供一个自然的、360°的声音环境。您能听到多个声源并根据您的喜好自由切换主要声音。

图7.3 Opn技术与传统技术对比

(资料来源:奥迪康官网)

Opn技术实现听力解放的根本原因是基于强大的Velox系统,这种系统能充分将助听技术与数字化进行结合。依托Velox系统的强大处理能力,Opn助听器可以实现每秒12亿次的处理操作,每秒实行环境扫描500次,能够全方位检测任何声音来源,接受并进行数字化处理。除了具备优于传统助听器在功能上和信息处理上的优势外,Opn技术还借助TwinLink双无线技术,将助听器与手机、电脑及相关蓝牙设备进行连接,实现助听器与无线耳机的转换,在实现用户基本助听功能的基础上,尽可能优化体验。可以预想到,在未来物联网全面接入的数字化生活中,Opn技术将消除听力障碍者的听力困境,例如将Opn助听器与信箱、门铃、电视等物联设备连接,实时接收各种信号,最终实现无障碍听力生活。

(2)脑聆听技术(Brain Hearing)

Brain Hearing技术是奥迪康的创新技术研发,是行业内首个关注大脑在听力中作用的创新技术。这项技术的重点是在研发声音传输无损或低损的基本要求上为大脑提供解读声音意义的信号,帮助活跃大脑。

声音的解读是通过大脑进行的,听力丧失不仅意味着听力障碍者无法接收外界的信号,还意味着潜藏损伤大脑的风险。对于听力障碍者而言,当大脑没有接收到所需的声音时，大脑需要付出更多的努力去尝试理解接收的信息。Brain Hearing 技术正是基于这种需求研发的技术，能够使大脑完整地访问音频环境，从而能更集中地关注到相关音频源。

Brain Hearing 技术提供四种认知功能：在自然声音环境中接收所有声音和空间信息（定位声源）；增强不同声音之间的对比度，帮助大脑将相关声音和竞争性噪声区分开（辨析声音）；大脑不断获取声音，选择并转移声音焦点（聚焦接收）；平衡声音，使声音变得更清晰，更易于识别，同时，释放大脑的存储和记忆信息的能力（识别并解析信息）。通过这四种功能帮助调动大脑，能够充分刺激大脑在接收声音信息过程中的同步活动。刺激大脑同步运行而非被动接受，提升大脑活跃度不仅能够更加精准地获取和辨析声音的信息，还能主动进行信息解读。奥迪康相关数据显示，借助 Brain Hearing 技术优势的助听器 Opn S，与传统助听器相比，具备以下明显优势[①]（见图 7.4）：

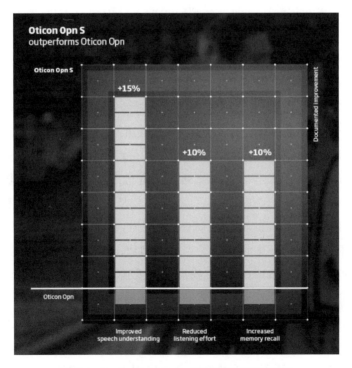

图 7.4　Brain Hearing 技术的助听器优势图示
（资料来源：奥迪康官网）

---

① 参见 www.oticon.dk/professionals/audiology-and-technology/our-approach/we-think-brain-first。

与传统助听器相比,Opn 可使听力障碍者语音理解能力提高 30%,而具备 Brain Hearing 技术的 Opn S 又提高 15%;

与传统助听器相比,Opn 可使听力障碍者听力下降的可能性降低 20%,而具备 Brain Hearing 技术的 Opn S 又进一步降低 10%;

与传统助听器相比,Opn 召回率提升 20%,而具备 Brain Hearing 技术的 Opn S 又增加 10%。

此外,依托 Brain Hearing 技术的助听器,还能帮助减少听力障碍者认知能力加速下降的风险,减少大脑痴呆的发生概率。

2. 注重产品品质

除了助听器的技术优势外,注重产品的品质也是奥迪康占据行业制高点的重要法宝。

奥迪康严守质量关是百年企业经过时代锤炼后的品质传承。继 1953 年奥迪康研发欧洲第一台晶体管助听器到后来的全球第一台全自动助听器、全数字助听器、数字仿生助听器等产品,数字化和机械化批量生产成为奥迪康极具效率的生产方式,但难能可贵的是,奥迪康至今仍保留强大的动手能力与机械化生产相结合。在具体的产品生产过程中,奥迪康拥有一套系统的生产工序。例如助听器的材料外壳,在产品落实生产之前,奥迪康会先在丹麦确定最初的概念品研发,利用 3D 打印技术将概念品打印出来,经过研发中心的设计美化和质控部门的检验合格后,再送到工厂进行大规模量产。待产品量产完成后,还要经历一系列的极限挑战,包括用人造汗不断喷洒样品进行湿度测试,像跳楼机那样从 1.5 米的空中扔摔 100 次以确保助听器能够经得住从人耳掉到地上的考验,还有长达大半个月的零下 40 度的低温测试、强光测试,以及反复的按钮机械测试等。总之,所有工作都只为一个目的——严守奥迪康的产品质量关。正如奥迪康质控部门的负责人保罗(Paul)所言:"我们从不妥协,无数次测试新产品以保证我们的产品都是最优的。"①

为了确保奥迪康产品的一致性和高标准,奥迪康还在全球设立统一的质量标准管理模式,不仅对产品的出厂标准进行严格把关,还严格控制海外工厂的所有员工培训和资质认证等。通过确定全球化理念,奥迪康实现将位于哥本哈根的工厂全球化复制,构建起统一质量的全球供应链和物流销售渠道。

---

① 罗湛贤:《奥迪康:无数次"极限挑战"炼出最优品质》,《南方日报》2019 年 10 月 10 日。

3. 致力优质服务

在产品服务上,奥迪康并不是简单地提供不同类型的产品,而是经过大量调研和考察后,将听力保健市场分为四个部分:初次使用者、有经验的用户、儿童和高级用户。针对每个细分市场,奥迪康都选择适配的服务方案,从而确保客户获得最理想的服务和应有的尊重。对于听力障碍者而言,通过产品和服务,他们被视作正常听力者以消除异类感非常重要。

以针对儿童客户的服务为例。奥迪康通过与儿科专家和家庭多年合作,以及对儿童客户的精准心理分析后认为,对于儿童听力障碍者而言,最佳的解决方案不是技术可以做到什么结果,而是它能否满足儿童个体的实际需求。不同于成年听力障碍者,儿童正处于身体和心理双重生长的阶段:一方面,身体的生长会导致对助听器产品的适配度发生变化;另一方面,听力障碍对于儿童的心理发育和正确认知塑造也有极大影响。因此,针对儿童客户,奥迪康明确不仅要努力帮助儿童解决听力障碍的问题,还要为他们的发展负责的服务目标。换言之,奥迪康不但要为儿童客户提供对应的产品服务,还要解决随着成长变化出现的新的听力损失问题,以及针对儿童在各个发展阶段的需求不断量身定制新的解决方案,这体现在对儿童客户的服务使命中即是"为所有听力障碍的儿童创造更美好的未来"。

奥迪康的优质服务还体现在助听器的附加服务等方面。奥迪康不仅向客户销售助听器,还在整个过程中帮助客户进行听力测试,由听力保健专家进行听力检查,提供不同用户的经验分享平台等。总之,深入了解客户的需求,通过产品优化和服务满足用户的心理需求与尊严,是奥迪康为听力残障者提供的最真诚的服务,这也正是客户最需要的关怀。

4. 实施管理创新

除了注重对技术和产品的研发外,创新管理也是奥迪康企业成功走过百年的重要举措。其中,最为著名的是奥迪康的"面条式组织"管理创新。

奥迪康的百年企业之路也并非一帆风顺。奥迪康在20世纪50年代已经成为全球性助听器制造厂商,这种行业领先地位一直持续到20世纪70年代。事实上,正是这种领先使得奥迪康安于领先现状,最终面临企业发展危机。

20世纪80年代,全球助听器市场迎来重大变革,新型的隐藏型助听器设备在市场上占据主导地位,而奥迪康彼时的设备仍然全是位于耳后的外露式助听设备,并且这些设备均是批量生产的标准款。相较于新型支持定制的设备,奥迪康的市场竞争力直线下滑。80年代后期,占据全球助听器15%市场份额的奥迪康短短几年就失去自己的江山,市场份额跌至7%。同时,成本的上升和利润的下降使得奥迪康面临的困境加剧,加之世界格局和经济动荡造成丹麦克朗与美元的汇率动荡,奥迪康的资产无形蒸发了30%。

为了解除奥迪康的困境,董事会于1988年聘请拉斯·柯林德(Las Kolind)接手管理公司。柯林德在认真分析公司的制造部门、销售部门和基本战略后认为,这些部门和战略都没有问题,官僚主义盛行的公司总部才是问题的关键,过于保守和迟钝的集团总部使得公司的决策过于冗杂、迟缓、笨拙,这种决策方式正在将奥迪康变成待灭绝的恐龙。柯林德对此进行大刀阔斧的改革。利用1991年公司搬迁的机会,奥迪康彻底实现最剧烈的变革,几近重组的奥迪康形成所谓的"面条式组织",即像意大利面一样无组织的组织。

面条式组织,即为了让人们在几种不同的职位上更充分地施展才干,所有员工将拥有一个职位的组合,每个员工都是多面手。每位员工至少要有三项职位,一项主要职位符合专业或能够充分发挥自己的特别能力,同时还要承担其他领域的两项职位。这一理念使得组织的资源得到扩展,工程师在做市场营销,营销人员对开发项目进行管理,财务人员则帮助实施产品开发等,如此形成没有等级、没有层次、没有固定部门的组织形式[①]。

奥迪康不仅在组织上实行大刀阔斧的改革,还拆除公司的围墙,公司员工不再有传统的办公室,而是搭建一种完全透明的工作环境。为了促进员工之间的互动,公司还有意识地在工作场地设置咖啡吧台,用螺旋扶梯代替电梯,设置电子查询和存档系统等。通过这些方式,公司员工互动得到极大提升,有利于产品创意的激发。

在产品生产和制造方面,奥迪康积极与对手结成战略联盟,淡化组织的有形边界,通过以项目来确定产品的生产和研发,改变早期官僚主义下的决定权。

奥迪康的管理创新在实践中证明是效果显著的。1991年,奥迪康的年利润为1800万丹麦克朗;组织改革后,奥迪康用两年的时间将利润水平增长四倍有余,营业额同比增长13%,1993年更是增长23%。

奥迪康的组织管理也是由基金会管理,同样为员工提供良好的工作环境和发展机会。作为世界上历史最悠久的慈善基金之一的奥迪康基金会,也为研究

---

① 骆兰、王华:《管理学原理》,重庆大学出版社2015年版,第109页。

人员、听力康复顾问和普通大众组织了许多研究计划、会议、展览、文化活动与商业活动等。

第四节　对中国企业创新发展的启示

纵观丹麦企业,无论是格兰富、乐高还是奥迪康,这些企业的发展过程中的优秀做法都多多少少给中国企业以启示。

一、创新生产层面

《中国制造 2025》提出,要坚持把质量作为建设制造强国的生命线,强化企业质量主体责任,加强质量技术攻关、自主品牌培育,建设法规标准体系、质量监管体系、先进质量文化,营造诚信经营的市场环境,走以质取胜的发展道路。

在创新发展领域,中国尚未完全形成自主创新能力。一方面,中国制造业正逐渐走出一条"引进—消化—吸收—再创新"的二次创新之路,但仍然没有摆脱高消耗、低效率的发展方式,技术含量高、附加值高的产品和零部件大多被外资控制。企业要在原有自主创新经验的基础上同时实现经济收益,仅仅依靠国家宏观政策层面政策工具的推动或拉动是不够的,还需要企业自主提高对技术和产品品质的认知与应用能力。另一方面,随着消费市场升级和新技术的迭代加快,产品及市场需求也在快速提升,这些都对企业发展和产品生产提出严峻要求,创新和高质量发展成为必须。

无论是格兰富、乐高还是奥迪康,丹麦企业在产品质量方面的做法向中国企业说明了一个道理,即高质量的产品一定能够获得市场的认可,从而获得对等的利润。具体做法如下。

首先,推动发展理念变革。一是确立质量生存的发展理念。无论是格兰富、乐高还是奥迪康,这些企业均将产品质量融进企业的血液里,对于产品把关经过层层工序,以确保给消费者和客户最好的产品。只有把质量与企业命运牢牢绑在一起的企业,才能真正将产品质量重视起来,才能被消费者接纳。二是树立科技兴企的理念,科技成果的迭代速度越来越快,加强科技创新和技术成果的应用,提升企业的智能化、数字化,才能融入"互联网+"的企业新格局。只有加快企业转型升级,摆脱只顾眼前不顾长远的短视思维,才能真正实现企业的快速发展,有机会借助科技成果弯道超车,否则必将被市场淘汰出局。

其次,推进企业发展方式变革。企业实现转型升级,必须掌握核心技术,不断提高核心竞争力。一方面,应在确保基础利润的基础上,加大研发投入,三家丹麦企业依托各自基金会的资金注入,确保企业的研发资金支撑,从而创新研发新型产品,不断投入市场竞争。中国企业实行基金会管理不太现实,但固定比例研发资金确保企业发展应可以借鉴。另一方面,改进企业生产流程,优化资源要素配置,加快从低端制造向高端生产的设计、研发、品牌、营销、服务等环节的全面延伸。这一点在三家丹麦企业中都有明显的体现,尤其是品牌和服务方面的创新营销,不但为企业积攒粉丝,还在与顾客的对等交流中集思广益,汇聚更多的创新创意和理念。

二、管理运营层面

管理创新是支撑三家丹麦企业数十年,甚至百年发展仍然屹立不倒的重要因素,尤其是乐高集团和奥迪康。相较于格兰富较早以基金会的形式管理集团而循序发展,乐高和奥迪康都曾面临重大生存危机,但依托于较好的管理创新和改革及知人善用,两家企业均度过危机并不断完善管理方式。除了在领导层的改革和管理创新外,三家企业的企业文化和员工团队建设等也有值得借鉴之处。

首先,要重视企业管理者战略管理水平和能力。企业战略的选择,既是一个客观分析过程,也是经营者主观能动性的有效发挥与创造过程。企业经营者的理论素质、价值观念、对待风险的态度与承受能力、个人经历、胆识、事业心、责任感和自信心等因素,对企业战略的制定和实施过程都将产生重大影响。因此,企业应使理论水平较高、实践能力较强的管理者不断被选拔到企业高层管理岗位。同时,要加快企业家市场建设,通过市场竞争促进具有战略思维和战略管理能力的企业家队伍不断形成。

其次,加强企业文化建设。企业文化是企业发展不可或缺的一部分,优秀的企业文化能够创建良好的企业环境和工作氛围,帮助提高员工的文化素养、道德修养、职业操守,还能促进企业的凝聚力、向心力和约束力,激发员工的使命感、归属感、责任感、荣誉感和成就感,从而进一步实现企业资源配置最大化,提升企业的市场竞争力。

再次，加快构建企业战略管理意识，要遵循适应性、系统性、长期性和稳定性等基本原则，积极地研究、制定和实施具有适应性与竞争性的企业战略。企业是一个庞大而又复杂的开放系统，制定和实施企业战略，要充分估计未来经营环境的种种变化和影响，保证企业战略能够与外部环境的发展变化趋势基本一致，或者在外部环境不断变化的条件下，能够保证企业战略不进行频繁的方向性调整。要统一协调总体战略、基本竞争战略和主要职能战略之间的内在联系，保证各项战略相互协调和相互支持。制定和实施企业战略，还涉及企业的组织结构和权责分工问题。不同的战略层次，应由不同的管理层负责。对此，应合理调整和确定企业管理组织结构，形成明确的责权分工体系，上下级之间要建立良好的信息联系，这是有效制定和实施企业战略的重要保证[1]。

最后，企业发展必然具有一定的短期性和波动性，但这并不意味着企业任由市场冲击和面对风险。企业在面对市场风险时，应主动形成危机管理意识，从企业快速发展到企业的危机风险都要提前做好准备和评估。通过对企业的风险意识和管理意识的重视与提升，提升企业的抗风险能力和公关能力，确保企业能够始终处于向上发展的状态，即使面临风险，也具备及时止损的能力。

三、生态环保层面

对于企业而言，立足企业自身，通过节能减排降耗、优化产品原材料使用等实现绿色生产，可以成为企业的社会责任。

首先，对于企业而言，节能、降耗、减排不但能实现绿色生产的目标，还能实现能效和利润的转化。一是创新生产工艺，通过技术研发，实现绿色工艺。在这方面，中国已经有相当一部分企业正在践行。例如，联想从 2010 年开始推动行业将面板从 LCD 向 LED 切换，大大减少重金属汞和砷的使用。目前，联想所有产品都已满足全球最严格的节能标准。此外，联想独创的低温锡膏制造工艺，与原有工艺相比减少 35% 的碳排放量，意味着每年联想将减少 6 000 吨的二氧化碳排放，相当于少消耗约 250 万升的汽油[2]。二是创新产品工艺。企业立足自身产品领域，通过优化和创新产品形式，打造环境适应型产品，借助产品发挥对

---

[1] 李角奇：《丹麦企业——格兰富集团的战略管理案例研究》，《机电产品开发与创新》2005 年第 5 期。

[2] 《i 科技：为绿色发展，中国企业做了啥？》，搜狐网，https://www.sohu.com/a/6778517_127019，最后浏览日期：2020 年 1 月 2 日。

能耗和环境可持续的影响作用也不失为一种手段。

其次,企业应积极履行环保的社会责任。企业在生产过程中对环境的污染和能源消耗相较于社会与公众是不对等的。在利润转化层面,企业发展成果为企业所有,但对环境的破坏却是由全民承担。因此,企业在生产过程中应主动积极承担环境保护的社会责任。如果中国企业都能立足自身,积极承担对环境的社会责任,中国的绿色生产进程将加速发展。

三家丹麦企业的实践还表明,非政府组织也可以在企业生态创新中发挥重要作用,也是重要的创新主体。企业积极与非政府组织进行战略合作,充分发挥企业与行业协会等非政府组织在绿色转型中的重要作用,也是值得认真思考的一种方法。

第八章　他山之石：值得中国借鉴的丹麦经验

本书编写组

丹麦国家治理中一些成功的做法和经验，值得我们好好地研究和借鉴。他山之石，可以攻玉。我们希望透过对丹麦经验五个层面的梳理和归纳，概括出一些对中国发展的启迪，以期为中国新一轮改革开放提供一种镜鉴。

第一节　国家治理层面

丹麦在创新和绿色发展的国家治理上可以为中国提供许多有益参考。

第一，创新和绿色发展的重要主体之一是企业，丹麦一些世界知名企业在自己的领域中成为创新和绿色发展的标杆与样板，这与政府的政策引导和扶持密不可分。政府应当出台政策为企业持续技术创新提供保障，消除企业展开技术创新可能失败而降低竞争力的后顾之忧。完善企业持续技术创新的法律法规，确保企业可以全力投入到技术创新中去。中国在扶持企业创新和解决中小企业融资难上做了一些工作，但在如何落实并有效执行，以及如何通过税收等手段提升企业创新意识，让企业感受到绿色创新可以创造商机，进而投身到技术创新实践中，从而不断取得进步上，可以向丹麦学习和借鉴经验。

第二，学习丹麦，整合高校、科研院所和技术人员，加快建立建好科技创新平台，为企业持续技术创新提供人才、资金和专业知识支持。学习丹麦通过更大范围的系统开放，与其他国家进行双边或多边的能源国际合作，扬长避短，才是发展之道。科研创新和绿色发展更加依赖国际分工与协作是大势所趋,中国要学习丹麦,以一种超越国界、国家、企业、大学等的开放式协作网络,实现更加复杂的技术创新和绿色发展。

第三,与工业革命时代的绿色创新发展自上而下的逻辑不同,网络时代绿色发展的战略基础是自下而上的,强调公私合作,优势互补。中国要向丹麦学习,激活民间力量,可持续发展的事业由政府和社会双轮驱动,通过社会各界之间的有效合作,促进领先企业、投资人和公共组织在绿色经济增长中取长补短,协同共进。

第二节　国际合作层面

作为能源转型和可持续发展的先驱,丹麦向面临相似挑战、拥有相似目标的国家分享经验,帮助实现全球性的绿色转型。丹麦的绿色外交取得了丰硕的成果,有效地为国内企业走出去拓展商机,促进国内经济社会发展。这对中国的启示是多方面的。

第一,规范设计和话语权建构对中国的发展至关重要。绿色发展的知识、技术和规范是国家软实力的一部分。积极发展援助政策和绿色议程,是人文与经济外交的工具和重要内容,也是国家形象建构的重要渠道。在包括绿色发展在内的领域增强规范设计能力,是建构"人类命运共同体"的关键所在。

第二,要保持政策过程的自主性和超越性,从而对能源和绿色发展议程进行长远的规划与连贯的推进。切实把能源保障与绿色发展作为新安全观和新发展观的重要内容,推动形成坚实的社会与政治共识。

第三,要坚持市场导向,创新组织形式。坚持国家倡导、市场导向和社会参与,才能提供激励机制,调动各方力量共创、共享绿色发展议程。调动社会与市场力量的参与,是在国际舞台上可持续运作绿色议程、推动绿色外交与国内发展形成良性互动的必然选择。

第四,积极发起和运作小多边机制与区域合作平台,增强在可持续发展和绿色创新领域的议程设置能力与有效性。在全球治理中,大多边的治理能力和有效性由于大国竞争等因素而有所下降,而小多边主义是一种积极的力量,可以对既有的制度化程度高的多边合作机制起到良好的补充作用。在全球气候政治中,不同国家群体,如欧洲联盟、伞形集团、小岛国家联盟、七十七国集团(G77)、基础四国(BASIC)、金砖国家(BRICS)等,对全球的环境正义发挥了重要的利益表达和意见汇聚的作用。既要利用好已有的小多边机制,也可以根据全球治理的特殊问题领域,发起新的小多边机制,并且把它们进行有效的衔接。

第三节 科技创新层面

丹麦在科技创新领域取得如此优异的成绩,一些做法值得我们总结和学习。

第一,注重科技创新体系的系统化整合,摆脱科技创新"政出多门"的局面。丹麦虽然是一个小国,但是在科技创新上,深谙"集中力量办大事"之道。政府设立专门的科技创新主管部门统管全国的科技创新事务,并且将原本属于教育部管理的八所研究型大学纳入其管辖范围。将全国众多公立科研机构并入大学之中,明确大学作为国家科技研发执行主体的地位。这种系统化整合的目的非常明确,即"好钢用在刀刃上",将最优质的资源配置给最优势的科技创新主体,以期取得最优异的成绩。这一点值得我们学习。中国的科技创新涉及教育部门、科技部门、财政部门等多个政府机构,如何进一步释放科研的"制度红利"是值得我们进一步思考的问题。

第二,明晰大学的公共研究机构定位,以合同制的方式进行绩效管理。经过一番改革之后,丹麦逐渐形成"专业学院-大学学院-大学"三层级高等教育体系,其中,前两者主要进行短、中期高等教育教学,负责基础研究的则是大学。这种对大学的清晰定位与丹麦人的务实作风是一脉相承的。在丹麦,很少见到大而全的追求,更多的是知己知彼的一种踏实进取。这种依靠国家力量对大学进行重新定位有效避免了大学之间的盲目竞争与重复投资,大学与大学之间成为一种互补性关系。当下,中国大学的目标定位不少都是由本校提出的,缺乏国家层面的系统性规划,不少学校追求大而全或者不切实际的目标定位也造成国家科教资源的浪费。丹麦的大学重组是根据各高校间的学科特点进行整合的,这一点对中国的高校合并重组有积极的借鉴意义。"中国高校在过去几十年中合并潮属于一种地理邻近性的'区域大学合并',这种不依据各高校学科优势与特点的大学重组本质上并非大学资源的有效整合。"①

完成大学的重组之后,大学也成为丹麦实质意义上的科技创新中坚力量,丹麦努力使大学成为国家内部科技创新的龙头,以带动整个国家的科技创新发展。在科研创新主体的管理上,丹麦的合同制管理也值得借鉴。丹麦创新主体的经费一方面来自国家预算下的拨款,另一方面通过竞争性基金获得。对于拨款经费,丹麦政府以合同的方式对大学实施绩效监督。"相比而言,中国高等院校财政拨款机制缺陷明显,'分级投入+专项补助'模式下高校获得教育经费主要取决于所在地区、高校类别(是否'985'、'211'、双一流),科研经费主要源于研究者国家自然科学、社会科学、教育部与省级纵向课题立项,高校所获得的财政性运行、科研经费的多寡与其产业贡献未有效挂钩,导致人才培养、学科建设、科学研究、成果转化相互脱节。"②丹麦合同制的管理方式,一方面给大学充分的自主权;另一方面,成果导向的考核也促进大学的绩效提升。

第三,鼓励私人资金参与科技研发,广泛吸纳私人基金会进入资助体系。丹麦科技创新体系的一个显著特征是私人研发投入强势,是公共研发投入的两倍之多。在丹麦科技创新体系中,非营利性的私人基金会扮演重要角色,诸如诺和诺德基金会、嘉士伯基金会、格兰富基金会等都在积极地投入资金,推动相关领域的科技创新发展。私人基金会投资科技创新有税收减免或出于社会责任的考量,但是它们对于整个社会的科技创新确实起着巨大的推动作用。国外私人科研基金会已有一套很成熟的运行机制,为人熟知的就有德国洪堡基金会、美国洛克菲勒基金会、英国惠康基金会等。私人基金会一般都是以非营利为目的,对于渴望资金支持的科研项目或者科研工作者而言,正是需要这种非急功近利式的援助。

第四,坚持走科技创新的国际化之路,充分利用外部资源。在丹麦,可以感受到科技创新中浓浓的国际风。丹麦的博士生中有近三分之一是外国留学生,竞争性的科研资金申请也面向在丹麦的外国人。外国学者成为丹麦科技创新的一支生力军。丹麦还广泛参与北欧及欧盟等国际组织的项目,比如执行欧盟的"Horizon 2020"计划,参与欧洲散裂中子源与欧洲自由电子 X 射线激光器的建设等。丹麦还积极开展与中国、美国、印度等国的合作。2008 年,丹麦政府发布"中丹知识合作战略",成立中丹科研教育中心,联合建立六所中丹研究中心,加

---

①② 张瑞:《三螺旋视角下的丹麦科技创新实践及对我国的启示》,《科学管理研究》2019 年第 5 期。

强与中国在可再生能源领域的合作。除此之外,丹麦还在海外广设研究中心,为有意在海外寻找发展机会的丹麦企业、拓展交流合作活动的丹麦高等教育机构提供支持。

第五,确立科技创新的终极目的是实现可持续发展与造福社会。创新与可持续可谓是用来描述丹麦当下社会发展的关键词,联合国可持续发展目标的落实渗透到丹麦社会的每一个细节当中,科技发展自然也不例外。丹麦正在用科技创新来书写"童话王国"的新传奇。目前,丹麦在低碳经济、新能源产业的发展上也是全球领先者。在丹麦,科技创新的最高境界是为了让人更舒适,让生活更美好,这一点也值得中国学习。

第四节　人文教育层面

在国家和民族核心价值观建设方面,中国应该以社会主义核心价值观为基础,进一步涵养具有现代意识、创新意识、可持续发展意识的个人、社会和国家层面的价值观念,在经济发展到一定水平的时候,不断加强公民教育,利用中华优秀传统文化和现代文化来增进人民的相互信任,致力于营造更加公平、公正、诚实、诚信的良好氛围。在此基础上,通过福利体系和保障体系的建设与完善,增强公民生活的幸福感。

在教育方面,中国已经建立起较为完善的教育体系,但是如何在高考制度存在的情况下不断改革教育理念,改进评价机制,使得每个公民在获得基本教育保障的前提下能够按照自己的特长和意愿来选择专业与职业,尽可能做到人尽其才,还需不断探索。在义务教育阶段,中国应该将创新意识的培养放在首位。在大学教育阶段,应该进一步强化职业教育和终身教育理念,在教育体制上为所有公民提供进一步学习和深造的机会。近年来,中国不断强化高校和企业的协作联动,出台了一系列措施和规划来增进产学研合作。中国应该从丹麦校企合作的成功经验中学习更加有效的多方合作机制,更好地发挥政府、高校、企业三螺旋模型的正向作用,不断增进企业的创新能力。在公民教育方面,中国要继续坚持以人为本的理念,加强环境保护教育,鼓励中国人热爱公益、热爱环保,在绿色发展上坚定不移。

在企业文化方面,中国应借鉴丹麦的经验,尤其是非国有企业,在企业自身的可持续发展上建立适合中国国情的机制,保障优秀的企业能够不断传承发展,为中国长久的经济增长注入源源不断的创新动力。

第五节　绿色发展层面

同样作为传统农业大国,丹麦的绿色转型给中国的启示在于:一是在农业现代化方面,不只是机械和技术的引用,农民知识水平的提升至关重要,同时,农民参与现代化合作农场的管理,会提高农业效益;二是在借鉴别国经验的同时,从自身传统出发,内生的制度性更具生命力,在绿色发展过程中要找准发力点,比如绿色农产品的生产;三是农业转型升级与绿色发展过程中的全民教育,只有全面提高国民素质,可持续发展才具有不竭动力。

于1976年组建的丹麦能源署,从解决能源安全问题,到统筹制定国家能源发展战略并组织监督实施,管理重点涵盖国内能源生产、能源供应和分销及节能领域。在其主导下,丹麦在节能方面成效卓著。政策引导、经济激励、税收规约三位一体,不同的主体积极参与,贡献才智的同时身体力行,由此,丹麦在节约能源方面做到了极致,并且积极开发新型清洁能源。这对中国极具借鉴意义。中国的生态环境保护尽管也取得了极大进步,但主要是行政性规范手段,方式较为单一,可采取多种方式结合、多措并举,激发公众和企业的环保自觉意识。

在丹麦,企业作为绿色发展的重要力量,在技术创新和提供解决方案等方面走在前列。中国以可持续发展和绿色发展为己任的企业较少,这与良好企业生态的培育有关。绿色发展要落到实处,企业是非常重要的抓手。以税收、行政处罚、经济激励的方式,加上购买绿色产品对消费者补贴等多措并举,同时严格要求企业,尤其是央企在节能减排方面严格执行相关规定,生产高品质产品的同时以节能减排为旨归,构建可持续发展的蓝图。

丹麦的志愿组织"无孔不入",涉及多个行业、领域,渗透进生活的方方面面。这与社会赋予公民的自由度有关,与高度发达社会人们对经济的依赖程度较低有关,更与公民的环保自觉意识有关。

丹麦绿色转型的全民参与、自觉行动,是其绿色发展顺利进行的坚实基础。

从小在学校课堂、动物园、植物园和民间环保机构接受的绿色教育、农业教育,使得绿色环保意识深入人心并渗透到日常行为中,人人贡献才智使得各个行业、各个领域、各个环节都把环保节能发挥到极致。这些宝贵经验值得中国借鉴,把绿色教育融入中小学课堂,融入参观游览活动,发挥 14 亿人的聪明才智,则会有意想不到的创意。

丹麦在全民绿色教育、农业高度现代化和农民知识分子化、发挥企业主动性、垃圾回收和焚烧、区域供热、热电联产、交通规划等方面都有很多值得中国借鉴和学习的经验。中国可以加强与丹麦在绿色转型方面的政府合作和商业合作,加快绿色转型。

在全球创新发展和绿色革命的潮流下,各国的治理理念和治理方式都在发生新的变化。一些国家开始成为新治理、新知识、新技术、新信息的生产源和传播源。诸如丹麦这样的国家以治理现代化为基础,紧紧抓住创新体系建构,在国际资源利用、历史文化凝聚、教育科技并重、生态环境优化、卓越企业拉动等方面,不失时机地发展自己。中国可以从丹麦的发展中汲取一些重要的有益经验,秉承"发展是硬道理"的理念,早日实现中华民族的伟大复兴。

第九章　特邀专家分析(上)：
丹麦能源行业的绿色转型

弗莱明·尼尔森/著*　杨宇/译

第一节　世界上最可持续的公司在丹麦

丹麦一家可再生能源公司Ørsted，在2020年1月被选为全球最具可持续发展性的公司。在过去十年中，Ørsted完成了从化石燃料到可再生能源的重大业务转型，并且呼吁所有国家和企业降低碳排放量，帮助将全球变暖控制在1.5度以下。

Ørested公司自2006年以来已将其能源生产和运营产生的碳排放量降低83%，并且计划到2025年基本实现碳中和。现在，Ørsted建造的海上风电场为超过1 300万人提供绿色电能，它们的目标是在2030年将这一数字增加到5 000万。

Ørsted在快速发展业务规模的同时仍能做到大量降低碳排放量，这样的能力是它们在年度全球最具可持续发展性公司100强中位列第一的关键原因。

现在，在世界上绝大多数地区，海上风电的价格已经远低于新建燃煤或燃气发电厂，这使海上风电技术成为全球向绿色能源转型的关键所在。国际能源署

---

* 弗莱明·尼尔森(Flemming G. Nielsen)，丹麦哥本哈根大学法学院研究员，智慧城市加速器项目(Smart Cities Accelerator)负责人，曾任丹麦能源署能源供应和可再生能源部门主任及研究发展部主任。

认为，海上风能可以为上亿人口提供绿色电能。尽管如此，全球温室气体排放总量的75%仍然来自化石能源，碳排放量也还在持续上升。

Ørsted是丹麦能源生产进行绿色转型的缩影。多年来，丹麦一直在为未来的能源行业发展制定宏大目标。

第二节　丹麦绿色转型的短期和长期目标

丹麦2012年制定的一项政治协议规定，到2020年，可再生能源将满足能源总需求的35%，风能将满足电力需求的50%。

但是丹麦距离实现这些目标还有很多工作要做。2019年，可再生能源占能源总需求的比例超过35%，但是风能仅占电力需求的47%，太阳能占3%。目前，人们最大的担忧之一是在电力供需之间取得平衡：在风大的时候，风能产生的电量超出国家的总消耗量，但是否刮风取决于天气。

丹麦采取了一系列措施来整合、平衡不断波动的不同形式可再生能源比例。其中一个关键因素是，将国家电网与包括欧洲和北欧能源联营市场在内的欧洲相邻电网深度整合。这种做法可以帮助丹麦通过电力交易平衡能源的供应。

其中几项重大创新在很大程度上帮助提高了系统弹性。其中一项是国家供电和供热的联结。丹麦约有一半的电能来自热电联供电厂，这些设施许多是使用生物质作燃料的。这些热能驱动区域供热系统，或者进行热能存储。这种系统可以根据风能输出的变化调节供电的输出(例如，增加热能的产量，然后存储以备后用)。

丹麦将提前一天进行预报的综合天气预报系统纳入其电力控制和调度系统。国家电力控制和市场运营中心要求所有大型发电设施在发电输出发生变化时及时提供最新信息，这样就能持续地实时更新未来一段时间的天气预报，然后根据可再生能源的产量变化做好准备。这样的系统可以对具有波动性的可再生能源输出进行可预见的判断，从而确保国家电力系统高效、可靠运行。

2019年，丹麦在一项广泛的政治协议中设定了一个有约束力的目标，即到

2030年温室气体排放量与1990年相比减少70%。但是自1990年以来的30年中，温室气体排放量仅降低35%，挑战是巨大的。

丹麦的长期目标是到2050年逐步淘汰化石燃料，并且做到百分之百使用可再生能源供应能源系统。

第三节　丹麦与中国共同实现绿色发展

丹麦在能源系统转型和绿色发展方面拥有40多年的经验，国家多年来积累的经验如今被世界各国借鉴。

合作是建立在伙伴关系基础上的。丹麦专家与伙伴国家的同行一起努力，应对绿色发展的挑战。这种伙伴关系的合作重点是找出切实可行、具有成本效益且可靠的解决方案。

自20世纪80年代初以来，中国的工业和经济得到长足发展，中国因此成为解决碳排放问题的关键参与者。中国坚决履行《巴黎协定》，致力于减少碳排放和空气污染。因此，尽管拥有丰富的煤炭资源，中国还是设定了宏大的目标，发展更加绿色、可持续的能源行业。中丹达成的伙伴关系也为中国的能源远景提供支持。

丹麦是发展绿色能源系统的先行者。它们的经验已经证明，通过坚持绿色的能源政策，在维持经济发展的同时，可以减少对化石燃料的使用和依赖。

中丹在能源领域的合作可以追溯到2005年风能发展计划（WED）的启动，之后在2009年双方又建立了可再生能源发展（RED）项目。

2014年，中国国家可再生能源中心成立。

丹麦政府已经与包括中国国家发展和改革委员会、国家节能中心和国家能源局在内的国家部委签署了谅解备忘录，两国之间的合作，沿着正确的发展方向，走在可再生能源和能源效率发展的前列。

在过去十几年中，中国在可再生能源方面的投资已处于领先地位（见图9.1）。2017年，中国在可再生能源领域的投资为1 326亿美元，远超欧洲（574亿美元）、美国（569亿美元）、日本（234亿美元）、德国（146亿美元）。

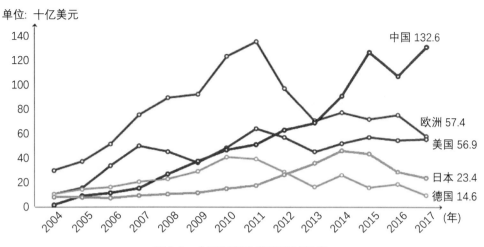

图 9.1　中国可再生能源领域投资

（资料来源：彭博新能源财经）

第四节　20世纪70年代后丹麦能源行业的转型

在20世纪70年代石油危机发生之前，丹麦对石油进口的依赖程度超过90%。当石油价格飞涨时，丹麦受到了沉重的打击。

从那时起，丹麦一直在进行能源系统的转型工作，逐步从化石燃料转变为提高能源效率、使用可再生能源。供应安全一直是能源政策的驱动力。如今，能源效率、向可再生能源转化和智慧能源已成为能源转型的主要目标。

40多年前，丹麦制定了替换石油和确保能源供应安全的目标，到1990年，这一议程又补充进气候目标的内容，强调能源供应转型的重要性，也加大了这方面的工作力度。在2015年与欧盟签订的协议和《巴黎协定》的达成也为进一步转型设定了宏伟的目标。对于丹麦的能源政策来说，国际能源和气候政策的重要性正在进一步加强。

丹麦采取了许多综合措施降低能源消耗，逐步将能源供应从石油到煤炭和天然气转换为可再生能源，特别是风能和生物质能。

一些远期计划和长期战略也为丹麦能源行业的发展设定了宏伟的目标。在目标内容和如何实施最重要的措施方面,全国已经达成广泛的政治共识。不过,议会两党之间经常会针对这些内容进行辩论,也出现过议会仅以微弱的优势通过某些措施的情况,尤其是关于新税种的投票。

大城市由于受到空气污染和气候变化的影响,因此制定了宏伟的气候目标。许多绿色产业的位置都坐落于大型城市中,所在地市的市长也支持这些行业的发展。

能源转型的工作一直与发展经济同时进行(见图9.2)。二氧化碳排放量下降的原因是三方面的:能源效率、可再生能源、热电联产-智慧能源。

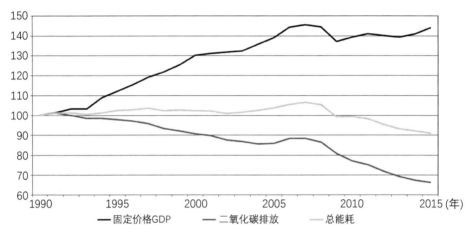

图9.2 丹麦能源模型:经济发展和能源消耗、排放脱钩
(资料来源:丹麦能源署)

丹麦1975年到2015年的总能耗几乎没有发生变化,而国内生产总值(GDP)增长一倍以上(150%),年均增长率约为2%。同一时期,石油的使用量大约下降40%。煤炭的使用量在20世纪90年代初达到峰值,在那之后下降超过60%。在90年代中期,天然气的使用量达到峰值。经过多年的节能减排工作,可再生能源占比在2015年达到约30%,目前达到35%以上(见图9.3)。

二氧化碳排放量大幅度降低的同时,能源技术的出口大幅度增加。丹麦企业在能源效率、区域供热、风能技术和生物质能方面都处于领先地位。

国际上最关注的是丹麦对风能的整合。

2019年,风电占丹麦总用电量的47%,太阳能占总用电量的3%。在一些

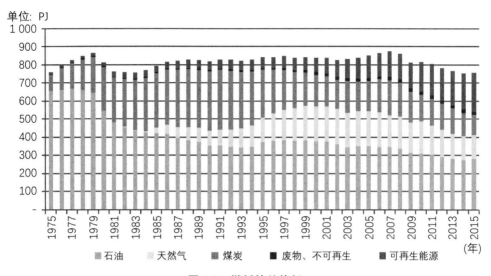

图 9.3　燃料的总能耗

（资料来源：丹麦能源署）

天数里，风电的输出甚至超出全国总用电量的 100%。2017 年 3 月 18 日，风电满足了欧洲 20% 的电力需求。

丹麦所有发电厂（少数除外）都设计成可以为主要城市的区域供热系统提供余热。许多大型发电厂都已经完成或者已经规划转换为使用可再生能源。

2017 年，丹麦最大的电力公司 DONG Energy（现为 Ørsted）决定在 2023 年之前完全停止使用煤炭发电。瑞典国有企业 Vattenfall 已将它在丹麦的三座大型发电厂出售给所在城市，当地政府都希望将这些发电设施转换为可再生能源驱动。

保障安全稳定供应一直是能源政策的驱动力，因为供应的安全对现代化国家至关重要。自给自足（或部分自给自足）是使一个社会经济强健、安全的工具之一。

丹麦自 1972 年开始生产石油，自 1984 年开始生产天然气，并且通过综合供热规划在全国范围内实现输送。从 1996 年至 2013 年，丹麦一直实现自给自足，而且现在石油和天然气的产量再次开始呈下降趋势。

丹麦的电力系统正在向更加安全、环保、消费友好型进步。数千千米的架空电线都会被埋到地下。

如今，丹麦大多数用电户都安装了带远程读数功能的智能电表。

第五节　丹麦电力行业的监管与发展

一、1977—1999 年对垄断性电力行业的监管

在 20 世纪 70 年代石油危机之后，由于煤炭价格更便宜，发电厂开始从石油转为煤炭发电。直到 1990 年之前，煤炭一直是发电厂的主要燃料。但 1990 年之后，温室气体排放成为丹麦能源政策中需要解决的难题之一。当时所有发电厂的位置都在海边，方便使用海水进行冷却，也便于接收通过海上运输的石油和煤炭。当时丹麦的煤炭进口国甚至远至澳大利亚、南非和哥伦比亚，丹麦的电力公司成为全球最大的私人煤炭购买方。

一些发电厂的位置靠近耗电量最高的大城市，发电剩余的热能便于供应大城市的区域供热。当时的总装机容量不足 9 兆瓦。

第一部《电力法》于 1976 年在议会获得通过，并于 1977 年生效。立法的目的是希望将电力供应适当整合到总体能源供应当中。这样的想法遭到电力行业的强烈反对。最后，该法案向议会提交三次之后才获得通过。

《电力法》出台后，新建发电厂必须获得能源署的批准，而由于任何新增发电容量都需要与节电项目相关联，剩余电力产能也成为政治问题。新建发电厂多数是 350 兆瓦的燃煤发电厂，位置靠近大城市，以方便剩余热能的利用。

1980 年，二氧化硫和氮氧化物排放配额开始执行。许多电厂开始安装脱硫设备和低氮氧化物排放燃炉。

从 1990 年开始，能源政策规定在中型城市小型热电联产厂的发展要优先于大型电厂。从 20 世纪 90 年代中期开始，风力发电能力大幅提高，这个发展趋势主要不是政治决策，而是由风力涡轮机的技术进步决定的。风力涡轮机变得尺寸更大，效率更高。此外，政府制定了较低的利率，政府还要求电力公司进一步提高风力发电能力。

2000 年后，海上风电场使国家的风力发电量得到进一步提高。

小型电厂，特别是风力发电的增加，使大型电厂数量下降。全国最后一个燃煤电厂于 1997 年投入运营。《电力法》的初衷是为了限制对发电厂的投资，但是

在 20 世纪 90 年代电力市场开放时,风电和小型电厂产能的上升与两个新增大型电厂直接导致 50% 的剩余产能。这两个大型电厂被作为开放电力市场的准备工作。而在开放市场之前,电厂的投资几乎全部由消费者买单。

20 世纪 90 年代初以来,小型热电联产厂使用的煤炭已被天然气替代。2005 年之前,小型热电联产厂的所得收入为固定的电价(0.33 丹麦克朗/千瓦时),这样的价格原本是为了避免新建大型火电厂的成本。2005 年之后,热电联产生产商开始和大型电厂一样在北欧电力市场出售电力。

为了保护供热用户,热电联产电厂在市场价格的基础上还获得了额外补贴,额度等于原电价与市场价格之间的差额。由于市场电价过低,热电联产电厂开始减量发电,转向太阳能生物质锅炉供热。根据国家援助相关规定,欧盟批准了对热电联产电厂的补贴计划,直至 2018 年年底结束。为避免供热价格上涨,自 2019 年开始,许多区域供热公司都安装了太阳能暖气、生物质锅炉和大型热泵。

风能在电力生产中的占比不断提高,到 2019 年已经达到最高值,占总用电量的 47%。这种发展趋势是因为政府实施了风能补贴计划,要求电力公司建设风电场并进行相关研发,还要求地方政府规划风能发电用地。

从 1993 年到 90 年代末的垄断时期,政府要求电力公司使用生物质作为大型电厂的燃料。

发电燃料的发展趋势如图 9.4 所示。自 20 世纪 90 年代初以来,煤炭的消耗量已经下降 60% 以上。

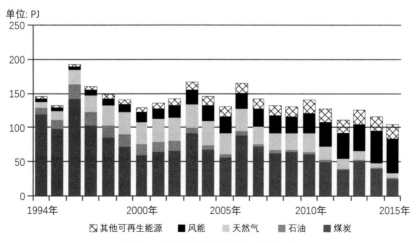

图 9.4　使用不同燃料的发电量对比
(资料来源:丹麦能源署)

表9.1 丹麦电力行业发展的里程碑事件(电力行业市场改革之前)

年份	事件
1973	对石油进口的依赖度高达90%,石油危机重创丹麦
1976	1976年丹麦能源政策,计划降低对石油的依赖程度
1977	《电力法》对发电和电价作出规范
1979	丹麦将从1984年起从北海引入天然气
1979	《热能规划法》决定需要利用发电产生的余热
1984	开始监管发电厂的气体排放,先是二氧化硫,后在1989年监管氮氧化物
1984	要求电力公司使用天然气,帮助推进天然气项目
1985	丹麦议会决定不使用核电,政府投票否决
1985	电力公司发起100兆瓦风电项目
1990	要求小型热电联产的发展优先于大型燃煤发电厂
1990	2000年能源规划—可持续发展行动计划—新议程
1991	世界上第一座海上风电场(5兆瓦)投入运营
1992	开始征收二氧化碳税,根据用电量收取费用
1993	发电厂使用稻草和木屑助益环境与农业
1996	政府决定不再批准新的火电厂建设
1997	在对丹麦周边海域进行筛选之后,决定建设容量为750兆瓦的海上风电场

二、1999年后自由化的电力行业

2000年电力行业自由化直接的结果就是发电、输电和系统运行的运营方式与所有权都发生了彻底的变化。风能的增加作为最重要的发展趋势,其实在市场自由化之前很久就开始了,而且在自由化之后又有新的市场激励措施。

欧盟于1996年通过一项电力市场自由化指令。为了应对新的措施,丹麦电力行业将输电和系统运营与发电环节分离。丹麦首先向大型客户(每年超过100千兆瓦时)提供第三方准入,迈出开放市场的第一步,之后在1999年达成的一项政治协议中开始对电力行业进行全面的法律改革。

由于先前的垄断性质和非营利性,电力公司被认为是不拥有自主资产的。但是,电力行业协会认为,1977年颁布《电力法》之前的资产应该属于公司,而不属于消费者。它们甚至威胁将与各级政府对簿公堂。

经过与政府长时间的讨论,双方达成一项折中方案:电力行业拥有1977年《电力法》颁布之前获得的价值370亿丹麦克朗的自由资产所有权,电力公司将向政府免费提供总体输电和系统运营服务。之后,丹麦政府于2005年成立了一家新的国有企业Energinet.dk,作为电力和天然气的输送系统运营商。

随着电力行业自由资产的释放,许多地方政府和消费者控股的配电公司都希望出售它们在电力公司中的股份。这引发了2005年电力行业的全面重组。瑞典国企Vattenfall和丹麦国企DONG Energy竞相买入股票,最终,DONG Energy获得其中大部分。

DONG Energy(现为Ørsted)决定在2023年完全停止使用煤炭发电。DONG Energy公司一直受到三座大城市的压力,这些城市计划建造自己的生物质热电联产电厂。随着供热价格相关法规的调整使燃料避税部分得以分离,以及与市政府新的供热合同的签订,DONG Energy证明在热电联产厂中从使用煤炭、天然气转换为使用生物质的商业可行性。

表9.2 丹麦电力行业发展的里程碑事件(电力行业市场改革之后)

年份	事 件
1999	电力市场自由化,对电力公司的新规定,商业性和垄断性活动的分离
1999	对风能和生物质发电的补贴
2000	丹麦引入二氧化碳配额制
2004	电力行业获得自主资本,所有权开始发生重大变化
2005	欧盟引入二氧化碳配额制
2008	增加对风能和生物质能的补贴,从0.10丹麦克朗/千瓦时提高到0.15丹麦克朗/千瓦时
2012	改进对发电厂使用生物质的监管,大城市希望实现绿色发展
2013	Vattenfall将火电厂出售给希望转型为生物质发电的城市
2017	DONG Energy公司将于2023年停止使用煤炭发电
2017	丹麦能源署发布到2030年的能源消耗、温室气体的产生和排放量的预测;到2030年前,煤炭仍将是最低价的燃料

第六节　对可再生能源的补贴

一、对风能的补贴

自 1976 年以来,丹麦政府一直对风力发电进行补贴。1976—1989 年,风电投资得到补贴,其中,1976 年 40% 的投资得到补贴,之后逐年降低,直到 1989 年取消。原因是 1984 年开始实行按每千瓦时的补贴政策。

一直到 20 世纪 80 年代初,大多数风车发电机都是小型的(15—55 千瓦),并且与所有者的设备直接连接。在当时的情况下,电是不征税的。但是,后来风车发电厂的规模越来越大,就需要将它们连接到公共电网。从那之后一直到现在,发电都是计税的。从 1984 年起,政府开始对风电生产所产生的税费进行等额补贴。

在几次电税上调之后,对风电的补贴停留在 0.27 丹麦克朗/千瓦时。

作为 1999 年电力改革协议的一部分,对可再生能源的补贴已经从财政预算中取消,成为一项新的公民义务,由全体消费者承担。同时,政府还希望减少对风电的补贴。2002 年,一项新的政治协议规定将风电补贴降低到 0.10 丹麦克朗/千瓦时。这导致电力市场价格极低,几乎没有新增风车电厂项目上马。

2008 年,一项政治协议将风能和生物质能的补贴提高到 0.15 丹麦克朗/千瓦时。政策的改变又带来对风力涡轮机和生物质的新一轮投资。

根据国家援助规则,欧盟委员会批准所有补贴项目。欧盟委员会的审批有效期通常是十年。风能补贴项目已于 2018 年 2 月 21 日到期,距离 2008 年的政治协议已经过去十年。

自 2008 年后,补贴仅在招投标之后进行审批,补贴力度也大幅下降。最新一轮中标的陆地风电和太阳能项目的平均补贴(溢价补贴)价格为 0.015 4 丹麦克朗/千瓦时。

对海上风电场的补贴额度是在招标过程中决定。海上风电的补贴力度也大幅下降,已从 2010 年的 1.051 丹麦克朗/千瓦时(固定电价补贴)降至 2016 年最新一轮招投标项目中的 0.372 丹麦克朗/千瓦时。

二、对生物质的补贴

对生物质是不征收消费税的。单独的锅炉或区域供热厂中,使用生物质代替石油、天然气或煤炭作为燃料可以享受间接补贴。但由于使用化石燃料发电是免税的,因此,使用生物质发电不具有同样的补贴优势。

在垄断时代,使用生物质作燃料的电力公司可以将所有的必要成本包含在消费者支付的价格中。但在市场自由化之后,就需要通过补贴才能确保发电厂继续使用生物质燃料。在最初阶段,补贴为 0.10 丹麦克朗/千瓦时。之后,为了加大生物质发电的力度,在 2008 年补贴提高到 0.15 丹麦克朗/千瓦时,额度几乎等同于对风电的补贴。从 2012 年起,电力生产商还将热电联产节省的税费投资用于供热生产。

在大城市中,很多大型发电厂进行从煤炭到生物质的改建,未来还有更多的改建计划。

第七节 能源、排放的税费和配额

政府在 1990 年制定的《可持续发展行动规划——2000 年能源》中指出:"对消费者和供应方征收能源税的方法对于能源行业的发展至关重要。"为了达到预期的效果,除了对不同领域征税之外,还配合其他手段。

政府发现,为了完成能源目标,应该使用税收作为必要的能源政策工具。与仅采用行政手段的方法相比,基于市场的经济措施更有可能实现灵活的、非集中管理式的发展。

一、1977 年开始征收能源税

丹麦从 1917 年起就已经开始对汽油征税。1977 年开始对石油和电力征税主要是出于财政原因。在 20 世纪 60 年代和 70 年代,所得税、一般销售税,以及香烟、啤酒、葡萄酒和白酒的消费税提高了几次。因此,从政治层面来讲,20 世纪 70 年代能源危机之后是一个征收能源税的好机会,因为征收石油税可以刺激降低(进口)石油的使用。征收电税则将降低用电量,减少对新增电厂的需求。

从1982年开始，煤炭税正式引入。因为在消费者一级已经完成征税，发电方被免征石油税和煤炭税。如果对发电燃料征税，那么就会影响与邻国的电力交易。北欧国家之间达成的协议是，丹麦、挪威与瑞典之间的发电价格差异由出口商和进口商共同平均承担。

工业企业和其他需缴纳增值税的公司被减免征收能源税，以避免竞争带来的负面影响。

当丹麦1982年引入天然气（从德国进口），并且从1984年开始从北海的丹麦领域进行输送时，并没有征收任何税费。但是，天然气公司为了能够给天然气项目融资，将天然气的价格定在石油的含税价格水平。1996年，政府开始征收天然气税。

在热电联产的燃料石油、煤炭和天然气中，仅对用于供热生产的燃料征税。因此，能源税对电厂燃料的选择只产生了很小的影响。电税帮助带动了节约用电，但并未影响电厂燃料的选择。

在能源税之后，1992年正式引入环境税（二氧化碳、二氧化硫、氮氧化物征税）。1997年引入PSO税（公共服务义务）。

能源税和气候税的发展如图9.5所示。

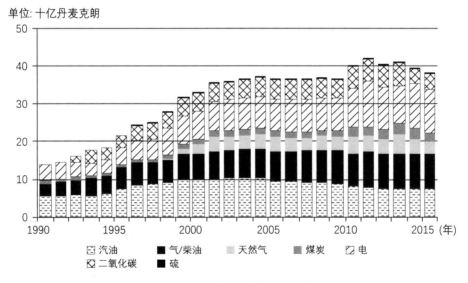

图9.5 能源、二氧化碳和硫的税收收入

（资料来源：丹麦能源署）

二、1984 年引入二氧化硫配额，1996 年引入二氧化硫税

发电厂使用煤炭发电会排放二氧化硫和氮氧化物，影响当地环境。

丹麦加入联合国欧洲经济委员会的一项协议，约定到 1993 年二氧化硫排放量与 1980 年的水平相比降低 30%。1993 年，丹麦的二氧化硫排放量实际减少 50%。丹麦又承诺到 2000 年二氧化硫排放量与 1980 年的水平相比降低 80%。

丹麦对欧盟的最新承诺是对哥德堡议定书的认可，目标为到 2020 年二氧化硫总体排放量与 2005 年的水平相比降低 35%。

1984 年，丹麦开始对发电厂实施二氧化硫配额制，促使电厂开始在一些发电机组上安装脱硫设备。

1996 年，为提高二氧化硫的减排力度，政府开始征收二氧化硫税。关于是否应给达成减排目标的企业税收抵免有过一些讨论，但最终政府认为，污染者应该为全部排放支付费用。

三、1989 年引入氮氧化物配额，2008 年开始征收氮氧化物税

丹麦同意到 1994 年氮氧化物与 1987 年的水平相比不再增加排放，到 1998 年氮氧化物排放与 1986 年的水平相比减少 30%。

对欧盟的最新承诺符合哥德堡议定书的要求，目标为到 2020 年氮氧化物排放量与 2005 年的水平相比降低 56%。

1989 年引入的氮氧化物配额促使一部分发电机组安装了低氮氧化物锅炉。为了进一步降低氮氧化物排放量，丹麦政府在 2008 年决定将对氮氧化物征税，并且于 2010 年开始实施。

四、1992 年引入二氧化碳税

1992 年，丹麦开始引入二氧化碳税（100 丹麦克朗/吨），最初是在文件层面落实。像能源税一样，二氧化碳税是对燃料和用电方征收的。因此，二氧化碳税并未影响发电，也没有影响与邻国的电力交易。税额是根据燃料中的二氧化碳含量确定的，这项规定假定发电燃料为煤炭。工业企业支付 50% 排放税，大型工业企业可以进一步减少支付比例。

二氧化碳的税收通过一些补贴计划回流给一些企业。分散式热电联产厂的发展需要激励措施创造有利环境。丹麦西部的几个城镇虽然有建造规划，但是

经济条件并不允许。于是，政府开始对使用天然气或生物质作燃料的热电联产发电进行补贴，用经济手段刺激建设。

二氧化碳税主要由消费者承担。大型工业企业可以享受税款返还计划。

尽管当时遭到不同党派的反对，丹麦议会还是在 1991 年通过二氧化碳税的法案。政府希望等待欧盟正式引入二氧化碳税。欧盟在 1992 年提出一项征收能源税和二氧化碳税的提案，但欧盟理事会并未通过。根据《欧盟条约》，引入欧盟新税种需要获得全体成员国一致同意，但是当时一些国家对这一提案表示反对。因此，欧盟委员会不得不放弃二氧化碳税的提案，转向实施二氧化碳配额的计划，这项计划在欧盟理事会只要获得多数投票便可以通过。

五、2000 年引入二氧化碳配额

1999 年达成的一项关于全面改革电力行业的政治协议规定，电力行业应通过新的法规，为丹麦的二氧化碳减排国际义务作出贡献。

丹麦在 1993 年加入联合国气候公约，承诺 2012 年温室气体排放量与 1990 年的水平相比降低 21%。

二氧化碳配额为电力行业设定了 2000 年到 2003 年间的二氧化碳排放年度上限。2000 年，二氧化碳排放上限为 2 300 万吨。之后，每年应将上限降低 100 万吨，到 2003 年，上限应为 2 000 万吨。超额排放的生产商必须向国家支付 40 丹麦克朗/吨的二氧化碳排放费用。

六、欧盟 2005 年引入碳排放交易系统

2005 年引入的欧盟排放交易系统是欧盟应对气候变化的政策基石，也是欧盟以最具成本效益的方式降低温室气体排放的关键工具。它是世界上第一个主要的碳交易市场，至今仍是最大的市场。

欧盟排放交易体系遵循总量上限控制与交易原则。这一体系对其覆盖的已安装设备可排放的温室气体总量设定上限。随着时间的推移，这一上限会逐渐降低，以实现总排放量的下降。在上限范围之内，公司可以获得或者购买排放配额，还可以根据需要相互交易配额。它们还可以从世界各地的减排项目中购买数量有限的国际补助配额。限制可用配额总量的方法可以保证配额具有交易价值。每过一年，每家企业必须保证拥有其排放对应的等量配额，否则将被处以高

额罚款。如果一家企业实现了减排,它就可以保留多余的配额,以备未来之需,也可以出售给另一家缺少配额的企业。

配额交易提高了弹性,可以保证企业以成本最低的方式实现减排。强劲的碳价格还能帮助推动对清洁、低碳技术的投资。但是在金融危机后的十年中,欧盟排放交易系统并未能发挥其预期的作用。金融危机后的发电产量和能耗都有所下降。

欧盟曾经讨论过取消市场配额,改善系统,并且推出经济措施推动绿色转型。但是,欧盟理事会一直没有就此达成一致意愿,直到2017年才达成一项改革协议。

七、从1996年开始对所有用电征收PSO税

PSO税是直接从消费者的电费单中征收的税费。PSO即公共服务义务。公共服务义务包含丹麦国家电网公司代表社会履行《电力供应法》中规定的职责而产生的费用。

PSO费用包括:可再生能源补贴,即风力涡轮机、生物质和其他可再生能源发电厂;分散式热电联产补贴(小型热电联产);环保能源开发和有效用电的研发工作;支付丹麦安全技术局的成本费用;其他费用。

PSO税的大部分用于可再生能源方面的支出。

丹麦议会在1996年引入PSO,列为电费单上的一项收费,是当年能源市场自由化改革迈出的第一步。1999年关于全面改革电力行业的政治协定决定,使用PSO税收收入支付可再生能源补贴项目,不再使用财政预算进行补贴。

2012年3月,一项关于2012年至2020年的政治协议达成,预计到2020年电力市场价格将升至0.45—0.50丹麦克朗/千瓦时。然而,电价一直以来仅为预计价格的一半。因此,PSO的费用也远高于预期,导致许多行业开始抱怨PSO税费过高。此外,欧盟委员会发现,外国可再生能源发电商向丹麦出售电力并不能得到补贴,因而认为PSO系统不符合《欧盟条约》。

2016年11月17日,一项新的政治协议出台,规定在2017年至2022年间逐步取消PSO费用。因此,PSO相关开支从2017年起再次转移到财政预算当中,直到2022年完成全部向财政预算的转移。最后,PSO系统将于2022年1月1日完全废除。

第八节　丹麦是北欧电力市场和欧洲
　　　　能源市场的重要组成部分

多年来，丹麦与北欧其他国家在电力领域有着非常紧密的合作。丹麦的火力发电厂和挪威、瑞典的水力发电厂对双方来说都是完美的搭配。丹麦可以在白天进口水电，挪威和瑞典可以在夜间进口火电。在雨水充足的年份，丹麦一直是净进口国；在干旱的年份，丹麦可以向挪威和瑞典出口电力（见图9.6）。

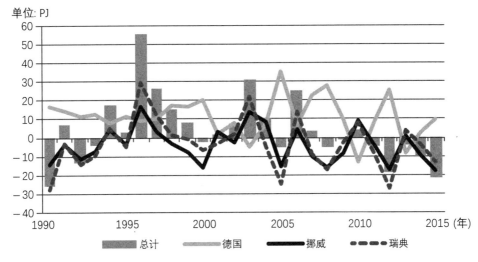

图9.6　丹麦向各国的电能净出口值

（资料来源：丹麦能源署）

几十年来，北欧国家政府与北欧部长理事会和北欧输电系统运营商之间一直保持着密切合作。北欧模式是近年来欧洲市场改革学习的榜样，其目标是发展无边界限制的北欧电力市场。北欧部长理事会的工作重点是改善投资条件，协调市场参与者和电网公司的监管框架。这样就能帮助促进跨境贸易和有效竞争。

在制定欧盟共同电力市场规则之初，北欧国家政府认为，很有必要着重考虑北欧的情况。为了实现欧盟在气候和能源领域设定的共同目标，北欧地区需要确立高效、无限制、可持续的北欧电力市场目标,才能使本地区与外界良性竞争,通商往来。

北欧部长理事会讨论了建立北欧系统运营商的问题(这样可以将网络的所有权和运营分离),但发现这样的措施并不能很好地表明北欧的立场,也不能帮助促进市场整合或改善电力市场的竞争。相反,只有保持输电系统运营商的统一完整,才能实现之前设定的目标。

一、北欧电力市场

现在的北欧电力市场是世界上最和谐的跨境电力市场。经历了几项重要的政策里程碑之后,北欧国家已经将四个不同的国内市场整合、合并成为一个统一的共同市场。

丹麦在 2000 年开放电力市场时(北欧最后一个开放市场的国家),北欧电力行业的产能过剩十分严重。当时的预计是,过几年淘汰市场老旧发电厂之后,北欧市场的电价就会上涨。然而,令大多数专家惊讶的是,电力市场价格一直处于低位。新增的风能、太阳能产能和新建的输电线是电价走低的原因之一。

从北欧的角度来看,北欧电力市场的自由化很明显地带来了成本的大幅度降低。但是,消费者却未能从中受益。电力生产商,特别是水电生产商,从中获得了可观的利润。

二、北欧电力系统

四家北欧输电系统运营商 Svenska Kraftnät、Statnett、Fingrid 和 Energinet.dk 在 2016 年发布了一份北欧电力系统报告,介绍了 2025 年前影响北欧电力系统的关键挑战和机遇。

北欧电力系统正在发生变化。变化的主要驱动力是气候政策,而气候政策转而又会促进更多发展,包括可再生能源、技术的发展、统一市场和规划的共同欧洲框架的建立。尽管系统转型刚刚开始,但到 2025 年,这些变化将十分明显。

结构上的变化会对北欧电力系统的运营和规划带来挑战。主要改变涉及:关闭火电厂;北欧电力系统中风电的占比正在上升,预计 2010—2025 年风电的装机容量会翻三倍;瑞典的核电厂将在原计划之前提前停用(到 2020 年,将有四座总装机容量为 2 900 兆瓦的反应堆停用),而芬兰将新增核电装机容量(一台 1 600 兆瓦的电厂于 2018 年投入生产,一台 1 200 兆瓦的电厂计划在 2024 年投入生产);到2025年,北欧电力系统与其他系统之间的互联节点容量将增加50%以上。

三、欧洲能源市场

1. 欧盟能源政策

欧盟的能源政策合作基于三根支柱,这与丹麦的能源政策是一致的:供应安全、竞争力、可持续发展。

欧盟理事会于2007年通过"'欧洲能源政策'行动计划",这是提高欧洲供应安全、确保欧盟经济竞争力和应对气候变化迈出的第一步。这项行动计划列出了未来几年欧洲共同能源战略的发展路线。截至目前,欧盟还未能制定共同的能源战略。

行动计划的总体目标是:应对温室气体排放导致的全球气候变化;确保欧盟能源供应安全;加强欧盟内部能源市场的竞争。

为了实现这些目标,行动计划指出,欧盟国家必须共同:承诺到2020年将温室气体排放量降低20%;到2020年将能源消耗降低20%;到2020年,欧盟整体能源结构中可再生能源占比达到20%;推动能源技术突破;统一与外部能源供应国进行沟通;推进重点电力和天然气基础设施项目;建立供应安全监控中心;确保商业公司和能源网络控制权的有效分离;建立国家能源主管部门之间的合作机构,负责跨境电力和天然气贸易;加大国家能源主管部门可以对能源公司行使的权力;确保将欧盟能源政策更好地整合到其他政策中,如贸易和农业。

2. 欧盟内部的电力和天然气市场

20世纪90年代,欧盟通过立法开放电力和天然气市场。后来,为了进一步发展电力和天然气市场,欧盟又通过市场自由化方案。

欧盟委员会在2007年1月10日发布的《欧洲的能源政策》文件指出,欧盟内部能源市场的现行共同规则无法满足其内部市场良好运行的目标。在这种背景下,欧盟委员会认为,需要对现行的共同规则进行修订和完善。因此,欧盟委员会在2007年9月19日出台第三版自由化方案。欧盟委员会希望通过最新制定的第三版自由化方案改善提高现有欧盟内部电力和天然气市场的规则。方案必须确保价格合理,并给予所有企业市场准入,才能帮助确保欧洲的供应安全。

自由化方案包括五个方案:内部电力市场的共同规则;内部天然气市场的共同规则;建立能源主管部门之间的合作机构;跨境电力交换的网络准入;天然

气输送网络的准入。

3. 所有权分离

修订后的《电力和天然气指令》中最重要的部分是要求将生产/配套设施与综合能源网络(传输网络)所有权/运营之间进行所有权分离。成员国也可以选择建立不附带供应和生产利益连带关系的系统运营商来运营网络,以确保传输网络与生产/供应活动之间保持独立性,这样的运营商叫作独立系统运营商。

第十章　特邀专家分析(下)：中国的政策转化与能源转型

约恩·德尔曼/著[*]　杨宇/译

中国的领导层正在监督国家的能源系统绿色转型,希望以清洁能源替代化石燃料。为了推动能源转型,迫切需要不断制定并调整新的指导政策及监管框架,才能推动绿色技术、复杂的改革方案及相关机构的发展。为了完成这一目标,中国政府及能源政策参与者负起责任,选择与国际伙伴合作。它们将丹麦视为学习最佳实践的目标。通过政府与政府之间的战略合作伙伴关系,丹麦逐渐成为中国在能源政治方面优先选择的战略政策对话者之一。本章探讨了国际政策学习及政策转化在中国能源政策设计中的作用。本章阐述的分析模型指导政策转化工作的分析,该政策模型将政策转化视为务实、互动、自我调整适应并以解决方案为导向的协作过程。该过程还结合多种工具,将外国能源政策内容转化为中国的能源政治。

自2008年中国和丹麦两国政府签署高层《全面战略伙伴协议》以来,丹麦已成为中国优先选择的战略能源政策对话者之一。战略伙伴关系推动两国关系型和协作型的双边关系,主要内容为特定政府机构之间的合作。能源合作是该合作伙伴关系的重要组成部分,旨在通过增加可再生能源在中国能源组合中的比重,为中国的长期能源转型作出贡献,从而帮助中国减少二氧化碳排放,并且使全球气温到2100年时增长保持在2℃以下。

2017年,丹麦驻国际能源署的清洁能源部长级会议的负责人指出,对能源

---

[*]　约恩·德尔曼(Jørgen Delman),丹麦哥本哈根大学跨文化与区域研究系中国研究教授。原文收录于 *Oxford Handbook of Translation and Social Practice* 一书,由 Oxford Publishing Limited 出版。本书已获许可翻译出版。

转型的需求反映了全球清洁能源的新现实：全球主要新兴经济体正处于转型的中心位置①。但是，根据丹麦能源署的说法：

> 尽管中国已承诺执行《巴黎协定》，但在制定符合全球2℃升温的目标上仍然面临挑战。电力行业是最大的二氧化碳排放领域，制造业排名第二。这是由于企业在工业过程中高度依赖煤炭进行发电、产生蒸汽及热能。②

气候行动追踪组织的分析证实了这一观点："中国的国家自主贡献及采取的行动仍不足以将升温限制在2℃以下的标准，更不用说1.5℃了。"③这种批评说明，中国需要更快地采取行动来应对气候变化。中国领导人也承认有必要学习国际经验。

本章以中丹在能源领域的合作为例，探讨中国能源领域的政策参与者学习国际政策经验并将其转化为国家能源政策的目的及工作方法。在这种背景下，有人认为，基于丹麦在可再生能源开发和部署经验基础上展开的中丹合作是研究中国政策转化的典型案例，因为丹麦一直以来应邀处理关键和棘手的能源政策问题，这些问题有关中国能源转型中的关键时刻。

首先，本章将从几个方面讨论政策转化的关键理论。然后，将以一个分析模型来研究功能性政策转化落地的实践做法。随后的分析会讨论对中丹合作中两国主要政策参与者的采访，以及在访谈中获得的文献信息。分析内容的第一部分将建立中国能源转型的关键时刻与丹麦参与中国能源政策进程之间的联系。

接下来，本章将研究推动中丹合作的各种政策转化的公式方法。之后，将探讨合作是否对中国的能源政策产生直接影响，合作伙伴如何通过政策转化应对政策变化的阻力，以及人们如何看待中丹合作过程中产生的公共价值。在最后的结论中，作者将阐述这种类型的协作性政策学习和政策转化具有的代表性，即基于共享战略意识形态概念之上的"科学的充分性"。这种方法在创建协作框

---

① Zinglersen, C., "Commentary: A New Era of Shared Clean-energy Leadership Begins in China", Paris, France: International Energy Agency Newsroom, 2017.

② Danish Energy Agency, "The Joint Danish — Chinese Cooperation on Climate and Energy", Copenhagen, Denmark, 2018.

③ https://climateactiontracker.org/countries/china/.

架、选择相关的政策转化工具,以及制定可以解决困难并本地化的协作性政策方面具有灵活性。报告还表明,在这种合作中,创造公共价值是至关重要的,但作为"科学的充分性"的一部分,并没有被公开阐明。

第一节 政策的学习、转移和转化

中丹合作的目的是通过政策学习和创新推动中国的能源转型并减少二氧化碳排放量。在此背景下,弗里曼(Freeman)对政策的通用定义有助于解释政策一词的概念:"对一个问题的共同理解,即需要由谁应对问题,具体的工作是什么,以及上述条件对结果产生的影响,就好像一本剧本大纲。"[1]

政策学习是政策创新及最终政策变更的主要决定因素[2]。许多文献认为,政策学习的基础是最佳实践从一个地方到另一个地方的传播,但是有人批评这种方法过于线性。因为,该理论的支持者认为,当政策模型传播时没有人会对其含义产生怀疑。反对者认为,可以普遍适用于任何国内或国际的剧本大纲或政策模板几乎是不存在的,也不可能在不加修改的情况下跨地区和国界转移[3]。

尽管如此,政策也并不仅仅是在本地定义的,而且已经有研究表明,具有全球影响力的政策网络对于传播政策信息并引导地方研究对策和解决方案至关重要[4]。在对政策转化文献的回顾中,斯通(Stone)强调"政策相互依赖性"和政策学习和创新"软性"转移模式的重要性。当一些国家率先使用一些政策时,落后的国家由于对自身当前的解决方案不满意且不希望掉队,便希望向前者学习[5]。中丹两国的能源合作正体现了中国的这种担忧。

---

[1] Freeman, R., "Reverb: Policy Making in Wave Form", *Environment and Planning A: Economy and Space*, 2012, 44, pp.13-20.

[2] Sabatier, P., "The Acquisition and Utilization of Technical Information by Administrative Agencies", *Administrative Science Quarterly*, 1978, 23, pp.396-417.

[3] Jiao, W., & Boons, F., "Policy Durability of Circular Economy in China: A process Analysis of Policy Translation", *Resources, Conservation and Recycling*, 2017, 117, pp.12-24; Peck, J., & Theodore, N., "Mobilizing Policy: Models, Methods, and Mutations", *Geoforum*, 2010, 41, pp.169-174.

[4] Cochrane, A., & Ward, K., "Researching the Geographies of Policy Mobility: Confronting the Methodological Challenges", *Environment and Planning A: Economy and Space*, 2012, 44, pp.5-12.

[5] Stone, D., "Transfer and Translation of Policy", *Policy Studies*, 2012, 33, pp.483-499.

政策转移可能发生在多个层面：在政策目标、内容或项目的层面；通过转让意识形态；政策工具，包括监管、行政或司法工具；通过机构；通过人的转移①。在整个过程中，传递、解读和接受新的政策含义可以帮助转化、制定政策②，同时，也要从其他地方吸取负面经验教训以避免在本地出现同样的错误③。

欧洲关于政策学习的研究文献中有一个传统，赋予转化过程和转化代理人一定的权力。按照这种传统，国家、其他组织及其参与人/代理人可以通过及时调解政策转移过程的方法来提高本地的政策效率④。政策转化也包括反射式学习：来自其他地方的最新信息会影响决策者对政策问题的理解和分析，新提出的解决方案也可能会改变或动摇决策者的基本观念，从而使他们对政策转移和创新带来的新的机遇产生兴趣⑤。在本章中，这种观念上的变化与作者定义的中国能源转型的关键时刻存在因果关系。

政策转化发生在基于权力的关系中，政策创新也总是容易受到阻力，因为它们是新事物，并且会威胁到现有的行事方式和/或反对一方的既得利益⑥。尽管本章着重研究变革的推动者，但研究那些反对特定政策创新的"抵抗者"或"背叛者"在发展过程中所起的作用也是重要的工作⑦。他们的论点反映了"等级制度的阴影"可能会对必要的应对措施和改革谈判的进行产生限制作用。然而，面对阻力，主要发起人或组织则会强推新的"游戏规则"，即产生符合新规则的准则、身份和规范，以满足"此举适当的逻辑"⑧。

截至目前，在政策转化文献中，人们很少关注哪些内容可以激励公共机构进行跨境政策合作。笔者认为，必须考虑公共价值的意义。公共价值是公共部门产生的特殊价值，对应的是私人部门创造的价值。在确定哪些公共服务可以满足民众时，对公共价值的考虑实际上忽略了对基于市场的公共部门方法与传统

---

① Dolowitz, D. P., & Marsh, D.," Learning From Abroad: The Role of Policy Transfer in Contemporary Policy-making", *Governance*, 2000, 13, pp.5-24; Stone, D.," Transfer and Translation of Policy". *Policy Studies*, 2012, 33, pp.483-499.

②④⑤⑧ Stone, D., "Transfer and Translation of Policy", *Policy Studies*, 2012, 33, pp. 483-499.

③ Dolowitz, D. P., & Marsh, D., "Learning from Abroad: The Role of Policy Transfer in Contemporary Policy-making", *Governance*, 2000, 13, pp. 5-24.

⑥ Moe, T. M., "Vested Interests and Political Institutions", *POLQ Political Science Quarterly*, 2015, 130, pp. 277-318.

⑦ McMaster, T., Vidget, R. T., & Wastell, D. G., "Technology Transfer: Diffusion or Translation?" In T. McMaster, E. Mumford, E. B. Swanson, B. Warboys, & D. Wastell (Eds.), *Facilitating Technology Transfer through Partnership*, IFIP Advances in Information and Communication Technology (pp. 64-75), 1997, Boston, MA: Springer.

的公共行政方法之间不同效率进行比较的用处①。

公共价值理论认为,政治及服务的产生应该扎根于民众,例如通过有组织的公众参与②。在本章中,笔者关注的是能源领域的宏观政策,而这些政策不需要公众直接和系统性地参与其中。因此,笔者的目的是了解政策制定者如何针对其政策受众群体(尤其是中国的能源生产者和消费者)的集体偏好、利益和潜在收益做出调整,从而争取为某种改革行动获得合法性③。笔者更加关注公共价值的创造,这种侧重点的选择是基于如下假设:如果相关方面不为其选民和利益相关方创造公共价值的话,可能很难在当地开展政策转化和共同制定政策的工作④。

最终,转移的政策将通过转化和参照以往经验的方法在地方落户。然后,在未来某个时间点,政策转移过程结束,经过突变和形态变化形成的地方力量开始接手⑤。事实上,自1949年以来,中国的政策创新和设计体系一直在对新的想法与政策进行压力测试,先在地方开展试点,然后在全国范围内进行推广⑥。

例如,深圳市率先推动2014年后中国电力行业的改革,为全国其他地区树立典型。这项改革旨在将发电方与电网分离,以消除电力部门在该行业的垄断并放松对零售电力市场的管制。而在此之前,许多发达国家早已在能源转型政治中以这些政策为标准开展工作⑦。

在国际合作中,政策转化的重点是共享政策含义,以及如何执行共同制定的政策意见。弗里曼认为,政策转化"似乎代表了一些新的认识论润滑剂,从而促

---

① O'Flynn, J., "From New Public Management to Public Value: Paradigmatic Change and Managerial Implications", *Australian Journal of Public Administration*, 2007, 66, pp. 353-366.

② Turkel, E., & Turkel, G., "Public Value Theory: Reconciling Public Interests, Administrative Autonomy and Efficiency", *Review of Public Administration and Management*, 2016, 4, pp.1-7.

③ Crosby, B. C., 't Hart, P., & Torfing, J., "Public Value Creation through Collaborative Innovation," *Public Management Review*, 2017, 19, pp.655-669.

④ Dolowitz, D. P., & Marsh, D., "Learning from Abroad: The Role of Policy Transfer in Contemporary Policy-making", *Governance*, 2000, 13, pp.5-24.

⑤ Peck, J., & Theodore, N., "Mobilizing Policy: Models, Methods, and Mutations", *Geoforum*, 2010, 41, pp. 169-174; Stone, D., "Transfer and Translation of Policy", *Policy Studies*, 2012, 33, pp. 483-499.

⑥ Heilmann, S., "From Local Experiments to National Policy: The Origins of China's Distinctive Policy Process", *China Journal*, 2008, 59, pp.1-30.

⑦ Li, Q., Ma, Z., & Jørgensen, N., "Discussion on China's Power Sector Reforms and Where to Next?" Paper presented at the 2016 13th International Conference on the European Energy Market (EEM), Porto, Portugal, 2016; Wei, J., Bai, Y., & Wang, Y., "The New Era, New Change and New System of China's Electricity System Reform", *Modern Management*, 2018, 8, pp.226-234.

进文本的传播,并且推动它们所包含的知识和信息的应用与使用"①。简而言之,转化可能是转移的关键,政策转化可以被视为"充分性的科学",因为决策者是根据效果对等原则而非推论原则进行工作的,并且根源是来自务实,而不仅仅是逻辑。此外,协作人必须承认在政策转化的理论和应用方法中,其不确定性、实践的中心性,以及人们对复杂性的认识都是至关重要的②。

最终,地方负责政策转化的人员必须在与国际合作伙伴共同商讨后,才能在不同方案中作出选择。他们的工作是将政策选项分解并重新组合,以适用于新的环境③。但是,他们的工作不能仅仅止步于需要转移和转化的知识,他们还必须评估首选方案的不确定性或风险,以及如何缓解这些负面因素④,这样才能在新环境下测试方案的可行性和耐用性⑤。

总而言之,政策转化是一种基于共享意识形态思考和政策学习的实用工具,可以将其视为反思、互动、调整和获得解决方案的过程,再将这一过程和各种工具结合在一起,就可以辅助政策设计⑥。整个过程是一个重新定义问题、学习政策并帮助克服地方性限制的机会,政策一词贯穿始终。

为了发现有效的方法,人们会寻找、转化、制定并评估任何尚未尝试过的和富有创意的想法与干预措施。他们通过试验、纠错和选择的实验逻辑来完成理想情况下"快速、丰富和不受过失责备的反馈循环",以推动快速学习⑦。协商处于该过程的中心位置,因为不断的互动和政治竞争可以促成潜在的积极外部效应,帮助参与者了解其他政策路线。在跨国网络中,这种政策学习有助于推广包含公认准则的国际政策文化⑧。

政策转化过程是在参与者就政策挑战和解决方案的想法进行对话、讨论、撰写、协商下进行的。因此,人们需要关注政策转化的整个协作过程,从想法或可

---

①② Freeman, R., "What is 'Translation'?" *Evidence & Policy*, 2009, 5, pp.429-447.

③ Williams, J., "Lost in Translation: Translating Low Carbon Experiments into New Spatial Contexts Viewed through the Mobile-transitions Lens", *Journal of Cleaner Production*, 2017, 169, pp.191-203.

④⑧ Stone, D., "Transfer and Translation of Policy", *Policy Studies*, 2012, 33, pp.483-499.

⑤ Jiao, W., & Boons, F., "Policy Durability of Circular Economy in China: A Process Analysis of Policy Translation", *Resources, Conservation and Recycling*, 2017, 117, pp.12-24.

⑥ Dolowitz, D. P., & Marsh, D., "Learning from Abroad: The Role of Policy Transfer in Contemporary Policy-making", *Governance*, 2000, 13, pp.5-24.

⑦ Crosby, B. C., 't Hart, P., & Torfing, J., "Public Value Creation through Collaborative Innovation", *Public Management Review*, 2017, 19, pp.655-669.

能的解决方案到政策变更发生之前所创造的条件①。这个过程是迭代式的和反射式的,并且包含反馈循环。这些反馈循环会通过不同的步骤推动新政策在地方落地:学习,传播,转化,接受新的政策含义,最后形成本地化政策思想,并且克服特有地方阻力。

第二节 学习政策转化的实践做法

笔者将"关键时刻"这一概念作为一种启发式工具,用来确定哪些中国的政策挑战将丹麦的政策经验转化成中国的能源政治。"时刻"这一概念用于识别:自2005年以来中国在能源转型过程中面临的政策挑战;变革中的核心代理人如何通过干预(说服和动员)在思想上和行动上招募政策参与者;参与者如何通过政策流程制定并实施解决方案;最后如何设计处理异议、阻力或"背叛"的策略②。

将"关键"添加到"时刻"一词之前,是为了找出随着时间的推移,能源转型过程中出现的核心政策挑战。确定关键时刻可以使我们将精力集中在那些尤其难以解决的棘手政策问题上,因为这些问题"与社会多元化(利益相关者的多重利益和价值观)、机构复杂性(跨机构合作和多层次治理的背景)和科学不确定性(可靠知识的碎片化和空白)相关"③。

为了阐明观点并找到"关键时刻"(见表10.1左栏),笔者首先分析中国国务院、国家发展和改革委员会、国家能源局等相关政府机构,自2007年以来发布的中国能源政策重要文件、行业规划和能源政策指南(见附录1)。同时,通过分析中丹项目文件(见表10.1右栏),介绍丹麦在关键时刻提供帮助、解决棘手政策问题意见的时间点、方式及原因。

---

① Stone, D., "Transfer and Translation of Policy", *Policy Studies*, 2012, 33, pp.483-499.
② Callon, M., " Some Elements of a Sociology of Translation: Domestication of the Scallops and the Fishermen of St Brieuc Bay", In J. Law (Ed.), *Sociological Review Monograph* 32, *Power, Action and Belief: A New Sociology of Knowledge?* (pp. 196-233), London, England: Routledge & Kegan Paul, 1986.
③ Head, B., & Alford, J., " Wicked Problems: Implications for Public Policy and Management", *Administration & Society*, 2015, 47, pp.711-739.

表 10.1　中国能源转型和中丹合作中的关键时刻

关键时刻和政策挑战	中丹合作项目和中国能源政策挑战
综合能源转型和经济转型挑战：能源转型必须结合绿色增长、机构结构性改革、新的（市场）激励和电力行业改革	• 中丹可再生能源发展计划（2009—2013），2008年（MOU3）建立国家能源局下可再生能源方面的智库，即中国国家可再生能源中心，丹麦能源署于2012年加入中国国家可再生能源中心（MOU5） • 中国国家可再生能源中心根据情景研究提供有关中国能源转型的政策建议，报告提出中国能源系统的长期愿景和发展路径的两种情景——既定政策和低于2℃，并且为达成《巴黎协定》的目标充分增加对二氧化碳排放的限制。这些场景包括对未来电力系统的详细模拟，证明使用可再生能源扩大电气化和更高效的电力市场的重要性（《中国可再生能源展望2017》，2018）；中国国家可再生能源中心即将发布的2050年情景《中国能源展望》将按照国际能源署的实践，探讨经济和能源综合转型结合的结果
以可再生能源为功能主力的低碳能源系统的长期统筹/战略性能源计划/规划 挑战：建立规划原则，考虑能源转型、能源市场改革及相关投资的长期前景和影响	• 自2011年以来，中国国家可再生能源中心一直在进行长期能源规划（CN-I-003D）。丹麦的建议帮助将这些想法落地，例如将市场原则引入能源情景 • 中国国家能源局的领导明白之前只重视能源供应的做法是不够的，现在必须在规划中重点关注能源需求。因此，中国国家可再生能源中心的政策工作帮助中国开始进行能源市场改革，整合更多可再生能源 • 中丹火电转型计划也采用类似的方法。丹麦的经验表明，区域供热必须成为以全面、长期的能源规划为指导的现代化、弹性、高效和气候友好型能源系统的一部分（MOU11、MOU12）
可再生能源并网 挑战：减少电网中过度的可再生能源弃用；加大使用可再生能源替代化石燃料的力度	• 风能开发项目（MOU1）帮助制定中国第一部风电电网规定（技术规则，2011）。丹麦参与者在讨论中起到关键作用 • 在风能开发项目之后，扩展可再生能源的使用成为所有双方签订的谅解备忘录中的重要内容（见附录2） • 丹麦曾建议为推广可再生能源的整合，将区域供热作为备用系统 • 国家电网的海上风电项目（MOU14）分为三个方面：监管，测试及认证，最佳实践示范。目的是传播丹麦在海上项目招投标中的成功经验，尤其是如何平化电力成本
能源效率和区域供热 挑战：为了节能，降低化石能源消耗，扩大可再生能源的使用；将区域供热建设成综合能源系统的一部分，并入总体能源规划	• 一系列与能源效率（如建筑）和智能电网相关的谅解备忘录（MOU6、MOU7、MOU9、MOU10） • 陕西省铜川市的区域供热示范项目（MOU15）将展示区域供热在节能和利用可再生能源波动性方面的潜力。该项目将介绍丹麦在区域供热和热电联产方面设定长期规划的经验（丹麦能源署，2018）

续 表

关键时刻和政策挑战	中丹合作项目和中国能源政策挑战
电力体制改革和电力市场改革 挑战：为了使发电厂具有弹性，更能适应可再生能源的不均匀性，通过市场改革、以客户为中心的改革来实现电力行业的脱碳。2015年发布的9号文件为电力行业改革提供了巨大推力（DOC7）	• 通过市场手段推动火电行业短期和长期结构性转型；丹麦的愿望是尽可能广泛地宣传丹麦的经验 • 丹麦能源署与中国国家能源局下属顶尖的电力行业智库机构电力规划与工程研究院之间联合建设的"中国火电转型平台"于2015年末完成 • 丹麦和中国的企业一起在2015年开展火电转型项目（MOU11）。该项目希望在全国试点项目的22个发电厂提高燃料使用弹性。作为该项目的协调机构，"联合火力发电弹性工作小组"成立（MOU12）
技术水平提高 挑战：尽管能源转型不仅是技术问题，但技术创新和升级对能源转型的成功仍然至关重要。中国能源技术战略（2016—2030）明确指出，中国在进行"能源革命"所需的关键能源技术方面仍落后于世界上最先进的国家（DOC15）	中国国家可再生能源中心的能源情景计算了通过使用标准技术升级能源技术之后，可能对能源和经济转型带来的贡献。陕西省铜川市的区域供热项目也使用了相同的方法，对替代方案进行标准化和系统化评估
市场原则/改革 挑战：自由的电力市场是使绿色能源具有商业竞争力的关键。附录1中对政策文件的简单统计显示"市场"一词被使用864次，远比其他任何关键词的次数要多。这个概念在所有与关键时刻有关的政策中都出现过。市场改革可能是整个能源转型过程中最重要的关键时刻	丹麦一直在各个合作项目中努力推动市场化能源转型的工作

资料来源：笔者整理。

中丹合作始于两国政府于2006年达成的风能发展计划，中国国家能源局及其能源研究所是主要对口单位（MOU1）。截至2018年年底，双方已签署15项重要能源双边协议（见附录2），丹麦能源署是丹麦方面的主要公共政策参与者。

后文分析的总体目标是从相关参与者的角度检查政策学习和转化的经验，并且了解这些做法是否有效，如何帮助我们理解中国国内的政策转化。为此，笔者与参与双边合作的关键专家和官员进行探索性、半结构化访谈，以了解他们在实践中如何看待及开展政策转化的工作。

图10.1列出的研究方法强调了政策转化过程中的四个关键维度（箭头），它们遵循上面所列出的政策转化维度的顺序（编号的单元格）。笔者添加了一个新的维度来详细说明结果（第4维度）。图10.1的第二行描述了每个维度下的分析单元。

分析维度	1 政策目标、内容和项目的阐述和框架构建	2 对政策工具和机构改革意识形态反思	3 政策学习和转化的功能方法：工具、机构和参与者	4 结果
分析单元	中国能源转型政治的关键时刻，丹麦方面的参与	关键政策学习过程	政策转化实践工作的性质、格式及范围	政策影响力 应对阻力 创造公共价值
实证数据	文件证据/访谈	参与者看法/访谈	参与者解释/访谈	参与者看法/访谈及访谈前分析

⟵ 政策转化过程 ⟶
政策含义的学习、转移、转化、接收，以及政策思想的本地化

图 10.1　政策转化分析
（资料来源：笔者整理）

第1维度列出了中国能源转型的关键时刻，以及双边合作如何应对相关联的政策挑战。第2维度分析了参与者形成对政策学习和政策选择看法的意识形态基础。第3维度研究了所使用的具体转化时间和工具。第4维度从实践者的角度探讨中丹能源合作的政策影响，如何克服变革的阻力，合作创造的公共价值。关于公共价值，笔者研究了合作者对于通过政策转化创造了哪些公共价值的看法，如何商定并传播公共价值，以及它们是否针对中丹合作定义的最终公共价值结果做出回应，即在2100年将全球温度上升控制在2℃以下。

第三节 能源转型与中丹合作的关键时刻

十多年来，中国最高领导人认识到，中国必须通过绿色能源转型才能减少国家总体二氧化碳排放并缓解雾霾危机。2012 年，中国共产党第十八次代表大会引入"能源生产和消费革命"的概念并详述了能源转型的预期方向。2014 年，习近平补充了新的政策方针"四个革命，一个合作"，即需要改革能源消耗、供应、技术及整个能源系统，从而提高中国的能源安全。此外，习近平还呼吁加强国际合作（"一个合作"）以支持"四个革命"。

中国的能源转型政策是由一系列因素推动的。像世界其他国家一样，中国也将能源效率和可再生能源视为减少化石能源使用并最终为私人与商业消费者提供新型、价优能源的关键组成部分。可再生能源也被认为是中国能源安全的重要保障。此外，雾霾危机及与国际气候变化谈判相关的外部因素也给中国施加了压力，促使中国对能源系统进行更加绿色和清洁的转型。

在这样的背景下，机构改革必不可少。自 2007 年以来发布的许多中央能源政策（见附录 1）呼吁电力部门进行改革，加速基于可再生能源的电气化发展。习近平在 2014 年进一步强调改革的重要性，认为电力部门及更广泛的能源系统需要以基于市场的思维进行基础结构型改革。中国政府以长远眼光布局，制定能源行业规划（至 2030 年）指导能源转型过程（DOC15、DOC18）。

中丹能源合作的一位资深参与者介绍，中国许多关键的能源政策参与者都认识到丹麦的能源转型经验综合全面、历史悠久，具有独特性和借鉴意义。其中，两条基本的且相互联系的意识形态思考对于中丹合作的发展尤其重要：基于可再生能源的基本阐述对于推动能源转型的必要性；基于市场的思维。丹麦的一个关键参与者认为，中国宏大的"十三五"规划（2016—2020）表明，这两个基本的意识形态思考正在指导中国建设现代清洁、低碳、安全、高效且能够保障国家能源安全的能源系统战略。

虽然很难完全证明中国能源转型政策与中丹合作之间的直接联系，但表10.1中的分析说明，联系是明显的，这并非巧合。

第四节 政策转化的功能方法

在丹麦高级官员看来,丹麦的意见无疑为中国能源政策的意识形态思考和转变提供了很有用的信息。许多受访者发现,双方高级专家、领导人和政界人士之间相互尊重与信任的伙伴关系对于合作的发展至关重要。在这种条件下,即使关系到中国的重大改革,中国领导人仍容易被外界的优秀观点说服。但是,外国经验不能直接转移,必须将它们转化从而适应中国的环境,尤其因为政策转化不仅需要进行技术变革,还需要进行敏感的机构改革。

1. 中丹合作产生了许多关键的政策学习经验和机制

在合作中,将重点放在丹麦的政策经验上非常重要。例如,2010 年,丹麦专家向中国国家可再生能源中心介绍了丹麦气候变化政策委员会的工作。该委员会全面阐述了丹麦可能在 2050 年实现零化石能源的远景。中国国家可再生能源中心的专家采用了这种方法,《中国可再生能源展望》报告就将 2050 年作为其远景的时间,囊括了对关键外部因素的分析,例如使用化石燃料造成的环境和健康成本。

丹麦获得具有竞争力的海上风电市场价格的经验在中国看来也是有价值的,而且由于可再生能源供应充足,许多重要的国际数据处理和存储中心近年来也搬到丹麦,这向中国展示了可再生能源能够创造新型经济模式。

中国需求是合作背后的关键推动力。作为丹麦方面的主要政策参与者,丹麦能源署深知它们在中国的工作必须直接、快速地响应中国的要求,合作伙伴之间必须共同制定合作项目才能统一双方的目标和能力。

双方同时认为,直接的政府间合作具有许多优势。中国受访者赞赏丹麦能源署是一家独立的、非商业性的公共部门合作伙伴。丹麦能源署的工作方法是以需求驱动且十分灵活,好处是可以使项目运行更加高效。许多其他捐助者往往有更严格、不灵活的操作流程。此外,与多边合作相比,公共机构之间的双边合作产生的沟通问题会更少。

合作伙伴发现,通过将他们与丹麦的经验联系对照就可以发现并利用中国的政策机会。例如,在京津冀地区,相邻省份许多过时的小型电力和集中供热厂产生的排放是主要污染源。它们现在必须转型使用更清洁的燃料。在中国,人们一直认为风能与区域供热之间存在矛盾。而在丹麦,区域供热已经成为整合风能的工具。因此,丹麦一直主张使用可再生能源替代煤炭。

据中国负责领导项目的专家介绍,丹麦的观点最终在中国被采纳,包括在铜川项目中(MOU15),丹麦在区域供热改革方面提供了很多帮助。丹麦的经验让他们明白,集中供热在像铜川这样周边有郊区的小城市并不一定是最好的解决方案。与丹麦一样,中国的专家现在也在考虑使用小型分布式清洁区域供热系统。

一位丹麦高级项目经理表示,包括铜川示范项目在内的电力行业项目恰逢其时,让丹麦在这一关键时刻独占鳌头,并且有望逐渐将该实践在中国下沉落地。

部长和高级官员的频繁高层互访也有助于推动、(重新)确认并加快重要的合作议程(MOU15)。例如,2017年,中国国家能源局的领导应邀参观丹麦的一家大型造船厂,其厂址容纳风能行业研发和制造的多家公司。随后,他从哥本哈根港口出发乘船考察了一个海上风电场。此次访问让他相信,丹麦在海上风电方面的宝贵经验值得借鉴,他也要求中国国家能源局的一位部门负责人亲自向他报告随后中丹海上风能合作的进展和结果。

来自中国高层决策者的直接政治支持,如国家能源局的领导和相关部门的负责人,对于高效协作至关重要。例如,在2017年中国国家能源局领导访问丹麦时,丹麦部长询问他是否了解中国国家可再生能源中心的工作,特别是《中国可再生能源展望》报告。他表示,中国国家能源局在其政策审议中采用了中国国家可再生能源中心的工作结果。与中国国家能源局领导一样,其他中国部委的领导也明确表示他们完全了解中丹合作的性质和内容。

国际高级别会议和论坛可以帮助建立与中国关键决策者的交流。2018年的哥本哈根清洁能源部长级会议展示了电力行业改革项目;在一年一度的苏州能源转型论坛上,双方还共同发表了演讲。苏州论坛是中国国家可再生能源中心展示其情景研究的良好平台。在2016年的论坛上,发生了一些变化:当时一些主要的中国政策参与者终于接受中国国家可再生能源中心关于能源转型的长期观点。来自德国和美国的其他国际参与者也为中国国家可再生能源中心的工作提供了支持。

2. 与丹麦专家的紧密合作帮助中方提高政策转化的效率

丹麦能源署提供了获得丹麦核心能力的途径。丹麦能源署的团队成员和其他丹麦专家在专业上互补,能源署还可以聘请来自国家能源行业的外部专家(例如,与丹麦国家电网合作的运营商 Energinet.dk),必要时还可以从研究机构和民营企业中进行招募。丹麦专家热衷于分享他们的专业知识,在与中国相关专业知识匹配时,产生了可以建立相互信任的重要基础,这有利于推进合作活动。

双方专家适应了根据共同的理解来审议政策思想,这就使得合作研究政策意见的工作变得容易得多。中国国家可再生能源中心 2011 年的业务规划体现了最先进的概念和运营框架,帮助推动中国的能源转型分析及政策建议的制定工作。这种方法之所以可行,是因为中国国家可再生能源中心内部和相关的决策者与丹麦专家从一开始就拥有共同的理念。因此,重点不是谁提出了这些想法,而是这些想法可以通过协作进行政策转化,并且最终对能源政策思维产生变革性的影响。

3. 将丹麦经验合适地纳入政策思想、概念和选项中,对于形成相关的公众观点及克服在中国的阻力既有帮助也有必要

最重要、最有效的政策框架如下。

第一,2010 年,中丹风能发展计划的合作伙伴,包括风电行业的世界领先企业维斯塔斯在内,开始使用"电网友好型风能"这一术语。这一概念最终被接受,之后,关于风电并网的联合报告也开始启动。由于该框架并不偏向中国国内任何行业的主要参与者,因此有助于推动政策变革。

第二,从"可再生能源作为附加品"到"基于可再生能源的能源系统",这种基本观念的改变已成为战略政策审议的框架。这一框架听上去很简单,但在技术上和制度上很复杂。该框架目前指导中国的"十三五"规划和中国国家可再生能源中心支持能源转型所进行的情景研究工作,其核心概念是清洁、低碳、安全和高效。此外,在《中国可再生能源展望》2018 年的报告中,中丹团队将与此框架相关联的建议和中国能源系统的官方长期目标("能源革命"和中国整体环境政策框架"生态文明")联系起来。

第三,从 2015 年开始,人们开始用类似"弹性发电"、"可再生能源存储"和"弹性电力系统"之类的政策框架来推动关于电力行业改革的讨论。这样做是为了说服电厂所有者,让他们意识到必须从向电力系统提供基础电力负载服务,转向提供支持服务。这些想法在中国现已被广泛接受。

第四,双边合作一开始的重点是推广市场框架,特别是推进电力行业改革;这一框架已在中国的能源政策中得到认可。在海上风电行业中,人们也开始接

受市场化的方法。中国政府和企业现在对与国际公司合作表示出浓厚的兴趣，希望通过合作投标海上风电场项目，提高项目效率和使用寿命。但是，政府也担心如果离岸招标中价格过低，将无人参与建设。尽管如此，相关合作者认为，丹麦能源市场的经验最终能够帮助降低电价。

第五，作为综合框架，示范项目起到了良好的作用。例如，弹性电厂示范项目就可以作为很好的案例，说服电力企业它们的收入不会因为向弹性过渡而遭受损失。

第六，中方参与者也可以借用丹麦的政策概念来进行说明阐述。在三峡能源公司一位代表的介绍中，一位中方发言人以去风险为框架介绍了公司的海上风能项目规划。为了促进公开招标，丹麦在很长一段时间内一直将这一概念贯彻双方海上风电项目（MOU14）的对话始终。这样做是希望地方政府和主要发电厂商相信以市场为基础、以利润为导向的方法能够带来好处，丹麦在联席会议上将这种做法称为"经济上合理的行为"。丹麦方面解释，丹麦能源系统的治理结构说明了如何在自由能源市场中有效实施这种方法。但是，该框架在中国的可行性仍然不确定。

第七，"欧盟中的丹麦案例"还可以进一步向中国开放对欧盟的能源政策研究。中国和欧盟的能源系统有许多相似之处，双方对于电力行业的市场化转型及整合也存在共同的兴趣。

政策框架是关键的政策转化工具，但只有将其植入政策学习中才能行之有效。此外，正如一位中国专家指出的，框架不仅仅是自上而下的一种现象，它们同时还反映了公众（"你身边的人"）期待发生的变革，这些变革可以使企业、公民、社会和经济整体发展受益。

4. 在学习班、研讨会和学习考察团共同学习的经历有助于促进政策学习与转化

与电力规划与工程研究院合作的丹麦咨询公司在发电厂弹性技术方面采用了不同的方法。为了解决分歧，合作伙伴双方与丹麦能源署共同组织了技术研讨会和学习考察团，这样的机会可以向成员展示丹麦的经验做法，还能帮助解释弹性方法带来的机会。现在，许多参与者都已经成为丹麦体系方面的专家，并且积极地将这方面的知识传播给国内专业人士。

在区域供热计划中，由各方面专家和决策者组成的不同小组访问考察了丹麦在区域供热、弹性发电等方面的实践。丹麦方面利用这些行程向成员论证供热和电力必须联系在一起,否则,将很难建立一个可以鼓励发电厂在区域供热方面保持弹性的电力市场。为了学习这方面的经验,铜川项目组织了一次考察丹麦的学习团。学习过程有助于建立共同的理解和统一的词库。该项目的中方顶尖专家利用这次学习向同行的铜川市政府官员介绍了他们了解的情况,最终成功向对方说明了摆脱煤炭的好处。

一位中国国家可再生能源中心的高级研究员讲述了她在2016年随同中国国家能源局的负责人一起参加一期区域供热学习班的经历。学员们在丹麦能源署和其他丹麦伙伴那里学到了很多。回国之后,她参与起草了全国区域供热系统中使用生物质的指导文件和该系统的未来发展规划。她将丹麦的相关经验进行政策转化,融入2017年的指导文件和2019年的相应计划。这些政策文件全面说明了综合利用清洁能源与煤炭的方法,其目的是节约能源、节约煤炭、减少温室气体排放并助力空气净化。尽管如此,由于其他清洁能源的总体目标过高,因此,政策转化工作仍需务实地遵循国家标准,并且使用超临界燃煤作为清洁能源之一。

5. 专业期刊中的专家报告、政策摘要或情况介绍都是重要的政策转化工具

丹麦能源署和其他丹麦能源机构的专家就丹麦的情况撰写了许多简报,他们还与中国同事共同撰写和/或发表论文。中方专家也在专业期刊上发表了有关丹麦经验的论文。铜川项目的中国区域供热专家学者在所在学院的年鉴中撰写了介绍丹麦经验的内容,在全国范围内流传甚广。他时常邀请丹麦专家来他的大学做讲座,并且在他的授课中使用丹麦案例。他还计划发表有关该项目成果的学术论文。

第五节 政策影响和阻力

中国国家可再生能源中心负责人着重强调,丹麦不能对中国的能源政策施加直接影响。丹麦方面也承认,中国的二线政策参与者可以为高层决策者提供政策分析和建议,是展开合作的合适人选。

电力行业改革是政策学习和转化流程的成功合作案例,效果显著。但一些中方政策参与者对国际合作相关的潜在风险也表示担忧。中国国家可再生能

中心的许多政策研究都体现了双方共同制定的政策思想和建议内容,《中国可再生能源展望》也提供了关键政策建议,这些都是丹麦直接影响力的典型案例。与中国国家能源局当初不太在意中国国家可再生能源中心情景研究工作的那段时间相比,这项合作已经取得长足的进展。

后来,中国国家可再生能源中心意识到,只有将情景研究结果进行汇总、打包,作为政策建议递交给中国国家能源局的决策者,才能引起他们的注意。由于情景研究报告使用了大量数据并以扩大影响力为导向,中国国家能源局开始愈发接受情景研究,这促成政策阐述从"可再生能源作为附加品"到"基于可再生能源的能源系统"的范式转变。现在,情景研究得到中国国家能源局的大力推广,领导也乐于听取丹麦方面的意见和建议。

中国国家可再生能源中心与中国国家能源局签订的政策研究合同是另一个对政策思维施加影响的机会,因为这些工作的基本思路经常是经过协作共同商议得出的。此外,中国国家可再生能源中心的《中国可再生能源展望》的作者还经常将一些中国国家能源局的项目结果整合到其政策建议中。这样,双向交流就可以和政策研究与制定之间的反馈回路产生交点。

但是,丹麦方面必须认识到,中方需要确保政策建议主要针对当下面临的问题,而且必须始终平衡利益冲突。因此,最终出台的政策不能像中国国家可再生能源中心情景政策分析中建议的那样简单直接。但尽管如此,中国国家可再生能源中心设定的2050年情景,尤其是低于2℃情景中规定的高强度减排目标,还是在中国国内引起很多争论,尤其在电力行业。

尽管丹麦方面可以通过他们的中国同事接触到中国国家能源局和其他国家部委,但仍然很难参与到区域政策流程中。例如,现在由地方省政府负责的海上风电招投标系统。中丹海上风电项目(MOU14)与四个省份合作,希望将国际招投标原则引入地方政府。但是,实际上工作人员很难接触到这些地方政府,中国国家能源局也并不总是能够提供帮助。除此之外,风能项目招投标流程的有效性可能会受到地方当局的限制,原因是他们必须制定合规政策,而不能只重视开发商主要关切的运营层面的盈利能力。

在国际层面,中国的能源政策制定者参与了多种类型的双边、多边对话与合作,为他们提供了不同的政策反馈回路。中国国家可再生能源中心正在丹麦的支持下与国际能源署和国际可再生能源机构合作解决政策问题。国际可再生能源机构已将《中国可再生能源展望》中的政策建议整合到自己的政策工作中,这或将影响中国国家能源局向中国政府提交的政策建议报告。

虽然已经看到积极的作用,但一些丹麦参与者发现,中国政策进程的动态难以把握,决策的速度非常快,但似乎经常遵循一急一缓的逻辑。

即便如此,现在已有足够的证据证明,许多丹麦人员实际参与中国能源决策过程的程度要比他们自己认为的更加深入,但不可避免的是,能源系统思维方式从根本上的意识形态转变,以及相关的新政策,将会遇到尤其是来自化石能源利益方的阻力。长期以来,大型火电厂的所有者一直反对弹性发电的想法,他们顽固的抵抗给改革带来了挑战。电网公司和许多研究人员也质疑中国国家能源局提供的丹麦绿色转型成功经验的证据。虽然他们主要考虑的是自己的利益,但也不确定丹麦经验在中国是否可行。

能源转型的大部分阻力来自地方。在海上风电项目(MOU14)中,丹麦方面已从中国国家能源局获得了大量有关当地具体情况的信息,中国国家能源局也希望为所有省级试点招投标项目使用全国统一的顾问单位。但是,各省为了地方利益坚持使用它们各自的设计院,这种做法阻碍了经验的分享,地方也不得不花费昂贵的代价从零开始设计。

尽管有阻力,但中国国家可再生能源中心支持绿色能源的情景研究已经逐渐获得广泛的认可,尤为重要的是,中国国家能源局的领导也为该能源转型计划提供了支持。许多中方参与者和企业也都同意,市场化方法具有明显的优点,而且绿色能源转型在技术上也可行。

企业也承认,要想生存下去,无法绕开改革。但是,依旧有许多企业表现被动,仍然希望在改革之前能够获得支持性政策(补贴)。因此,区域示范项目成为克服阻力最好的办法,可以进行小规模的改革尝试来证明新方法可行,而且技术也不是问题。这种方法还可以帮助培养新的利益相关者,他们出于自己的利益,会作为个体发声呼吁进行更大程度的改革。

想要克服来自有影响力和/或强大的利益相关方的阻力或他们的"背叛",显然需要综合解决方案[1]。根据一位中国高级专家的说法,当前政策议程中复杂的、结合能源与经济的转型工作涉及错综复杂的各方利益,中国政府需要努力调

---

[1] Callon, M., "Some Elements of a Sociology of Translation: Domestication of the Scallops and the Fishermen of St Brieuc Bay", In J. Law (Ed.), *Sociological Review Monograph 32. Power, Action and Belief: A new Sociology of Knowledge?* (pp. 196-233), London, England: Routledge & Kegan Paul, 1986.

节其中的关系。例如,丹麦方面建议在未来的总体能源规划中包含区域供热,但如果让供热企业改变现行实践去专注于新机遇的话,又会使它们入不敷出。同样,如果一个省份不再使用煤炭,那么与煤炭相关的整个经济基础将崩溃,政府则需要其他经济活动来替代煤炭经济。

第六节 公共价值

如此大规模的公共资金合作项目自然需要合作伙伴考虑他们创造了哪些价值的问题。诚然,如果官方支持的能源转型范式偏向低碳思维模式的话(即使低碳发展的权重不能大于经济发展,那么至少与纯经济发展思维模式同等重要),那么支持绿色能源转型的关键利益方不把可再生能源系统的发展看作重要的公共价值这种假设就不符合逻辑[①]。

然而,与国际政策合作相关的公共价值是一个未能充分研究的课题,只有极少数受访者承认在这方面有过积极的思考。尽管如此,笔者在采访时仍然坚持询问他们的看法。因此,本节研究的是受访者的直接看法,而不是预定义概念或衡量合作活动创造的公共价值的指标。

中丹合作的最大的、最终的价值在于为中国二氧化碳减排作出贡献。一位中方专家认为:"我们必须考虑每个人,我们必须关注公共利益。"另一位中方专家指出:

> 我们为子孙后代创造一个更清洁的世界。我们可以从丹麦方面获得新想法,可以在中国进行试验,可以看到它们产生了什么样的问题,还可以找到解决方法,这对我个人来说也很有价值。

合作带来的另一个基本公共价值是,能够基于共同利益,以及如何实现总体目标来确定共同立场和彼此间达成协议的能力。

---

① Shen, W., & Xie, L., "The Political Economy for Low-carbon Energy Transition in China: Towards a New Policy Paradigm?" *New Political Economy*, 2017, 23, pp.1-15.

对中国而言，合作带来的最直接的公共价值是政策学习相关的。一位丹麦专家指出，中国同事一直渴望学习丹麦的经验，获取相关信息，然后在自己的政策机制里汇总、分析、消化。中国专家一直认为这样使中国获益匪浅。

推动能源转型议程前进的新想法和工作方式也是重要的公共价值要素。例如，将区域供热与可再生能源结合的想法在中国尚属陌生，这种做法就具有可观的公共环境和经济价值。电网公司在向基于可再生能源的电力系统转型过程中所起到的关键作用和关键责任也是重要的经验。

对于整个能源系统更广泛整合的想法也是同样的道理，这样做可以帮助中国避免每个子系统（如石油、天然气或风能）在没有统一协调的情况下各自逐利。另一条宝贵的经验就是认识到中国的能源行业必须且有能力做到以客户为中心，并且以此为原则规划发展。

中丹合作也可以使中国地方政府受益。据一位丹麦专家回忆，一位中国投资者请他帮助铜川市市长寻找投资项目潜在融资渠道的信息。此外，他还帮市长计算，如果他们遵循丹麦的能源规划方法，可以完成多大程度的二氧化碳和空气污染减排。最终计算出来的减排数字是他们原先连想都不敢想的。

在丹麦方面，丹麦能源署从2011年开始与中国进行国际合作。后来，丹麦能源署意识到这样的国际咨询工作可以帮助推动全球能源转型的进程。之后，丹麦能源署在全球范围内都开展了类似在中国的工作，希望能以此为全球能源转型作出贡献。这些项目讲述了许多关于丹麦参与拯救地球国际行动的故事，这些也被视为重要的公共价值。

与中国合作的成本效益是丹麦方面的一项关键要求。一位丹麦外交官曾说，政府间合作是恰到好处的，这一点对于其背后的丹麦纳税人来说十分重要。一位丹麦高级经理深信，丹麦政府决定通过外交部来为此类型合作出资，是因为丹麦作为一个小国已经证明通过双边行动和《巴黎协定》的多边谈判轨道同步，可以获得政策学习经验和解决方案。

丹麦能源署还帮助中国在国际上传播自身经验。例如，中国应邀参加2018年在哥本哈根举行的清洁能源部长级会议，向大会介绍国家通过市场监管和弹性发电实现降低弃风的经验，这些工作也是中丹合作的一部分。中国国家可再生能源中心还在2017年波恩的缔约国会议上介绍了它们的情景研究工作。此举展示了中国的智囊机构提出渐进式的"2℃以下"情景，给许多与会者留下了深刻的印象，一些代表团还表示希望能够学习中国的经验。

关于可再生能源的国际合作对中国来说已经不只是输入型工作。中国政府现在通过"一带一路"倡议和在国际组织及其项目间的合作,将中国变成可以向全球提供能源转型方案的一方(DOC20)。这或许也会在中国创造一种新型公共价值。

第七节 结论:对政策转化实践工作的思考

中丹合作的历史、范围和深度说明中国能源系统参与者如何参与国际政策学习、政策转移和政策转化,本章列举了该过程中的许多关键组成部分。中国在国际能源合作中的工作反映了国家坚定的国际视野和对国际政策学习实用性的坚实信念。

最初,中方参与者将丹麦能源转型的经验视为可以在中国能源政治中进行战略布局的最佳实践学习案例。因此,它们一直在寻求与丹麦同行通过政策对话获取有关丹麦经验的新知识。

在与丹麦公共和私人伙伴合作中,丹麦能源署已成为中国国家能源局的首选战略政策对话者。随着时间的推移,丹麦能源署在中国能源转型过程中最关键的时刻积极参与其中,并且帮助提出可以解决相关棘手政策问题的建议。在国际层面,丹麦政府还应中国领导人的要求,积极与中国合作共同参与国际能源组织和治理机制工作。

基于共同愿景和共同利益,双方专家、公共部门领导人和政客携手打造了政策学习和政策转化程式,合作中探索的经验和路径最终转化为在中国切实可行的政策建议。中国的二线政策参与者凭借他们的专业知识,包括他们对丹麦能源转型经验的了解,在这一过程中是至关重要的政策转化推动者。

合作式政策学习和政策转化之所以行之有效,是因为双方都同意,在开辟新的合作领域之前,中国能源政策参与者必须对所需知识提出具体的需求。久而久之,双方的政策参与者作为共同体建立了相互信任和高效合作必需的框架,丹麦方面也提供了中方所需的专家政策建议,符合中方的期待,匹配中方的能力。为了帮助丹麦专家适应中国国情,中国国家可再生能源中心一位经验丰富的丹麦高级专家充当双方之间推进政策学习、转化工作的重要调解人或国际经验转化者。

合作利用了各种常规的政策转化工具,包括高层交流、学习考察、密集召开研讨会、同行合作、政策简报、学术论文、促进密集政策交流的联合项目、示范项目。这些工具在应对具体的政策学习和政策转化相关挑战方面都发挥了独特的作用。

双方的政策参与者都认识到,要想改变中国能源行业的传统观念或做法,就必须调动人们对政策思想产生兴趣、提供支持。在丹麦经验的启发下,参与者开始意识到政策框架作为政策转化工具的重要性。大量技术、意识形态和政治方面的论证已经证明这些框架可以有效地促进政策变革。

由于关于该框架如何能够克服改革阻力的证据不足,我们尚难最终确定强力的政策框架对参与者行为产生了多大的影响。但是,本章分析表明,在某些特定关键时刻,部分政策框架几乎完全一对一地体现在应对中国能源转型的政策中。中国能源转型进程中许多关键时刻出现的阻力正在不断降低。

中国制定的一些政策中包含重大的机构改革措施,这些内容显而易见是协作制定政策建议的成果(例如,基于特定情景的长期能源规划、风电电网规定、电力行业的市场化改革、区域供热中使用可再生能源等)。中国和丹麦已经学会在中国背景下,以它们专业的合作政策转化经验,扮演经验丰富的政策创业者的角色。

双方的政策参与者坚信他们为丹麦和中国的公众创造了良好的价值。这种观念的核心,需要将环境目标和民众的福祉置于纯粹的经济准则之上优先考虑,或是至少同等重要。在中方来看,人们现在已经认识到必须先解决好中国的环境问题。

总而言之,通过与国际伙伴合作进行政策学习、转移和转化来应对中国能源转型中关键时刻的工作似乎得到越来越多的政治助力,支持中国实现重大能源政策突破[①]。

---

① Head, B., & Alford, J., "Wicked Problems: Implications for Public Policy and Management", *Administration & Society*, 2015, 47, pp.711-739.

附录1 中国能源政策重要文件(2007—2018)

编号 (年/月/日)	文 件 名 称	发 文 单 位
DOC1 (2007/4/11)	《能源发展"十一五"规划》	国家发展和改革委员会
DOC2 (2007/12/26)	《中国的能源状况与政策》	国务院新闻办公室
DOC3 (2008/3/18)	《可再生能源发展"十一五"规划》	国家发展和改革委员会
DOC4 (2012/10/24)	《〈中国的能源政策(2012)〉白皮书》	国务院新闻办公室
DOC4A (2012/6/7)	《可再生能源发展"十二五"规划》	国家发展和改革委员会
DOC5 (2013/1/1)	《能源发展"十二五"规划》	国务院
DOC6 (2014/1/20)	《关于印发2014年能源工作指导意见的通知》	国家能源局
DOC6A (2014/6/7)	《能源发展战略行动计划(2014—2020年)》	国务院办公厅
DOC7 (2015/3/15)	《中共中央国务院关于进一步深化电力体制改革的若干意见》(中发〔2015〕9号)	中共中央和国务院
DOC8 (2015/11/26)	《关于印发电力体制改革配套文件的通知》	国家发展和改革委员会
DOC9 (2015/11/26)	附件1 《关于推进输配电价改革的实施意见》	
DOC10 (2015/11/26)	附件2 《关于推进电力市场建设的实施意见》	
DOC11 (2015/11/26)	附件3 《关于电力交易机构组建和规范运行的实施意见》	
DOC12 (2015/11/26)	附件4 《关于有序放开发用电计划的实施意见》	

续　表

编　号 (年/月/日)	文　件　名　称	发　文　单　位
DOC13 (2015/11/26)	附件5 《关于推进售电侧改革的实施意见》	
DOC14 (2015/11/26)	附件6 《关于加强和规范燃煤自备电厂监督管理的指导意见》	
DOC15 (2016/3)	《能源技术革命创新行动计划(2016—2030年)》	国家发展和改革委员会/国家能源局
DOC16 (2016/3/22)	《2016年能源工作指导意见》	国家能源局
DOC16A (2017/12)	《可再生能源发展"十三五"规划》	国家发展和改革委员会
DOC17 (2016/12/26)	《能源发展"十三五"规划》	国家发展和改革委员会/国家能源局
DOC18 (2016/12/29)	《能源生产和消费革命战略(2016—2030)》	国家发展和改革委员会/国家能源局
DOC19 (2017/2/17)	《2017年能源工作指导意见》	国家能源局
DOC20 (2018/3/9)	《2018年能源工作指导意见》	国家能源局
DOC21 (2018/3/23)	《关于征求〈可再生能源电力配额及考核办法(征求意见稿)〉意见的函》	国家能源局综合司
DOC22 (2018/3/23)	附件1 《可再生能源电力配额及考核办法二次征求意见》	
DOC23 (2018/3/23)	附件2 《可再生能源电力配额及考核办法编制说明》	

附录2 中丹政府间与能源相关的协议（2007—2017）

编号（年/月/日）	协议名称	签署单位
MOU1 2006/11	可再生能源-风能开发项目	中国国家能源局/丹麦外交部
MOU2 2007/9/25	《关于加强中丹科技合作的谅解备忘录》	中国科技部/丹麦科学、技术和创新部
MOU3 2008/9/22	中丹可再生能源发展项目	中国商务部/丹麦外交部
MOU4 2008/10/20	《中华人民共和国政府和丹麦王国政府关于建立全面战略伙伴关系的联合声明》	中华人民共和国政府/丹麦王国政府
MOU4.1 2008/10/20	附件 行动计划	
MOU5 2012/2/23	中国国家可再生能源中心与丹麦能源署的合作协议	中国国家可再生能源中心/丹麦能源署
MOU5.1 2012/2/23	附件 行动计划	
MOU6 2012/6/16	《中华人民共和国政府科学技术部与丹麦王国气候、能源与建筑部关于能源领域研究、开发及示范合作的谅解备忘录》	中国科技部/丹麦气候、能源和建筑部
MOU7 2012/12/17	中国科技部与丹麦能源技术发展和示范基金会的合作协议	中国科技部/丹麦能源技术发展和示范基金会
MOU8 2013/6/24	《中华人民共和国政府发展和改革委员会与丹麦王国气候、能源和建筑部关于气候变化和能源效率领域合作的谅解备忘录》	中国国家发展和改革委员会/丹麦气候、能源和建筑部
MOU9 2014/4/24	《中国国家节能中心与丹麦能源署关于能源效率领域合作的谅解备忘录》	中国国家节能中心/丹麦能源署
MOU10 2014/4/24	《中华人民共和国住房和城乡建设部与丹麦王国气候、能源和建筑部关于建筑节能合作的谅解备忘录》	中国住房和城乡建设部/丹麦气候、能源和建筑部

续表

编号 (年/月/日)	协议名称	签署单位
CIFF1 2015	最大化发挥能源系统可再生能源作用的项目 2015—2019	中国国家可再生能源中心和英国儿童投资基金会签署的协议 由丹麦能源署和美国国家可再生能源实验室提供技术支持
MOU11 2016/1/25	《关于建立中丹火电灵活性合作伙伴关系的谅解备忘录》	中国国家能源局/丹麦气候、能源和建筑部
MOU12 2017/5	《中丹联合工作方案(2017—2020)》	中华人民共和国政府/丹麦王国政府
MOU13 2017/6/7	《中国发展研究基金会与丹麦绿色国度的谅解备忘录》	中国发展研究基金会/丹麦绿色国度*
MOU14 2017/9	高质量海上风电战略合作	中国国家能源局/丹麦能源和气候部
MOU15 2017/10	《共同推动落实中丹区域能源及节能改造综合示范项目的协议》	中国国家节能中心/陕西省发改委/陕西省铜川市政府/丹麦能源署
MOU16 2017/11	《中国船舶工业行业协会和丹麦海事局间关于海事行业合作的谅解备忘录》	中国船舶工业行业协会/丹麦海事局

注：*为非营利性组织。

图书在版编目(CIP)数据

丹麦创新与绿色发展蓝皮书/孟建,张小岩主编. —上海:复旦大学出版社,2021.6
ISBN 978-7-309-15456-6

Ⅰ.①丹… Ⅱ.①孟… ②张… Ⅲ.①绿色经济-经济发展-研究报告-丹麦 Ⅳ.①F153.44

中国版本图书馆 CIP 数据核字(2020)第 269950 号

丹麦创新与绿色发展蓝皮书
孟　建　张小岩　主编
责任编辑/朱安奇

复旦大学出版社有限公司出版发行
上海市国权路 579 号　邮编:200433
网址:fupnet@fudanpress.com　http://www.fudanpress.com
门市零售:86-21-65102580　团体订购:86-21-65104505
出版部电话:86-21-65642845
上海四维数字图文有限公司

开本 787×1092　1/16　印张 16.75　字数 282 千
2021 年 6 月第 1 版第 1 次印刷

ISBN 978-7-309-15456-6/F·2762
定价:68.00 元

如有印装质量问题,请向复旦大学出版社有限公司出版部调换。
版权所有　侵权必究